国家出版基金项目
NATIONAL PUBLICATION FOUNDATION

 贫困治理的广东探索丛书

岳经纶　庄文嘉 / 主编

精准扶贫战略下城乡低保目标瞄准及执行机制优化：广东经验

庄文嘉　岳经纶　刘洋◎著

中山大学出版社
SUN YAT-SEN UNIVERSITY PRESS
· 广州 ·

版权所有 翻印必究

图书在版编目（CIP）数据

精准扶贫战略下城乡低保目标瞄准及执行机制优化：广东经验/庄文嘉，岳经纶，刘洋著 .—广州：中山大学出版社，2021.3
（贫困治理的广东探索丛书）
ISBN 978 - 7 - 306 - 07086 - 9

Ⅰ.①精… Ⅱ.①庄…②岳…③刘… Ⅲ.①社会保障制度—研究—广东 Ⅳ.①D632.1

中国版本图书馆 CIP 数据核字（2020）第 271362 号

JINGZHUN FUPIN ZHANLÜE XIA CHENGXIANG DIBAO MUBIAO MIAOZHUN JI ZHIXING JIZHI YOUHUA：GUANGDONG JINGYAN

出 版 人：	王天琪
策划编辑：	陈 慧 王 润
责任编辑：	梁嘉璐
封面设计：	林绵华
责任校对：	张陈卉子
责任技编：	何雅涛
出版发行：	中山大学出版社
电　　话：	编辑部 020 - 84110283，84111996，84111997，84113349
	发行部 020 - 84111998，84111981，84111160
地　　址：	广州市新港西路 135 号
邮　　编：	510275　传　真：020 - 84036565
网　　址：	http://www.zsup.com.cn　E-mail: zdcbs@mail.sysu.edu.cn
印 刷 者：	恒美印务（广州）有限公司
规　　格：	787mm×1092mm　1/16　21.5 印张　341 千字
版次印次：	2021 年 3 月第 1 版　2021 年 3 月第 1 次印刷
定　　价：	86.00 元

如发现本书因印装质量影响阅读，请与出版社发行部联系调换

总　　序

为中国人民谋幸福，为中华民族谋复兴，是中国共产党人的初心和使命。贫困的个人难以幸福，贫穷的民族难言复兴。为了实现人民幸福和民族复兴，中国共产党领导中国人民进行了艰苦卓绝的斗争，取得了革命、建设和发展的一个又一个的胜利。改革开放以来，党在领导人民不断发展经济、全力推进现代化建设的同时，致力于治理贫困，努力实现共同富裕这一社会主义的本质特征。特别是21世纪以来，以消除绝对贫困问题为着力点，中国贫困治理进入全新阶段。可以说，一百年的中国共产党党史，就是一部与贫困做斗争并消灭贫困的历史。

中国贫困治理的两大战略：扶贫开发与社会保障

中国的贫困问题大致可以分为农村贫困问题和城市贫困问题。改革开放前，由于整体的社会经济发展水平不高，人民生活水平普遍低下，因此贫困问题并没有成为社会问题，但存在着生活困难的城乡居民。解决居民生活困难问题的制度安排，在农村是"五保户"政策，在城镇是面向"三无"对象的社会救济。改革开放以后，在城乡居民生活水平普遍提高的同时，地区和阶层的差距逐步拉大，贫困问题作为社会问题和政策议题开始突显出来。政府因应城乡贫困问题的差异采取了不同的政策工具和制度安排，而且政府反贫困的努力主要集中在农村地区。为了减少农村地区的贫困问题，国家在1986年设立扶贫开发办公室，实施扶贫开发政策，推行大规模扶贫开发工作。在城市，政府在20世纪90年代后期开始推行城镇居民最低生活保障制度（低保制度），主要政策对象是经济改革之后出现的"新贫"阶层，如下岗失业工人等。

21世纪的中国贫困治理在城乡两条战线展开，针对建档立卡户、低保对象和特困供养对象三大群体，实施扶贫开发与社会保障两大战略。中国扶贫开发的重心一直放在广大的农村地区，以政府为主导的多元扶贫主体致力于通过多样化的扶贫方式来提高农村贫困人口的收入。与之相对应，城市贫困人口则主要依靠社会保障来实现收入维持。同时，社会保障在农村扶贫开发中也发挥着重要的减贫作用。如果说扶贫开发和脱贫攻坚是农村贫困治理的主旋律，那么社会保障便是其不可或缺的伴奏。需要指出的是，直到精准扶贫战略实施后，扶贫开发才与社会保障在农村贫困治理中形成合奏。在深入推进精准扶贫的过程中，各地以完善的社会保障织就细密的救助网络，充分发挥了底线民生的安全网作用。

在扶贫开发方面，2002年，党的十六大明确要求继续大力推进扶贫开发，巩固扶贫成果，尽快解决尚未脱贫的农村人口的温饱问题，并使他们逐步过上小康生活。党的十八大以来，以习近平同志为核心的党中央高度重视扶贫工作，将扶贫开发纳入"五位一体"总体布局和"四个全面"战略布局，实施精准扶贫基本方略，在"大扶贫"格局之下开展"脱贫攻坚战"，把贫困治理纳入国家治理的战略目标，动员社会各界力量，采用多种方法，充分发挥党的领导及社会主义制度的政治优势和制度优势，实现农村贫困人口的大幅度减少。新时代的中国贫困治理实践不仅丰富了"发展型国家"的内涵，也为后发展国家走出"中等收入陷阱"提供了经验。经过多年的脱贫攻坚，我国贫困治理取得巨大成就，为全面建成小康社会奠定了坚实的基础。国家统计局数据显示，以现行标准衡量，1978年年末，中国农村贫困发生率高达97.5%，农村贫困人口有7.7亿。截至2019年年底，中国贫困发生率降至0.6%。2016—2020年，全国贫困人口每年净减少1000万以上。2020年11月23日，贵州省9个县退出贫困县序列，至此，我国832个贫困县全部实现脱贫摘帽。截至2020年年底，中国所有贫困县全部脱贫摘帽。

在社会保障方面，中国政府不断完善以社会救助制度为核心的城乡社会保障体系。进入21世纪以来，中国政府开始把民生建设作为重要政策议程，推动社会政策进入快速发展的时期。经过多年的努力，中国已经建立起包含社会保险、社会救助、社会福利在内的多层次社会保障体系。在农村，社会保障制度包括医疗保障制度、最低生活保障制度、义务教育制度、农村养老保险制度、危房改造制度及农民就业培训等内容。社会保障作为调节分配和保障居民基本生活的制度安排,也成为我国贫困治理体系的重要组成部分。党的十九大报告进一步提出要统筹城乡社会救助体系,完善最低生活保障制度,从多个层面对困难群众基本生活进行保障;十九届四中全会指出,要坚持和完善统筹城乡的民生保障制度,满足人民日益增长的美好生活需要;十九届五中全会要求,民生福祉达到新水平,实现更加充分、更高质量的就业,居民收入增长和经济增长基本同步,分配结构明显改善,基本公共服务均等化水平明显提高,全民受教育程度不断提升,多层次社会保障体系更加健全,卫生健康体系更加完善,脱贫攻坚成果巩固拓展,乡村振兴战略全面推进。

在中国特色社会保障体系中,面向贫困和低收入阶层的社会救助制度是基础性的制度安排。在社会救助制度中,居民最低生活保障制度作为社会救助制度的核心,是保障贫困群体基本生活需要的最后一道安全网,也是改革开放以来中国政府在贫困治理领域的重大制度创新。农村低保制度是我国现阶段精准扶贫战略中"社会保障兜底一批"的重要内容,在脱贫攻坚工作中发挥着兜底保障、维护社会稳定的功能,是我国贫困治理的重要制度安排。无论是从覆盖人口数量,还是从投入资金总额来看,城乡低保制度都已经成为世界上规模最大的减贫性转移支付项目。特困人员供养制度是中国特色社会主义进入新时代后建立起来的社会救助制度,取代了过去分设的城市"三无"人员救助和农村"五保"供养制度。2014年,国务院颁布《社会救助暂行办法》,将城市"三无"人员救助和农村"五保"供养制度整合为城乡特困人员救助供养制度。2016年,国务院颁布《关于进一步健全特困人员救助供养制度的意见》,进一步明确了特困人员救助供养制度的实施细则。

到2020年年底,中国的贫困治理,特别是脱贫攻坚战已经取得全面胜利,消灭了绝对贫困人口,已经成为全世界最早实现联合国可持续发展目标中消灭贫困目标的发展中国家。当代中国的贫困治理,以中国共产党为领导,以国家力量为核心,以扶贫开发和社会保障为基本战略,充分体现了科学社会主义的思想本质与制度优势,与受社会民主主义影响的西方国家偏重社会福利制度的治理贫困体系形成了明显的对比。消除贫困、改善民生、实现共同富裕,这是科学社会主义的本质要求;集中资源、举国同心、全民动员、持之以恒，这是科学社会主义的制度优势。西方福利国家虽然重视通过社会政策来缓和社会问题、满足社会需要，但难以在国家主导下发起大规模的、持续的反贫困行动，难以从根本上解决贫困问题，一些国家甚至出现贫困现象日益恶化的趋势，显示出社会民主主义改良本质在贫困治理上的困境。

尽管当代世界遭受贫困问题困扰和折磨的主要是不发达国家，但是指导这些国家贫困治理实践的则主要是基于西方国家经验的反贫困理论与反贫困政策。中国作为全球贫困治理的积极参与者，其贫困治理实践和减贫奇迹必将引起世界范围内对"中国道路"的广泛关注。因此，及时总结中国贫困治理的成功经验，不仅有助于全球贫困治理事业的发展，消除贫困问题，而且有助于深化贫困治理的研究，丰富和创新贫困治理理论，为深陷贫困的发展中国家提供新的贫困治理理论和反贫困政策设计。

广东：中国贫困治理的先行者

作为改革开放的实验场和经济发达地区，广东的扶贫开发和贫困治理在中国的减贫治理中具有独特的地位和意义。广东具有特殊的省情，那就是地区间发展不平衡，差异大，既有位列全国经济最发达地区的珠江三角洲，又有位列全国贫困县序列的东西两翼及山区县。粤东西北地区人均地区生产总值低于全国平均水平，农村农业人口不少，人才储备和技术支撑的缺口较大，新动能培育较慢，文教卫生等公共服务资源配置相对落后。"最富的地方在广东，最穷的地方也在广东"这一说法是对广东地区差异大的一个精确描述。如何在贫困治理过程中解决区域失衡问题是广东减贫治理的重要特色。自21世纪以来，特别是党的十八大以来，广东结合顶层设计与本地实际，在扶贫开发、低保瞄准、特困人员供养、相对贫困治理等领域进行了大胆的探索，出台了大量行之有效的政策措施，在实践中走出了一条特色鲜明的贫困治理之路。

在扶贫开发方面，广东较早地通过"双到"（规划到户、责任到人）扶贫方式对扶贫对象的精准施策进行了探索，变"大水漫灌"为"精准滴灌"，实现了对传统扶贫开发方式的超越。在社会保障方面，广东不仅提高了低保标准，而且较早地进行了低保目标瞄准机制的创新，以代理家计调查模式超越传统的家计调查模式。与此同时，广东也对特困供养制度进行了创新。因此，对广东贫困治理的基本经验进行系统的分析，不仅能够突显广东在贫困治理中的先行一步，也可以为全面理解中国扶贫之路提供一个合理的入口。

在"双到"扶贫实施前的较长一段时期内，与全国其他地区一样，开发式扶贫是广东贫困治理的主导模式，该模式在解决区域整体贫困方面取得了较为显著的成效。不过，开发式扶贫在扶贫对象的指向性上较为宽泛，在一定程度上造成了扶贫资源的浪费。为此，广东通过"双到"扶贫对这个问题给出了自己的解决方案。从实践角度来看，"双到"扶贫率先开启了省级层面对提高扶贫精度的探索。"双到"扶贫方式提高了扶贫资源的利用效率，确保贫困人口能够根据自身的致贫原因得到行之有效的帮扶，从而为精准扶贫阶段广东的贫困治理打下了坚实基础，使广东全省可以提前完成脱贫攻坚任务，并率先部署推进由精准扶贫向乡村振兴的过渡，探索实现脱贫攻坚成果巩固拓展同乡村振兴的有效衔接。

在社会保障贫困治理方面，广东也进行了有前瞻性的探索。作为中国最早在城乡同时建立低保制度的地区之一，广东早在1997年就开始着手建立覆盖城乡的低保制度。经过多年的发展，广东省在城镇和农村低保制度建设上取得了重大成就，低保标准的确定符合广东省经济社会增长的水平和城乡人均支出配比水平，形成了以区县级以上财政支付为主的低保资金供给机制。在低保目标的瞄准方面，作为改革"领头羊"的广东，通过积极的地方政策创新，有效地提高了低保目标瞄准的准确性，并提升了低保制度的治理绩效。低保改革的"广东故事"可以为中国城乡低保制度的完善提供有益的启示。广东省在特困人员救助供养方面也形成了完善、系统的政策体系。在资金投入方面，广东省把特困人员救助供养等保障困难群众基本生活的政策放在财政支出的优先位置，保证政府投入只增不减。在保障水平方面，广东省规定特困人员基本生活标准不低于当地低保标准的1.6倍且不低于当地现行特困人员基本生活标准，并根据当地经济社会发展和物价水平进行调整，呈现不断提升的趋势。不仅如此，广东省还率先建立特困人员照料护理制度，为特困人员，特别是失能半失能特困人员提供探访慰问、生活照料和住院期间的护理。与此同时，广东省还积极推动特困人员供养机构公建民营改革，在全国率先推行供养机构区域统筹打包改革模式，以县（市、区）为单位，将辖区内所有区域性、乡镇敬老院等公办特困人员供养机构统一打包成一个项目，交给社会资本方管理运营。

综上，我们可以看到，广东省在贫困治理中坚持先行先试，始终走在探索扶贫开发新模式的前列。广东内部区域发展不平衡，在全国层面具有代表性。从珠三角到粤东西北，不同区域如何采取不同的政策举措，区域之间又如何合作脱贫，这些经验都将在全国层面具有可复制性和可推广性。从广东省的贫困治理实践来看，无论是从扶贫"双到"到"精准扶贫"的扶贫历程，还是对相对贫困治理长效机制的探索，抑或是在低保瞄准和特困人员供养领域的创新实践，不仅集中体现了中国减贫治理所特有的各项政策手段，而且在贫困治理的探索方面始终走在全国的前列。鉴于广东在贫困治理方面的先行探索及其有效成果，当前亟须以广东的贫困治理经验为载体，发出广东声音，讲好中国故事，坚定道路自信，提升中国在全球贫困治理中的话语权，向全世界共享中国特色的减贫经验。这既是本丛书的写作背景，也是本丛书的立意所在。

本丛书的基本内容与特色

本研究丛书试图以我国贫困治理的两大战略——扶贫开发与社会保障为分析焦点，立足广东，心系中国，综合运用抽样调查、准自然试验、案例研究等多元方法进行深入研究，尝试从宏观与微观、理论与经验维度全面分析广东贫困治理的政策实践。本丛书共五本，分别是《从"'双到'扶贫"到"精准扶贫"——基于广东经验的中国扶贫之路》《精准扶贫战略下城乡低保目标瞄准及执行机制优化：广东经验》《广东省特困人员救助供养制度研究：供给侧改革的创新经验》《解决相对贫困治理的长效机制探索：江门经验》及《贫困认知与贫困治理——基于广东省的调查数据分析》。

《从"'双到'扶贫"到"精准扶贫"——基于广东经验的中国扶贫之路》一书展现了21世纪的广东扶贫之路从扶贫"双到"到"精准扶贫"的发展过程。本书尝试分析从"'双到'扶贫"到"精准扶贫"的演变与衔接，通过解析具体案例，展现广东在扶贫开发中的政策创新和实际效果，总结其成功经验，彰显广东在扶贫治理中先行一步的作为和担当。本书的特色之一是把由广东率先探索的"'双到'扶贫"机制与符合新时期我国国情和广东省情的"精准扶贫"战略结合起来,揭示了中国扶贫治理的若干特点,包括运动式治理、社会政策和经济政策相结合、因地制宜发展特色扶贫产业、精准扶贫与乡村振兴衔接等。

《精准扶贫战略下城乡低保目标瞄准及执行机制优化:广东经验》一书旨在揭示,在精准扶贫的时代主题下,广东如何通过客观、全面的指标体系设计和科学入户核查,创新地设计出多维度代理家计调查方式,形成城乡低保目标瞄准的"广东经验"的过程。本书在回顾国内外贫困治理理论研究成果的基础上,重点对新时代以来广东省低保目标瞄准的改革创新实践、引入准家计模型的识别指标体系、改革前后的瞄准效果对比,以及多维家计大数据对下一步助力乡村振兴的应用前景,进行全面的梳理、测算和分析。城乡低保目标瞄准的"广东经验",不仅可以有效提升城乡低保对象瞄准的精确度,很大程度上降低"错保"率和"漏保"率,而且可以为2020年之后中国的贫困治理提供一种可复制、可推广的路径。本书特色是资料丰富、内容全面,涵盖了制度理念、组织建设、技术支撑(包括由单一到多维目标测量的低保家庭的科学瞄准与低保家庭精准识别体系)、资金保障、精准施策与监管问责等多个方面。

《广东省特困人员救助供养制度研究:供给侧改革的创新经验》一书意在总结广东省在特困人员救助供养制度改革方面积累的创新经验。基于对2017—2019年广东省特困供养制度建设的深入调查和研究,本书探讨了广东省特困供养人员制度的建设和发展情况、广东省分散和集中供养人员的需求和救助的供给情况、广东省特困供养人员制度改革的成效,重点关注广东如何借鉴ROT模式引入社会资本,对特困供养机构进行公建民营改革,并在此基础上提出了完善广东省特困供养人员制度供给侧改革的对策建议。本书特色是运用准自然实验方法,在大量一手资料的基础上,对特困人员的供养需要与供养制度进行了全面研究,并提出了对制度进行完善的政策建议。

《解决相对贫困治理的长效机制探索:江门经验》试图系统梳理江门2016—2020年的精准扶贫改革及其成效,对江门建立解决相对贫困治理长效机制的探索进行深度解析。"江门经验"的重要突破在于跳出收入型贫困治理的思路,将其贫困治理范围扩展到支出型贫困。江门改革者通过创新运用代理家计调查方法瞄准相对贫困人口,建立解决相对贫困治理的发展性机制、整体性机制、政策整合机制和内生动力机制等四大长效机制,促进了低保制度和扶贫开发政策两项制度的衔接,实现了城乡扶贫的统一,并对智慧扶贫和乡村振兴产生了积极影响。本书的特色之一是基于案例研究,对地级市的相对贫困问题解决机制建设实践情况进行深度分析。

《贫困认知与贫困治理——基于广东省的调查数据分析》一书尝试把研究范畴从客观贫困治理拓展到主观贫困认知。本书重点梳理了贫困认知的概念内涵和研究概况,回顾了中国贫困认知的现实情境。通过分析广东省2017年度和2018年度人民美好生活的调查数据,对公众的贫困认知现状进行多维测量,以了解公众在贫困程度、扶贫方式、瞄准机制、扶贫成效等方面的态度与看法,并从主观认知的角度评估广东精准扶贫的成效。在中国贫困治理的新时代背景下,对贫困认知生成逻辑的分析与思考,有助于推进相对贫困治理长效机制的建立,也能为2020年之后中国反贫困政策的实践与发展提供深刻的价值启示。本书的一个特色是,推进贫困研究的范式由客观贫困测量向主观贫困认知拓展,贫困研究对象由个体贫困向群体贫困延伸。

本丛书的编写主要依托于中山大学政治与公共事务管理学院和中山大学中国公共管理研究中心的社会保障(社会政策)研究团队的长期科研积累。自2010年以来,社保研究团队一方面承担国家社会科学基金及教育部的纵向研究课题,另一方面与广东省及地级市相关职能部门合作,结合地方社会经济发展需要,开展横向课题研究。这些课题大多与扶贫及社会救助相关。经过多年的努力,团队积累了丰富的研究数据,也对广东省的相关政策过程和政策发展有了更深入系统的理解。研究团队认为,作为经济社会发展的先行区,广东省在减贫治理领域的政策探索和实践成效,对我国的减贫治理具有重要参考价值。因此,研究团队萌生了出版一套有关广东省贫困治理实践和经验的丛书的念头,从精准扶贫和社会救助两大领域,深入探讨和总结广东的经验,讲好贫困治理的广东故事,为建构贫困治理的中国话语体系提供广东元素。

虽然海外对贫困及其解决机制的理论研究和实践研究均较为丰富,而且随着中国脱贫攻坚战取得最终胜利，国内有关精准扶贫的研究成果也不断增加，但是以丛书形式系统出版的相关成果还不多见，尤其是聚焦一个经济发展重要省份的贫困治理经验的成果更是凤毛麟角。本丛书基于与政府职能部门的合作研究，尝试对贫困治理领域政府行为背后的逻辑、目标及探索过程中遇到的实施执行问题等进行系统、全面的讨论。我们希望本丛书的出版有助于推动对贫困治理广东经验的总结与研究，丰富减贫治理的中国故事和中国经验，为2020年之后中国的贫困治理提供一种可复制、可推广的路径，从而为全球贫困治理理论的发展提供中国方案、中国智慧。

在中国共产党的领导下，中国的贫困治理取得了举世瞩目的重大胜利，它不仅在中华民族的史册上谱写了壮丽的篇章，而且必将成为全球贫困治理前所未有的标杆。中国共产党领导的中国反贫困事业不仅是实现第一个百年奋斗目标的重点工作，而且是增强中国参与全球治理话语权的重要路径。谨以此丛书献给中国共产党百年华诞，也献给所有为消除贫困而不懈奋斗的中国人民。

岳经纶　庄文嘉
2020年12月

目　录

第一章　导论：新时代的中国贫困治理 / 1

　　第一节　研究背景与价值 / 2

　　　　一、全面建成小康社会与精准扶贫战略 / 2

　　　　二、低保制度的减贫效应及其执行偏差 / 6

　　　　三、迈向2020年后的贫困治理 / 13

　　第二节　研究内容 / 18

　　　　一、贫困人口瞄准的经验实践与理论研究 / 18

　　　　二、中国贫困治理的政策导向与理论探讨 / 21

　　　　三、广东低保瞄准改革的政策实践与价值 / 24

　　第三节　研究方法 / 26

　　　　一、资料收集 / 26

　　　　二、数据分析 / 28

　　第四节　内容框架及创新点 / 30

第二章　贫困对象识别的理论与实践追踪 / 33

　　第一节　贫困识别：海内外贫困人口识别的主流方法 / 34

　　　　一、家计调查 / 35

　　　　二、代理家计调查 / 37

　　　　三、社区瞄准法 / 38

　　　　四、类别瞄准法 / 40

　　　　五、区域瞄准法 / 41

　　　　六、自我瞄准法 / 43

　　第二节　低保瞄准：城乡低保对象的识别方法梳理 / 48

　　　　一、收入瞄准法 / 49

二、多维度指标代理法 / 50
　　三、社区瞄准机制 / 54
第三节　低保动态管理：救助对象进出的两难困境 / 57
　　一、低保进入：目标瞄准的偏差 / 57
　　二、低保领取：救助标准的设定 / 68
　　三、低保退出：应退尽退的挑战 / 72

第三章　地方实践：新时代广东低保制度的变迁 / 77

第一节　政策法规：完善城乡低保制度法制体系 / 77
　　一、广东低保政策的变迁 / 78
　　二、低保政策的文本分析 / 85
　　三、地方低保制度的创新 / 89
第二节　财政投入：加大城乡救助资金投入力度 / 92
　　一、财政投入的时间变化趋势 / 93
　　二、区域间财政投入对比 / 98
　　三、城市间财政投入对比 / 105
第三节　保障水平：提高城乡覆盖率和保障水平 / 107
　　一、城乡最低生活保障水平的时间变迁 / 107
　　二、城乡最低生活保障覆盖率的变迁 / 111
　　三、区域间覆盖率对比 / 117
第四节　执行机制：供给侧改革提升低保治理绩效 / 120
　　一、信息化建设赋能低保制度治理 / 121
　　二、服务供给主体从单一走向多元 / 122
　　三、制度执行的人力资源配置优化 / 126

第四章　推陈出新：广东低保家庭目标瞄准的改革 / 128

第一节　低保单一收入核查的问题识别 / 128
　　一、单一收入核查的藏匿性较强 / 129
　　二、收入的周期性变化难以把控 / 131
　　三、单一指标刚性支出无法识别 / 132

　　　　四、单一收入核查执行成本较高 / 134
　　　　五、单一指标的城乡适用性差异 / 135
　　第二节　低保目标瞄准手段创新的政策过程 / 136
　　　　一、政策方案设计：广东城乡居民低保对象识别指标体系的研究 / 137
　　　　二、指标体系采纳：广东省民政厅综合评估指标体系的出台 / 139
　　第三节　低保目标"双重核查"机制的亮点呈现 / 142
　　　　一、致贫原因识别：从单一贫困向综合贫困的过渡 / 143
　　　　二、救助对象延伸：从绝对贫困向相对贫困的全面覆盖 / 144
　　　　三、救助理念革新：从收入补差到多维支持的转变 / 145

第五章　准家计模型：广东低保家庭识别指标体系解析 / 147
　　第一节　海内外多维度准家计方法的运用与启示 / 148
　　　　一、探索：代理家计调查的缘起 / 148
　　　　二、发展：代理家计调查应用的全球画像 / 151
　　第二节　广东多维度准家计的整体模型设计 / 155
　　　　一、初始模型的建构 / 156
　　　　二、代理家计模型的优化 / 180
　　第三节　广东多维度准家计模型的测量指标选择 / 194
　　　　一、代理家计指标体系的构成 / 194
　　　　二、指标体系详解及赋值 / 199

第六章　广东低保家庭多维度准家计的精准识别 / 220
　　第一节　低保与边缘家庭致贫源头的分类识别 / 220
　　　　一、致贫结构分析 / 221
　　　　二、致贫源头识别 / 227
　　第二节　支出型贫困的瞄准识别 / 230
　　　　一、对支出型贫困的覆盖 / 231
　　　　二、支出型贫困家庭分析 / 233
　　第三节　边缘贫困群体的瞄准识别 / 235
　　　　一、多维贫困家庭的新进率 / 236

二、家计丰裕家庭的淘汰率 / 237
　第四节　理论模型与改革实践的测算比较 / 239
　　一、家庭人均可支配收入低于低保标准的分布 / 242
　　二、家庭人均可支配收入高于低保标准的分布 / 246

第七章　政策执行：广东双重核查运用后的执行机制分析 / 248
　第一节　目标群体：双重核查后目标群体发生的变化 / 249
　　一、理念更新：从收入贫困向支出贫困的渐进突显 / 249
　　二、权利拓展：从单一贫困向多维贫困的逐步过渡 / 250
　　三、对象延伸：从绝对贫困向相对贫困的适度延伸 / 251
　第二节　执行主体：社会救助职能部门的工作变化 / 252
　　一、成本优化：从单一核查到双重核查的执行成本约束 / 253
　　二、权力制约：基层执行过程中的自由裁量权得到规制 / 254
　　三、监督问责：从上级行政监督到耦合监管机制的转变 / 255
　　四、队伍建设：执行主体的专业性和工作力量亟须改善 / 256
　第三节　保障机制：政策执行过程支持系统的变化 / 258
　　一、支出结构：社会救助领域资金支出结构的调整优化 / 258
　　二、资金分配：省内不同区域社会救助财政资金的配置 / 260
　　三、部门协作：社会救助部门加强沟通协作与信息共享 / 265
　　四、技术支撑：低保信息系统的建设改善政策执行效率 / 266

第八章　结论与讨论：低保治理的广东经验及未来进路 / 271
　第一节　广东序曲：低保目标瞄准改革的可复制性分析 / 271
　　一、积极救助：衔接 2020 年后的贫困治理 / 272
　　二、科学瞄准：单一到多维的目标测量体系 / 274
　　三、精准识别：可观测、可证实的识别指标 / 275
　　四、成本节约：可操作性降低政策执行成本 / 276
　　五、制度优化：资源配置与治理效果的改善 / 278
　第二节　善假于物：准家计模型对中国贫困治理的启示 / 279
　　一、贫困治理要以科学的贫困识别指标体系为基础 / 279

二、贫困识别指标体系的设计要充分考虑城乡差异 / 280

三、贫困识别体系的更新要注意政策间的有效衔接 / 282

四、贫困治理应转向对综合贫困和相对贫困的关注 / 283

五、贫困治理工作需强化大数据和信息技术的应用 / 284

六、贫困治理事业应该加强基层队伍的组织和建设 / 286

第三节 继往开来：中国低保制度发展进路的思考 / 288

一、制度理念：更新社会救助理念，确立发展型政策的目标取向 / 288

二、组织建设：强化部门协同，夯实队伍建设，确保制度执行有力 / 291

三、技术支撑：推进大数据运用和信息化建设，提升服务递送能力 / 293

四、资金保障：动态调整救助标准，优化资金保障和专项救助制度 / 295

五、精准施策：动态更新识别体系，精准识别致贫源头并分类施策 / 297

六、监管问责：健全低保执行监管、评估激励体系，提升治理效果 / 300

参考文献 / 304

后记 / 324

第一章　导论：新时代的中国贫困治理

贫困，是一个历史性、世界性议题。从茹毛饮血的原始社会到科技发达的现代社会，从食不果腹的欠发达地区到国强民富的发达经济体，贫困现象贯穿古今中外。可以说，贫困现象自人类社会诞生以来就始终与人类形影相伴。相应地，由于不同民族、国家、社会的经济状况差异，加之对"贫困"概念也呈现出多元化的理解，因此贫困治理因时代、地域及认知的差异呈现出不同的特征。从封建社会时期作为社会美德的邻里守望相助到中华人民共和国成立以后制度化的社会救助，从西方的民间互助组织和宗教慈善到近代福利国家的建立，全球范围内的贫困治理实践随着贫困问题的演化及人类对贫困问题认知的提升而不断变迁和完善。近代以来，世界范围内的反贫困实践有效地提升了极端贫困群体的生活水平，改善了社会不平等的状况，并促进了人类社会的共同繁荣。

然而，不可否认的是，极端贫困人口数量在全球范围内依然庞大，如南亚、撒哈拉以南的非洲地区等；与此同时，在消除了绝对贫困的地区，相对贫困的问题又浮出水面，给全球的反贫困治理实践提出新的挑战。因此，从某种意义上说，贫困问题现在依然困扰着人类社会的发展，未来将继续与人类社会相伴而行，它就像一个幽灵挥之不去。但是，这并不意味着对贫困问题可以听之任之。时至今日，无论是发达国家与地区，还是发展中国家与地区，依然存在着不同规模、性质和形式的贫困问题。因此，国际社会的反贫困实践依然值得努力且必要：这不仅涉及人类生存的基本权利，而且对整个人类社会的可持续发展至关重要。

第一节 研究背景与价值

2020年3月6日,党中央召开了决战决胜脱贫攻坚座谈会。会上,习近平总书记强调:"到2020年现行标准下的农村贫困人口全部脱贫,是党中央向全国人民作出的郑重承诺,必须如期实现,没有任何退路和弹性。"① 作为中国发展历史上的一个重要时间节点,2020年承载了太多的社会期盼:全面建成小康社会的决胜之年和脱贫攻坚战的收官时刻。在历史交汇的节点中,作为中国特色贫困治理制度体系重要组成部分的城乡居民最低生活保障制度(以下简称"低保制度"),在中国减贫事业中扮演了基础性的角色;但低保政策执行中的偏差也制约着其减贫效应的进一步发挥。面向2020年后的贫困治理,不仅需要贫困治理实践的创新,也亟须强化理论研究,并将理论知识和经验证据有机结合,使抽象的概念能够扎根于中华大地,为中国的贫困治理事业提供坚实的理论支撑。

一、全面建成小康社会与精准扶贫战略

"行路难!行路难!多歧路,今安在?长风破浪会有时,直挂云帆济沧海。"这是李白《行路难》中的诗句。它描绘了一个尽管前路荆棘满布,但是依然坚定理想,乘风破浪,横渡沧海,最终到达理想彼岸的人物形象。这样的形象刻画,一如今日中华民族的贫困治理史诗。尤其是党的十八大以来,中国在大扶贫格局之下打响了脱贫攻坚战,把贫困治理纳入国家治理的战略目标,动员社会各界力量,采用多种方法,充分发挥党的领导和社会主义制度的政治优势和制度优势,实现了农村贫困人口大幅度减少的目标。新时代的中国贫困治理实践不仅丰富了"发展型国家"的内涵,也

---

① 《习近平:在决战决胜脱贫攻坚座谈会上的讲话》,http://www.xinhuanet.com/politics/leaders/2020-03/06/c_1125674682.htm。

第一章　导论：新时代的中国贫困治理

为后发展国家走出"中等收入陷阱"提供了经验[1]。

贫困问题是人类面对的共同挑战，但是在相当长的一段时期，全球各国在贫困治理方面基本处于"各自为战"的状态，从重视贫困问题的程度、贫困程度的测量、减贫目标的制定到贫困治理的举措、治理绩效评估等多个层面，呈现出碎片化的治理特征。尽管不同国家和民族所处的社会经济发展阶段与其贫困治理水平密切相关，贫困治理的差异化特征也实属必然，但是这种过于碎片化的治理严重影响到全球贫困治理的进程和绩效，进而影响到人类生存的基本权益。因此，2000 年 9 月，秉承过去 10 年中主要的联合国会议和首脑会议的精神，全球各国首脑在纽约联合国总部进行了会晤，表决通过了《联合国千年宣言》。各国承诺将建立新的全球合作伙伴关系以降低极端贫穷人口比重，"不遗余力地帮助男女老少同胞，摆脱凄苦堪怜和毫无尊严的极端贫困状况"，并设立了一系列以 2015 年为最后期限的目标，即"千年发展目标"（millennium development goals，MDGs）。其中的目标之一就是，以 1990 年的水平为基准，将世界贫困水平在 2015 年之前减少一半。[2]

中国是世界上最大的发展中国家，也是世界上人口最多的国家。由于贫困人口的数量庞大，因此中国的反贫困实践在世界减贫事业中发挥着举足轻重的作用。20 世纪 70 年代末至 80 年代初，中国改革开放的总设计师邓小平同志在规划中国社会经济发展蓝图时提出了"小康社会"的战略构想。随着中国特色社会主义事业的发展，小康社会的内涵和意义不断得到丰富和发展。2012 年 10 月召开的党的十八大，立足于我国社会经济发展的实际，提出了到 2020 年"全面建成小康社会"的奋斗目标。自党的十八大以来，以习近平同志为核心的党中央审时度势、精准研判，在承接党的十六大提出的全面建设小康社会的奋斗目标的基础之上，提出了全面建成小康社会新的目标，包含经济保持中高速增长、发展协调性明显增强、人民生活水平和质量普遍提高、生态环境质量总体改善[3]等多项内容。其中，脱

---

[1] 燕继荣：《反贫困与国家治理——中国"脱贫攻坚"的创新意义》，《管理世界》2020 年第 4 期。
[2] 参见联合国官方网站：https://www.un.org/millenniumgoals/poverty.shtml。
[3] 参见《中华人民共和国国民经济和社会发展第十三个五年规划纲要（2016—2020 年）》。

贫攻坚作为全面建成小康社会的一项重要任务,被提升到治国理政的重要位置。

2017年,党的十九大报告指出:"从现在到2020年是全面建成小康社会的决胜期。"消除贫困、改善民生是我国全面建成小康社会面临的最艰巨的任务。事实上,自2013年11月习近平总书记在湖南湘西土家族苗族自治州调研提出"精准扶贫"的战略理念以来,中国的贫困治理实践已经迈入一个崭新的时期。8年的时间里,以习近平同志为核心的党中央带领全体中国人民乘风破浪、披荆斩棘。随着精准扶贫各项政策的制定和执行,我国的贫困治理工作业已取得突破性的进展,全面建成小康社会的奋斗目标即将实现。在2020年的新年贺词中,习近平总书记提到:"2020年是具有里程碑意义的一年。我们将全面建成小康社会,实现第一个百年奋斗目标。2020年也是脱贫攻坚决战决胜之年。冲锋号已经吹响。我们要万众一心加油干,越是艰险越向前,把短板补得再扎实一些,把基础打得再牢靠一些,坚决打赢脱贫攻坚战,如期实现现行标准下农村贫困人口全部脱贫、贫困县全部摘帽。"① 循着中国特色贫困治理体系的道路前进,而今距离这样的目标,中华民族已近在咫尺。

联合国2015年发布的《千年发展目标报告》显示,从1978年改革开放以来,中国脱贫人数已经达到7.9亿,是最早完成联合国制定的减贫目标的国家,为全球减贫事业做出了巨大贡献。1985年,国家统计局根据当时的最低收入农户的食品消费清单和食品价格推算,以货币形式表示"达到人体最低营养标准所需的最低食物支出",即满足温饱的贫困线,这一贫困线的标准是人均年纯收入206元。按照该贫困线衡量,中国农村的贫困发生率从1978年的30.7%下降到2007年的1.6%;按照中国政府2011年新确定的"收入绝对贫困线"衡量,即贫困标准为农村人均年纯收入2300元,中国农村贫困发生率从1978年的97.7%下降到2017年的3.1%;按照世界银行2015年发布的以2011年不变价格每人每天1.9美元的购买力平价衡

---

① 《国家主席习近平发表二〇二〇年新年贺词》,http://www.xinhuanet.com/politics/2019-12/31/c_1125410025.htm。

第一章　导论：新时代的中国贫困治理

量，中国农村的贫困发生率从1990年的66.6%下降到了2014年的1.4%①。无论采用哪一种衡量标准，改革开放以来中国的减贫成就都经得起考验，这样的成就也得到了国际社会的广泛赞誉。世界银行于2018年发布的《中国系统性国别诊断》报告称，"衡量贫困有许多方法，但不论如何衡量都掩盖不了中国巨大的减贫成就，不管参照国内贫困线还是国际贫困线，衡量的是收入还是消费，贫困人口绝对数量还是贫困发生率，贫困深度还是严重程度，减贫成果一样显著"②。深受贫困困扰的发展中国家也希望从中国减贫经验中汲取智慧，推动本国贫困治理工作的进步。国家统计局发布的数据显示：2019年，按照每人每年纯收入2300元（2010年不变价）的农村贫困标准计算，年末农村贫困人口有551万，比2018年年末减少1109万；贫困发生率为0.6%，比2018年下降1.1个百分点③，脱贫攻坚工作取得决定性成就。这一连串数字的背后是中国共产党和全体中国人民奋斗的结晶，是中国特色社会主义制度优越性的彰显，尤其是依赖于中国共产党领导形成的国家治理体制及相关运行机制④。中国的减贫成就也是人类文明史上浓墨重彩的一笔；更为关键的是，它意味着每一个实现脱贫的家庭幸福感和安全感的切实提升。

打赢脱贫攻坚战，确保到2020年所有贫困地区和贫困人口一道迈入小康社会，是全面建成小康社会的基本标志，事关中华民族伟大复兴第一个百年奋斗目标的实现⑤。2020年是全面建成小康社会的收官之年，也是现行标准下农村绝对贫困人口全部脱贫的截止期限。全体中国人民的不懈奋斗让我们看到这场脱贫攻坚战胜利的曙光。尽管当前农村剩余的绝对贫困人口存量不大，但其往往处于深度贫困的地区。这些地区贫困发生率高，基

---

① 李小云、徐进、于乐荣：《中国减贫四十年：基于历史与社会学的尝试性解释》，《社会学研究》2018年第6期。
② 参见 World Bank, "China Systematic Country Diagnostic: Towards a more Inclusive and Sustainable Development", 2018.
③ 参见国家统计局：《中华人民共和国2019年国民经济和社会发展统计公报》。
④ 王雨磊、苏扬：《中国的脱贫奇迹何以造就？——中国扶贫的精准行政模式及其国家治理体制基础》，《管理世界》2020年第4期。
⑤ 朱梦冰、李实：《精准扶贫重在精准识别贫困人口——农村低保政策的瞄准效果分析》，《中国社会科学》2017年第9期。

础设施薄弱，公共服务发展滞后，生产发展面临多重困难，因而要想顺利实现全面脱贫的目标，需要政府及社会各方力量付出更多的努力。

2020年年初的新冠肺炎疫情又给党和政府的贫困治理征程增加了更多的考验。突发的公共卫生危机使整个社会经济发展的节奏放缓，贫困治理的进度也不可避免地受到影响，用"雪上加霜"来形容2020年的脱贫攻坚工作毫不为过。受到疫情影响，贫困劳动力外出务工难度陡增，直接导致其收入减少；一些非贫困户的收入也有可能因此滑落到贫困线以下；已脱贫地区同样面临产业发展乏力的难题，自身"造血"功能因此下降。如何应对深度贫困地区的发展短板和疫情可能导致的已脱贫对象返贫的双重挑战，顺利完成第一个百年奋斗目标，成为党和政府面临的重大时代挑战。

二、低保制度的减贫效应及其执行偏差

2014年5月，习近平总书记在参加河南省兰考县委常委班子的专题民主生活会时，引用清代画家郑板桥的一首题画诗："衙斋卧听萧萧竹，疑是民间疾苦声。些小吾曹州县吏，一枝一叶总关情。"其蕴含的意思是群众利益无小事，民生问题大于天，这充分体现了中国共产党立党为公、执政为民的宗旨，也是习近平新时代中国特色社会主义思想理论基石的彰显。这样的引用，在此后习近平总书记参加的很多场合都出现过。

自18世纪以来，西方国家在经济、政治和社会领域先后实现了马歇尔公民身份理论中的公民权利、政治权利和社会权利的目标[①]，其中，社会权利实现的典型代表就是福利国家（welfare states）的诞生和发展。以社会权利作为理论基石的现代福利国家，以国家作为福利供给的责任主体，依托高水平的生产力发展建立起健全的社会保障体系，向社会中的弱势群体提供各种社会福利。"二战"后，欧美发达国家率先建立起现代福利国家，尽管当前福利国家的发展遇到新自由主义思想的强力挑战，在理论和实践层面都饱受争议，但是作为一种制度化的现代福利体系，在保障和改善公民生活层面发挥着不可代替的作用。当欧美福利国家开始进入收缩阶段时，

---

① 岳经纶：《社会政策与"社会中国"》，社会科学文献出版社，2014。

第一章　导论：新时代的中国贫困治理

一些新兴工业化国家和地区的社会保障制度也在同步进行建设和发展，尽管其发展速度和水平不能和发达国家相提并论，但是仍然努力使既有的社会保险体系能够覆盖尽可能多甚至全部的劳动人口，还建立起特定的社会救助体系。这些国家被称为"新兴福利国家"（emerging welfare states）[①]，主要集中于拉美、亚洲、东欧等地，比如巴西、阿根廷、墨西哥、古巴、印度、韩国、波兰等。事实上，无论是欧美发达国家的福利体系，还是发展中经济体的福利体制，本质上都是用社会保障体系来维护公民的基本社会权利，保障公民的基本生活尊严。

在中华人民共和国成立初期，为配合计划经济时期的社会主义工业化建设，国家建立了以劳动保险制度为核心、以单位为基础的社会保障体系。随着改革开放的推进，计划经济年代的社会保障制度难以适应市场转型时期社会经济发展的需求。到20世纪80年代中期，在国企改革的背景下，社会保障制度建设被重新纳入政府的政策议程。尤其21世纪以来，中国政府开始重点关注民生建设，进入了社会政策快速扩张的时期[②]。经过近40年的发展，中国已经建立起包含社会保险、社会救助、社会福利在内的多层次社会保障体系。从福利国家建设的视角来看，我国的社会保障体系也已经具备了一个福利国家发展所包含的基本要素，包括一个兜底的社会救助安全网，提供收入保障的养老、医疗、工伤、失业保险，基础教育、基本卫生保健服务的普及，社会服务的广泛发展等[③]。社会保障作为调节分配和保障居民基本生活的制度，成为我国贫困治理体系的重要组成部分。作为一种转移支付手段，社会保障通过国家统一的收入再分配，可以降低相对贫困程度，从而减少贫困发生率，促进社会公平。同时，社会保障可以分摊社会风险，提升风险应对能力[④]，尤其在"因病致贫""因病返贫"等方

[①] Usami K., "Introduction: Comparative Study of Social Security Systems in Asia and Latin America—A Contribution to the Study of Emerging Welfare States", *The Developing Economies*, vol. 42, no. 2, 2004, pp. 125–145.

[②] 岳经纶、刘璐：《中国正在走向福利国家吗——国家意图、政策能力、社会压力三维分析》，《探索与争鸣》2016年第6期。

[③] Ngok K, Chan C. K., *China's Social Policy: Transformation and Challenges*, Routledge, 2016.

[④] 左停、赵梦媛、金菁：《路径、机理与创新：社会保障促进精准扶贫的政策分析》，《华中农业大学学报（社会科学版）》2018年第1期。

面，社会保障制度可以通过提供补偿的方式分摊费用，减少贫困并防止贫困的发生。在2020年年初的新冠肺炎疫情防控阻击战中，中国特色社会保障体系的制度优势在疫情防控中得到了充分彰显，不仅较好地发挥了抵御、防范、化解风险的传统作用，也为复工复产、恢复经济社会秩序提供了强有力的支撑①。

在中国特色社会保障体系中，面向贫困和低收入阶层的社会救助制度是基础性的制度安排，而在社会救助制度中，城乡居民最低生活保障制度作为社会救助制度的核心，是保障贫困群体基本生活需求的最后一道安全网，也被视为改革开放以来中国政府在社会救助事业上的重大制度创新。低保制度是我国目前最为重要的一项针对城镇和农村贫困人口的政府无条件转移支付（unconditional cash transfer）制度。作为我国社会救助制度的核心与基础，低保制度是中国贫困治理的重要保障，长期以来在脱贫攻坚工作中发挥着兜底保障、维护社会稳定的作用②。低保制度突破了传统社会救济资源分散、效率不高等缺陷，成为社会发展的"稳定器"、经济运行的"减震器"和社会公平的"调节器"③。

中国城乡低保制度的建立经历了从局部试点到向全国推广的过程。城市低保制度于1993年在上海开始试点；1999年，国务院颁布《城市居民最低生活保障条例》，城市居民低保制度开始在全国普遍推广，以保障城镇中低收入者的基本生活。在启动城市低保制度建设的同时，农村低保制度也开始在一些地区探索建立，但其发展相对较为缓慢。2003年，在城市低保制度发展取得重大突破后，民政部开始重新部署农村低保制度的建设工作；2007年，国务院颁布《关于在全国建立农村最低生活保障制度的通知》，农村低保制度的建设步伐进一步加快。迄今为止，经过20多年的发展，中国低保制度建设已取得重大进展，城市和农村低保制度在经历了快速扩张后，已经步入稳定发展阶段。

---

① 鲁全：《彰显中国特色社会保障体系优势》，《人民日报》2020年4月29日。
② 祝建华、邓茜钰：《"宁漏勿错"与"宁错勿漏"：低保制度目标定位的两难及化解》，《学习与实践》2017年第9期。
③ 邓大松、王增文：《我国农村低保制度存在的问题及其探讨——以现存农村"低保"制度存在的问题为视角》，《山东经济》2008年第1期。

第一章 导论：新时代的中国贫困治理

低保制度本质上属于一种政府财政转移支付的工具，即政府机构以国家权力作为后盾，通过再分配的方式，对生活困难的社会成员实行差额补助，从而确保公民基本的生存权。在前现代时期，政府的济贫行为被视作恩惠与施舍；但是，现代社会救助不再是国家的恩赐和施舍，而是社会成员应该享有的基本权利，国家有义务提供这种公共产品[①]。我国的《城市居民最低生活保障条例》规定："持有非农业户口的城市居民，凡共同生活的家庭成员人均收入低于当地城市居民最低生活保障标准的，均有从当地人民政府获得基本生活物质帮助的权利。"[②]这一规定表明，贫困居民获得政府的物质帮助以满足其基本生活需求是作为公民应该享受的基本权利，而不是接受施舍或享受特别恩惠，并且这种权利面向的范围也具有普遍性，而非仅仅局限于一小部分人群。由于造成贫困的社会结构因素大于个人因素，因此，对于国家和政府而言，通过建立一整套完善的法规制度体系来实施救助是不可推卸的责任，这也是制度型社会福利的核心观点[③]。相关研究表明，政府对贫困或低收入群体提供的现金转移，可以从多个层面有效缓解受助家庭的贫困状况[④]。比如，在保障受助对象基本生活水平的基础上，可以让其进行劳动力的再生产[⑤]；通过放宽对象的信贷约束，使其投资生产性资产，进而增加其劳动供给[⑥]；为受助对象从事高风险但有利可图的工作提供资金支持，进而促进受助对象收入水平的提高[⑦]；还可以提高受助家庭儿

[①] 王磊、李晓南：《城市低保的目标重构与制度创新》，《理论探索》2011年第4期。

[②] 参见国务院1999年颁布的《城市居民最低生活保障条例》。

[③] 周沛、管向梅：《普惠型福利视角下城市高龄者养老社会化服务体系研究》，《东北大学学报》2011年第4期。

[④] Fiszbein, et al., "Conditional Cash Transfers: Reducing Present and Future Poverty", *World Bank Publications*, vol. 9, no. 100, 2009, pp. 465-468.

[⑤] Dasgupta P., Ray D., "Inequality as A Determinant of Malnutrition and Unemployment: Theory", *The Economic Journal*, vol. 97, no. 385, 1987, pp. 177-188.

[⑥] Gertler P. J., Martinez S. W., Rubio-Codina M., "Investing Cash Transfers to Raise Long-Term Living Standards", *American Economic Journal: Applied Economics*, vol. 4, no. 1, 2012, pp. 164-192.

[⑦] Ardington C., Case A., Hosegood V., "Labor Supply Responses to Large Social Transfers: Longitudinal Evidence from South Africa", *American Economic Journal: Applied Economics*, vol. 1, no. 1, 2009, pp. 22-48.

童的教育水平①,并改善受助家庭儿童的健康状况等②。

  农村低保制度是我国现阶段精准扶贫战略中"社会保障兜底一批"的重要内容,是维系农村社会稳定、促进经济发展的最后一道防线。无论从覆盖人口数量,还是从投入资金总额来看,农村低保都已经成为世界上规模最大的减贫性转移支付项目之一③。尽管农村低保制度的覆盖面不断扩大,但在政策执行层面仍然存在诸多问题,集中表现在低保目标的瞄准困境上。目前农村低保主要通过家计调查,辅之以社区瞄准的方式来识别绝对贫困家庭④。在国内,无论是定性的案例研究,还是基于微观数据进行的实证分析,大多数研究结果均显示,农村低保目标的实际瞄准效果不佳,漏保和错保现象严重⑤,瞄准偏误较大且存在明显的"精英俘获"现象(表1-1-1),贫困瞄准偏误成为制约反贫困政策发挥作用的重要原因⑥。在城市中,低保政策虽然对解决贫困者劳动就业问题、缓解城市贫困及维护社会稳定都有积极的作用⑦,但是其在执行过程中同样存在瞄准的偏误⑧(表1-1-2)。

---

① Schultz T. P., "School Subsidies for the Poor: Evaluating the Mexican Progresa Poverty Program", *Journal of Development Economics*, vol. 74, no. 1, 2004, pp. 199-250.

② Gertler P., "Do Conditional Cash Transfers Improve Child Health? Evidence from PROGRESA's Control Randomized Experiment", *American Economic Review*, vol. 94, no. 2, 2004, pp. 336-341.

③ Ugo G., Maddalena H., Ruslan Y., *The State of Social Safety Nets 2014*, World Bank, 2014.

④ 参见张昊:《农村低保评审乱象的成因及治理——基于定性定量混合方法的分析》,《中国农村观察》2017年第1期; Kuhn L., Brosig S., Zhang L., "The Brink of Poverty: Implementation of a Social Assistance Program in Rural China", *Journal of Current Chinese Affairs*, vol. 45, no. 1, 2016, pp. 75-108.

⑤ 参见韩华为、徐月宾:《农村最低生活保障制度的瞄准效果研究——来自河南、陕西省的调查》,《中国人口科学》2013年第4期;朱梦冰、李实:《精准扶贫重在精准识别贫困人口——农村低保政策的瞄准效果分析》,《中国社会科学》2017年第9期;Golan J., Sicular T., Umapathi N., "Unconditional Cash Transfers in China: Who Benefits from the Rural Minimum Living Standard Guarantee (Dibao) Program?", *World Development*, vol. 93, 2016, pp. 316-336.

⑥ 何欣、朱可涵:《农户信息水平、精英俘获与农村低保瞄准》,《经济研究》2019年第12期。

⑦ 参见洪大用:《当道义变成制度之后——试论城市低保制度实践的延伸效果及其演进方向》,《经济社会体制比较》2005年第3期;张浩淼:《转型期中国最低生活保障制度发展研究》,上海交通大学出版社,2010:21-27.

⑧ 参见Ravallion M., "How Relevant Is Targeting to the Success of an Antipoverty Program", *World Bank Research Observer*, vol. 24, no. 2, 2009, pp. 205-231; Gao Q., Garfinkel I., Zhai F., "Anti-poverty Effectiveness of the Minimum Living Standard Assistance Policy in Rural China", *Review of Income and Wealth*, vol. 55, no. 1, 2009, pp. 630-655.

第一章 导论：新时代的中国贫困治理

表 1-1-1 中国农村低保制度瞄准效果评价

作者	文献年份	漏保率/%	错保率/%	数据来源	调查年份
韩华为、徐月宾	2013	70.32	65.74	河南和陕西农户调查	2010
韩华为、徐月宾	2014	72.12～78.86	43.6～72.25	中西部五省农户调查	2010
刘凤芹、徐月宾	2016	73.78	66.28	中西部五省农户调查	2010
解垩	2016	84.49	76.67	CHARLS	2011
乐章、程中培	2017	82.08	75.51	CFPS	2014
Golan et al.	2017	93.70	93.60	CHIP	2007
朱梦冰、李实	2017	85.34	57.96	CHIP	2013
韩华为、高琴	2018	83.3～84.96	79.83～87.59	CHIP	2013
Kakwani et al.	2019	87.89	82.20	CHIP	2013

资料来源：韩华为、高琴：《中国农村低保政策效果评估——研究述评与展望》，《劳动经济研究》2020 年第 1 期。

表 1-1-2 中国城市低保制度瞄准效果评价

作者	文献年份	漏保率/%	错保率/%	数据来源	调查年份
Chen et al.	2005	72.00	43.00	China's Urban Household Short Survey	2003—2004
都阳、Park A	2007	48.50	41.70	城市劳动力市场调查	2001，2005
Wang	2007	61.00	40.00	China's Urban Employment and Social Protection Survey	2004
Gao et al.	2009	54.30	73.80	CHIP	2002

续上表

作者	文献年份	漏保率/%	错保率/%	数据来源	调查年份
王美艳	2015	77.00	69.00	中国城市劳动力调查数据	2010
杨穗、高琴、李实	2015	42.30	76.20	CHIP	2007
宋锦、李实、王德文	2020	38.45～66.28	54.49～69.17	CHIP	2013

资料来源：作者整理。

综合既有的研究成果，可以发现，尽管学者们在贫困线确定、识别方法及样本选取等方面存在差异，但是多数结果表明：无论是城市低保还是农村低保，均存在低保目标瞄准偏差的现象，低保制度的错保率和漏保率都较高①。换言之，低保政策的执行过程中出现了明显的政策走样现象，低保制度的扩展未能充分转化成人民的福祉，公众对低保政策的获得感并不强，原因在于低保治理能力未能适应低保政策的快速发展②。由于低保资源的相对稀缺性，低保瞄准③偏差导致资源分配不公平，进而引发诸多社会矛盾，甚至造成干群激烈冲突、集体上访等严重的社会问题④。在全面建成小康社会的百年目标达成之际，此类政策执行偏差导致真正的贫困群体未能被精准覆盖，使低保难以完成社会"安全网"与"稳定器"的政策使命，进而影响到党的十九大报告中提出的关于"在发展中补齐民生短板、促进社会公平正义"的价值目标及全面小康社会目标的顺利实现，也会对党和

---

① 参见 Solinger D. J., Hu Y., "Welfare, Wealth and Poverty in Urban China: The Dibao and Its Differential Disbursement", *China Quarterly*, vol. 211, 2012, pp. 741-764；卢盛峰、卢洪友：《政府救助能够帮助低收入群体走出贫困吗？——基于1989—2009年 CHNS 数据的实证研究》，《财经研究》2013年第1期。

② 岳经纶、胡项连：《转型中的社会保障治理：政策扩张对治理能力的挑战与应对》，《苏州大学学报》2017年第3期。

③ 注：现有文献中"低保目标瞄准"和"低保瞄准"两种表述均存在，其内涵一致。在本书中出现的上述两种表述也为同义。

④ 参见耿羽：《错位分配：当前农村低保的实践情况》，《人口与发展》2012年第1期；李铜山：《我国低保问题调研报告》，《调研世界》2014年第8期。

政府的形象产生难以估量的消极影响。

三、迈向 2020 年后的贫困治理

《礼记·中庸》有言,"凡事豫则立,不豫则废"。其意为:做任何事情,事前有准备就可以成功,没有准备就会失败。其表达的是一种未雨绸缪、居安思危的思想。从改革开放以来,中国的反贫困实践取得了令国际社会瞩目的辉煌成就,在惠及亿万贫困群体的同时,也有力地推动了社会经济的发展。2020 年,中国将全面建成小康社会,极端贫困现象将从中国消除。然而,站在这样一个历史和未来交汇的划时代时间节点上,更加需要审慎思考 2020 年后中国贫困治理之路该向何方及如何走下去的问题。

据国家统计局全国农村贫困监测调查,按每人每年纯收入 2300 元 (2010 年不变价) 的现行农村贫困标准测算,到 2019 年年末,全国农村贫困人口 551 万人,比上年末减少 1109 万人[1]。党的十八大以来,全国农村贫困人口累计减少超过 9000 万人[2]。国家以 2011 年人均年纯收入 2300 元作为绝对贫困线,这意味着,一旦 2020 年按照上述估算达到预期目标,中国农村的绝对收入性贫困将会在统计意义上消失[3]。以每年至少脱贫 1000 万人的速度,中国完全有能力在 2020 年历史性地消除绝对贫困。但是,扶贫的最终目的是实现人的可持续发展[4],绝对贫困在统计意义上的消失并不意味着中国贫困问题的终结,2020 年后,中国的贫困治理工作将面临新的挑战,如已脱贫人口的返贫风险、相对贫困和多维贫困问题等。联合国副秘书长杰弗里·费尔特曼曾表示:"中国是世界的榜样,已使数亿人摆脱了贫困,现在正在寻求为其他国家的发展做出贡献。"[5] 2020 年后,中国的扶贫工作将往何处去?回应好这一时代命题,不仅是中华民族自身的要求,也是全

---

[1] 参见国家统计局:《中华人民共和国 2019 年国民经济和社会发展统计公报》。
[2] 参见人民日报:《全国农村贫困人口去年减少 1109 万人》,2020 年 1 月 25 日。
[3] 王倩、毕红霞:《我国农村最低生活保障标准研究》,《调研世界》2016 年第 10 期。
[4] 张腾、蓝志勇、秦强:《中国改革四十年的扶贫成就与未来的新挑战》,《公共管理学报》2018 年第 4 期。
[5] 参见莫竞西:《联合国副秘书长:中国令数亿人脱贫,堪称世界榜样》,http://china.chinadaily.com.cn/2016-10/25/content_27167883.htm。

球减贫事业的期望，更能为国际社会提供中国智慧和中国方案。

首先，绝对贫困从统计学意义上的消失并不意味着贫困问题在神州大地销声匿迹，相对贫困问题将成为主要的贫困形态。一方面，可持续扶贫的关键在于不返贫①。习近平总书记在 2020 年 3 月召开的决战决胜脱贫攻坚座谈会上提到，"脱贫攻坚战不是轻轻松松一冲锋就能打赢的""要加快建立防止返贫监测和帮扶机制，对脱贫不稳定户、边缘易致贫户以及因疫情或其他原因收入骤减或支出骤增户加强监测，提前采取针对性的帮扶措施"②。贫困治理工作难以实现"毕其功于一役"，从绝对贫困到相对贫困，更加需要认识到贫困问题的长期性，尤其要关注可能存在的已经实现脱贫的对象返贫的风险，用持续性的帮扶措施巩固脱贫攻坚工作的成果。另一方面，对贫困问题的知识边界要丰富和拓展。绝对贫困的消除仅仅意味着实现了低水平的脱贫，而地区发展不平衡等导致的相对贫困问题仍然会长期存在。当前我国的贫困治理实践在对贫困概念的理解上存在一定程度的偏差，因此需要从理论上重新认识贫困。相对贫困的概念虽然众说纷纭，但是学术界依然达成了一些基本的共识，即从物质和社会层面来界定相对贫困：对社会中的个人、家庭或群体而言，如果他们缺乏资源而无法维持正常饮食、无法参加社会活动，以及无法获得符合社会惯例的生活条件和设施，或者至少从广义来说不被鼓励拥有或允许享用，那么可以说他们是贫困的③。甚至可以说，只要人类社会的分化存在，相对贫困问题就永远存在。

其次，立足于相对贫困的概念，贫困呈现出多维度的特征。多维贫困（multidimensional poverty）的概念和理论渊源要追溯到阿玛蒂亚·森（Amartya Sen）从人的可行能力视角对贫困进行的界定。他认为：贫困是对人们创造收入、维持正常生活和参与社会活动的可行能力（capability）的剥夺④，既

---

① 参见李小云：《脱贫摘帽重在不返贫》，http://theory.people.com.cn/n1/2018/0826/c40531-30251153.html。

② 参见《习近平：在决战决胜脱贫攻坚座谈会上的讲话》，http://www.xinhuanet.com/politics/leaders/2020-03/06/c_1125674682.htm。

③ Townsend P., *Poverty in the United Kingdom: A Survey of Household Resources and Standards of Living*, University of California Press, 1979: 31.

④ Sen A., *Poverty and Famines: An Essay on Entitlement and Deprivation*, Oxford University Press, 1982: 22.

第一章 导论：新时代的中国贫困治理

包括选择机会与选择能力的缺乏，也包括选择权利的缺乏①。经过实践和理论的完善，学者们开发出了计算"多维贫困指数"（multidimensional poverty index）的"Alkire-Foster方法"，以此评价全球各国的多维贫困状况②。从涵盖面上说，多维贫困是绝对贫困和相对贫困的综合考量，它既承认贫困的绝对性，把生活水平设定在最合适而不是最小的程度，同时，这种最合适水平也是在充分考虑不同环境下特定文化和社会价值观的基础上形成的。因此，贫困不仅仅是缺乏物质资料，更是没有能力积极地参与社会生活，以及缺失政治自由、人身安全、尊严或自尊。研究表明，中国的城市和农村家庭都存在着收入维度之外的多维贫困，农村贫困对全国多维贫困指数的贡献高于城市贫困③，且农村家庭的长期多维贫困发生率比城市要高④，城乡间多维贫困的差异还有不断扩大的趋势。家庭多维贫困是多因素综合的结果，而且非货币性指标对贫困的影响更加突出。在影响多维贫困的各项指标中，教育、就业、卫生设施、医疗保险、健康保险、耐用消费品、生产性资产和做饭燃料成为家庭贫困的主要贡献因素⑤。因此，相对于单一的收入贫困，多维贫困程度更为严重，波动性也更大，贫困群体应对、抵御社会风险的能力也更弱。当前中国的反贫困行动尚未能够从多维贫困的角度对贫困对象开展可行能力实践与贫困测量，更加有针对性的反贫措施也处于"犹抱琵琶半遮面"的状态。

最后，在厘清贫困概念和面临问题的基础上，如何"对症下药"是留给政策制定者的重大挑战。由于社会经济条件的转变，2020年后的贫困问题将呈现出新的时代特征。在此背景下，现行的反贫困体制如何调整、政策是否需要重新设计、贫困治理的重点领域是哪些等问题都需要逐一回答。第一，贫困人口的多维贫困尤其是在健康、营养和教育方面的贫困问题突

---

① Biondo K. D., "The Tyranny of Experts: Economists, Dictators and the Forgotten Rights of the Poor". *Population & Development Review*, vol. 27, no. 1, 2015, pp.: 186–188.
② Alkire S. et al., *Multidimensional Poverty Measurement and Analysis*, Oxford University Press, 2015: 168.
③ 王小林、Alkire A.:《中国多维贫困测量：估计和政策含义》，《中国农村经济》2009年第12期。
④ 郭熙保、周强:《长期多维贫困、不平等与致贫因素》，《经济研究》2016年第6期。
⑤ 邹薇、方迎风:《关于中国贫困的动态多维度研究》，《中国人口科学》2011年第6期。

出，但目前的扶贫政策重视收入增长而对社会保障和公共服务重视不足，社会保障制度设计碎片化、保障水平低、覆盖范围有限，教育、医疗等公共服务的城乡、区域和群体差距仍十分明显，不利于从源头阻断贫困的代际传递。第二，城乡二元分割的贫困治理体系造成中国贫困治理情况复杂，城乡扶贫标准不统一，处于流动状态中的农民工群体贫困状况被忽略；同时，多部门参与决策和实施的减贫政策的效率也有待进一步提高，扶贫和低保两项制度的衔接亟须加强①。第三，伴随着中国城市化进程的快速推进，将继续产生更频繁的大量人口流动，尤其是城镇化进程中农村转移劳动力，城乡二元结构导致其不能平等享受城市的社会保障和公共服务，他们的贫困问题也会突显出来；此外，儿童、妇女和残疾人这些更容易陷入贫困的弱势群体也需要更有针对性的社会救助政策②。第四，也是至关重要的一点，就是如何精准识别扶贫目标从而实现扶贫资源的精准配置。2020年后中国的贫困问题将呈现出新的形态，要实现贫困治理的目标，首先要做到精准识别，这也是习近平总书记提出的精准扶贫战略理念中的关键维度。只有突破以收入为主的传统单一识别体系，利用科学客观的瞄准方法将帮扶对象从社会成员中精准识别出来，有限的救助资源才能发挥最大的价值。

  改革开放以来，依据社会经济条件的变化，中国的贫困治理经历了从区域扶贫，到县域扶贫，再到村级扶贫和户级扶贫的变迁，扶贫单元逐渐聚焦，扶贫开发不断走向精准化③。尤其是党的十八大以来，精准扶贫战略理念的提出和实施为中国反贫困事业指明了新的方向。在2020年全面建成小康社会的愿景达成之际，作为重要维度的贫困治理，将交出一份"现行标准下农村贫困人口全部脱贫，贫困县全部摘帽"的答卷。行者百里半九十。越是到接近成功的关键时刻，越应该认真对待，深度贫困地区的脱贫之路成为收官之年的重大挑战，加之2020年年初新冠肺炎疫情给扶贫工作

---

  ① 陈志钢、毕洁颖、吴国宝等：《中国扶贫现状与演进以及2020年后的扶贫愿景和战略重点》，《中国农村经济》2019年第1期。
  ② 汪三贵：《中国特色反贫困之路与政策取向》，《毛泽东邓小平理论研究》2010年第4期。
  ③ 王雨磊：《精准扶贫何以"瞄不准"？扶贫政策落地的三重对焦》，《国家行政学院学报》2017年第1期。

第一章　导论：新时代的中国贫困治理

带来的影响，决胜全面建成小康社会的路途注定坎坷。与此同时，作为中国扶贫战略重要组成部分的城乡低保制度，在执行过程中广泛出现的瞄准偏差问题极大地影响到扶贫资源的有效配置和减贫的实际效果。即便2020年后绝对贫困现象在中国基本消失，中国仍然面临未来贫困治理往何处去的问题。因为贫困是一个永恒的问题，绝对贫困之后有相对贫困，脱贫之后还可能有返贫的风险[①]。因此，2020年后的中国贫困治理不再是单纯解决收入问题，而是融合了经济、社会、自然等因素的复合治理；对贫困的测量也不能单单关注收入维度，社会投资的理念可能更适用于提高脱贫的可持续性；基于贫困的多维理解，全面建成小康社会之后的扶贫工作同样不再是"就扶贫谈扶贫"，而会是超越扶贫部门本身，更多的是将扶贫工作与社会保障、教育、医疗等公共服务等结合起来，并追求城乡之间的统筹、平衡发展[②]。因此，在后扶贫时代，相对贫困和多维贫困问题将成为中国贫困治理的重要议题，贫困治理工作的本质将由解决绝对贫困向解决相对贫困、多维贫困转变[③]。

减少贫困是一个历史的过程。中华人民共和国成立以来的减贫史表明：贫困治理绝不是朝夕之功，也不可能毕其功于一役，贫困的减少需要一系列历史条件。中国改革开放前30年的经济社会发展为改革开放后40年的经济增长和大规模减贫创造了重要的基础条件；同样地，改革开放40年来的扶贫壮丽史诗同样为2020年后的贫困治理工作打下了坚实的基础。有理由相信，在中国共产党的领导下，在以人民为中心的发展理念的指引下，中国特色扶贫的制度优势将会转化为更大的治理效能，让贫困群体更多地享受社会经济发展的成果，有效提升社会的公平与正义，提高每一位社会成员的幸福感、安全感和获得感。同时，中国扶贫治理的经验也将为世界的减贫事业贡献智慧，助力创造一个人人有尊严，更加繁荣、可持续和公平的世界。

[①] 马文武、杜辉：《贫困瞄准机制演化视角的中国农村反贫困实践：1978—2018》，《当代经济研究》2019年第5期。

[②] 李小云、许汉泽：《2020年后扶贫工作的若干思考》，《国家行政学院学报》2018年第1期。

[③] 邓大松、吴祖云、杨晶：《中国农村扶贫政策的实践困境与路径优化——兼论农村扶贫和低保制度的衔接问题》，《苏州大学学报》2019年第5期。

第二节 研究内容

在社会再分配体系中，资源的稀缺性决定了政府需要通过相应的标准来对稀缺资源进行配置，从而实现资源配置效率的最大化。纵观世界各国社会政策领域的资源配置原则，基本上可以分为普遍主义和选择主义两种。而在社会救助政策体系内，各国政府均采纳了选择主义的方法来对社会救助的潜在受益对象进行识别，将有限的救助资源分配给最需要帮助的群体，与此相应的学术研究也有了丰富的知识累积。中国的城乡低保制度同样是一种基于选择主义的社会救助制度，这意味着必须要通过特定的识别方法来选择政策受益对象。作为改革"领头羊"的广东，通过积极的地方政策创新，有效地改善了低保目标瞄准的准确性，并提升了低保制度的治理绩效。低保改革的"广东故事"可以为中国城乡低保制度的完善提供有益的启示。

一、贫困人口瞄准的经验实践与理论研究

贫困，不是某个民族国家或地区特有的现象，也不是某个时代独有的现象，而是与人类社会相生相伴的问题。自贫困问题进入人类社会视野以来，从实践到理论层面围绕贫困议题展开的探讨已经积累了丰富的知识，有力地提升了人类对贫困问题的认识，并推动了全球贫困问题的缓解。尽管对贫困这一概念存在上百种不同的界定①，如政治学、经济学、社会学等多元学科视角都有自己对贫困概念的理解，但是在贫困人口的识别方面，海内外的理论研究和经验实践还是达成了一些共识。

基于普遍主义理念所制定的社会福利政策不需要目标辨识，因为它是面向所有社会成员开放的。但是，选择主义的理念决定了救助对象只能是

---

① Pitt D. C., *Development from below: Anthropologist and Development Situations*, Mouton Publishers, 1976: 7.

第一章　导论：新时代的中国贫困治理

社会成员中的一部分人，如何确定这部分社会成员就是政策瞄准的问题。所谓贫困人口瞄准，即针对潜在受益者开展的鉴别工作①。由于政府扶贫资源的相对有限性，而政策目标又是在资源有限的情况下追求实现贫困治理效果的最大化，因此，需要借助特定的目标识别方法将社会成员中最需要帮助的群体识别出来，从而提升资源配置的效率，并提升贫困治理的效果。

在全球范围内，贫困人口的瞄准问题可以追溯到20世纪70年代的发达国家和20世纪90年代的东欧和发展中国家，其社会背景是发达国家的财政紧缩与新自由主义福利观的泛滥。"二战"以后，大部分欧洲国家与其他地区的社会主义国家都建立起了普惠式的社会福利体系。这种福利体系的基础假设是：社会（而非个人）才是贫困的主因，享受全面的福利保障是全体公民的基本权利②。然而，随着全球石油危机、社会经济转型，以及20世纪70年代以来新自由主义思潮在全球范围内备受推崇，国家、市场与社会的关系被重新认识。另外，某些国家实施的福利政策本质是一种"层级化的普惠"（stratified universalism），因其更多地惠及城市居民和"工人贵族"而遭到大量批评，从而动摇了普惠式福利体系的理论根基，也削弱了物质支持的作用③。在随后的20世纪80—90年代，部分社会主义国家在经过经济改革或转型以后，国家包揽式的福利制度逐渐式微，与之相对的则是"工作福利制度"（workfare）的兴起和普及④。

在普惠主义的福利原则面临时代质疑和逐渐弱化的情况下，选择主义原则开始"接棒"社会政策的设计，其具体实践则在全球范围内呈现出差异化的图景。由于发达国家和发展中国家生产力水平和社会经济发展阶段的差异，所面临的贫困问题的性质、形式和规模存在着根本性的不同，因

---

① Grosh, M. E., "Administering Targeted Social Programs in Latin America: from Platitudes to Practice", World Bank, 1994.
② 参见代恒猛：《从"补缺型"到适度"普惠型"——社会转型与我国社会福利的目标定位》，《当代世界与社会主义》，2009年第2期；吴忠民：《从平均到公正：中国社会政策的演进》，《社会学研究》2004年第1期。
③ Mkandawire T., "Targeting and Universalism in Poverty Reduction", United Nations Research Institute for Social Development, 2005.
④ 罗江月、唐丽霞：《扶贫瞄准方法与反思的国际研究成果》，《中国农业大学学报》2014年第4期。

此，贫困人口的瞄准实践也呈现差异化的特征，如发达国家流行的是家计调查的识别方法，其支撑体系是健全的收入申报和信息核查体系，以及较强的政府行政能力；而发展中国家则囿于制度建设的欠缺等因素，因地制宜发展出代理家计调查、社区瞄准等多元化的贫困人口识别方法。

整体而言，全球范围内瞄准贫困人口的方法经历了从单一瞄准方法到多元瞄准方法的变迁。20世纪初，英国学者朗特里（Rowntree）最早使用收入作为判断一个家庭是否处于贫困状态的主要依据，这种以货币标准来定义贫困的取向直接影响到贫困人口的瞄准效果，即将个体或者家庭的人均收入（或者消费支出）作为判断标准，将其和相应的贫困线进行比较，进而识别出处于贫困状态的群体。然而，随着对贫困现象认识的深入，单纯以货币标准来定义和识别贫困群体受到了越来越多的质疑。究其原因，单一收入维度的方法适用于建立起完备收入申报制度的国家，但对于广大发展中国家而言，由于管理机构的能力有差异，缺乏关于个人收入的准确资料，非正规经济占主导地位等，精确的收入核查往往难以实现，而且常常会出现瞄准偏差的现象。为了克服单一收入维度在贫困人口识别中的弊端，发展中国家在反贫困实践中探索出多元的贫困识别方法，如社区目标定位、分类目标定位、自我目标定位、代理生活水平测试或这些方法的结合。

尽管不同的瞄准方法对识别需要帮助的对象发挥着独特价值，但是有学者指出贫困瞄准本身存在的问题。森（Sen）认为，"瞄准"这个概念往往隐含着对扶贫政策目标群体能动性的否定。即便是再严格的瞄准，也会在实际中遇到以下几个问题：信息不对称，受益人可能会因此被打上"穷人"的标签而被污名化；严格的贫困瞄准需要投入高昂的行政系统成本，同时受益对象的个人信息也会面临泄露的风险；决策者和政策受益申请者之间不均衡的权力结构也有可能被固化；此外，许多扶贫项目缺乏强有力的政治支撑，因此很难持久地作用于最贫困的人口[①]。事实上，贫困识别方法本身没有好坏之分，只是在不同的社会背景中，其识别效果会有所差异。没有一种办法可以实现百分之百的识别精确度，并且不同的识别方法都有

---

① Sen A., "The Political Economy of Targeting", World Bank, 1992.

相应的政治、社会等各项成本,实践中往往是多种方法结合使用。但在贫困识别方法执行的过程中,依然会有诸如"精英俘获"等多种因素造成识别方法的扭曲。因此,从某种意义上说,贫困人口瞄准始终会存在各种各样的问题,只有"满意解"而没有"最优解";并且,识别方法并不是孤立的存在,而是整个贫困治理系统的有机组成部分,作为基础性的环节,瞄准方法的选择和使用往往需要综合考虑。

二、中国贫困治理的政策导向与理论探讨

1978年,中国的改革开放拉开帷幕,经济和行政体制的改革充分释放了社会发展的活力,但是由改革衍生出的社会贫困问题也随着社会经济的进步而愈发明显。1993年,上海的城市低保制度开始试点,以此为起点,中国开始逐步探索建立城乡最低生活保障制度。在城市低保制度进行政策扩散的同时,农村低保制度也在同步探索实施。2007年,国务院发布《关于在全国建立农村最低生活保障制度的通知》,这标志着覆盖中国城乡的低保制度正式确立。以此为起点,中国的低保制度进入快速发展阶段,财政投入不断扩大,救助标准不断提升,目前已进入稳步发展时期。作为一项现金转移支付制度和中国特色社会保障体系中的重要一环,低保制度在满足城乡贫困群体基本生存条件、减轻社会贫困状况及促进社会和谐稳定方面起到了基础性的作用。

自1997年国务院发布《关于在全国建立城市居民最低生活保障制度的通知》以来,中央层面已经先后出台数十份关于低保制度发展的通知、意见、办法、条例(表1-2-1),具体内容涵盖财政投入、对象认定、规范管理等多个层面;政策指导理念也从最初的城市和农村低保制度分别单独运行,到城乡低保制度的统筹发展,并逐渐强化低保制度与五保制度、扶贫开发等政策的有机衔接。党的十九大报告进一步提出要统筹城乡社会救助体系,完善最低生活保障制度,从多个层面对困难群众的基本生活进行保障;党的十九届四中全会对统筹城乡民生保障制度也提出了明确要求,指出要坚持和完善统筹城乡的民生保障制度,满足人民日益增长的美好生活需要。可以说,在中国的顶层设计中,低保制度一直被视为民生事业的

关键组成部分，政府希望它能够扮演好兜底性的社会政策角色。

表1-2-1 中国城乡低保制度政策文件及其主要内容

序号	文件名	发布时间	主要内容
1	《关于在全国建立城市居民最低生活保障制度的通知》	1997年	国务院要求在全国建立城市居民最低生活保障制度，并就保障范围、标准及资金做出指导性说明
2	《城市居民最低生活保障条例》	1999年	对城市低保责任主体、资金保障、待遇标准、申请审核、动态管理等问题做出详细说明
3	《关于进一步加强城市居民最低生活保障工作的通知》	2001年	对城市低保制度执行过程中的财政投入、责任划分、日常管理等问题进行纠正
4	《关于在全国建立农村最低生活保障制度的通知》	2007年	国务院决定建立农村最低生活保障制度，并就制度目标、保障标准、对象范围、申请审核及资金保障等问题做出规定
5	《关于做好农村最低生活保障制度和扶贫开发政策有效衔接扩大试点工作意见的通知》	2010年	民政部等部门要求开展低保和扶贫开发政策的衔接的试点，对试点的目标、标准、范围和内容等提出指导性意见
6	《关于进一步加强和改进最低生活保障工作的意见》	2012年	对城乡低保制度执行中的责任划分、管理不规范、监管不到位等问题进行纠正
7	《关于做好农村最低生活保障制度与扶贫开发政策有效衔接指导意见的通知》	2016年	推进低保和扶贫开发政策的衔接工作，助力2020年脱贫攻坚目标的实现

资料来源：作者整理。

第一章　导论：新时代的中国贫困治理

城乡低保制度的建立和完善对保障贫困群体的基本生存权利，维护社会稳定和秩序发挥了关键性作用。但是，目前低保制度执行过程中出现的偏差却在损害这项社会救助制度的效能，比如在低保对象的识别环节，尽管使用的微观数据有差异，但是已有的研究均表明，我国的低保目标瞄准存在不同程度的偏差问题，如"人情保""关系保""精英俘获"等现象。若无法实现贫困对象的精准识别，其直接后果就是社会救助资源配置的低效甚至是无效，导致最需要帮助的群体无法被纳入社会救助体系范围内，从而背离了低保制度的初衷，也消解着社会公平的价值理念。另外，在低保标准层面，现有低保标准制定的科学性依然有待提升；低保标准相对于贫困对象的现实生活需求依然存在差距，且低保标准在城乡和区域间的差距较大；处在低保线附近的边缘群体也未能得到有效关注。在低保的退出管理过程中，也出现了"退保难""福利依赖""养懒汉"等现象，获得低保救助的资格会削弱救助对象主动走向劳动力市场的行为动机，从而使低保制度不但未能有效发挥减贫效应，还有可能加深当期处于贫困状态的家庭的贫困脆弱性[①]，使低保制度的初衷被扭曲。

相应地，针对低保的理论探讨，主要是围绕受益对象进入和退出低保制度两个层面来展开。在进入环节，主要关注的是低保目标瞄准偏差问题的成因分析。对此，目前学界也基本达成了一些共识，即可以通过技术层面、政治层面、文化层面的路径来解释难以精确瞄准的问题。技术层面的解释集中于瞄准方法的缺陷，尤其是在农村低保制度中，家计信息获取困难，基层工作人员配置不够，以及财政资金不足等；政治层面的解释关注低保识别过程中的权力运作，作为一种政府行为，低保对象的选择本质上是一种政治过程，其中充满了不同利益主体间的博弈；文化层面的解释则从价值观出发，福利污名化、隐私、社会互动等概念被用来解释低保对象难以进入救助体系的观念和行为。在退出环节，关注的则主要是低保退出困难的负向激励问题。对于该现象，主流的观点认为：首先，我国低保制度采取的是家计调查和"补差式"救助，其产生的结果就是家庭收入的增

---

① 孙伯驰、段志民：《农村低保制度的减贫效果——基于贫困脆弱性视角的实证分析》，《财政研究》2020 年第 2 期。

加会相应导致获取的福利减少,尤其是农村低保群体,他们在获得就业机会上存在更多的困难,抵御社会各类风险的能力弱。低保制度逐渐增加的慷慨度则进一步增加了救助对象对制度的依赖,最终导致低保制度出现负向激励的扭曲现象。其次,低保制度中的福利叠加增加了低保资格的含金量,低保制度和其他社会保障制度及扶贫政策衔接的不足,使低保对象担心退出低保后生活将无以为继,多重因素最终导致"福利依赖"问题。

三、广东低保瞄准改革的政策实践与价值

作为对以往中国贫困治理理念的优化与发展,精准扶贫战略理念的提出标志着中国的扶贫治理实践从以往的相对粗泛化的阶段迈入精细化的阶段。尽管学界对精准扶贫的内涵有着多重理解,如葛志军和邢成举的"四精准说"[1]、汪三贵等人的"六精准说"[2] 等,但是对"精准"这一概念认知的起点都是帮扶对象的精准识别,即精准识别贫困人群。自习近平总书记提出精准扶贫战略以来,如何更好地识别出社会中最需要帮助的对象一直是地方政府在贫困治理实践中的基础性工作。结合各地实际,地方政府因地制宜,通过政策试验,创新探索出不同形式的贫困对象识别方法。

作为改革开放的前沿阵地,从最初的"双到"扶贫(即规划到户、责任到人)到精准扶贫,广东在贫困治理领域一直走在国内前列,在低保制度建设方面同样如此。作为中国最早在城乡同时建立低保制度的地区之一,广东早在 1997 年就开始着手建立覆盖城乡的低保制度[3]。经过十余年的发展,广东省在城镇和农村低保制度建设上取得了重大成就,低保标准的确定基本符合广东省经济社会增长水平和城乡人均支出配比水平,形成了以区县级以上财政支付为主的低保资金供给机制。但是,随着中国经济发展

---

[1] 葛志军、邢成举:《精准扶贫:内涵、实践困境及其原因阐释——基于宁夏银川两个村庄的调查》,《贵州社会科学》2015 年第 5 期。

[2] 汪三贵、刘未:《"六个精准"是精准扶贫的本质要求——习近平精准扶贫系列论述探析》,《毛泽东邓小平理论研究》2016 年第 1 期。

[3] 岳经纶、翁慧怡:《地方最低生活保障制度研究:广东的案例》,《社会保障研究》2009 年第 2 期。

第一章 导论：新时代的中国贫困治理

进入新常态，产业结构的调整使公众面对的社会风险趋于多样化，以及对贫困问题的知识边界扩展，我们需要新的思路和方法对既有的低保制度加以优化。

2017年，针对以往城乡低保制度执行过程中存在的识别不精准、救助资源配置低效和低保退出困难等政策执行偏差现象，广东民政部门开始尝试进行城乡低保制度的改革，低保目标的瞄准方法率先被纳入改革议程。传统的低保瞄准方式以家计调查为主，即依靠单一的收入维度作为主要的识别方法，处在特定收入线之下的对象会被纳入低保救助范围内。尽管从理论层面来讲，家计调查是最为精准的一种瞄准方式，但是在实际操作过程中，家计调查存在诸多难以克服的弊端，如家庭收入容易藏匿、农民收入存在偶然性和不确定性、城乡适用场景有差异，以及刚性支出难以识别等，这些因素大大影响低保目标瞄准的精确性，并最终对低保制度效能的发挥产生消极作用。因此，广东省民政部门联合高校研究团队，在实地调研、深度访谈和借鉴国内外研究成果的基础上，设计出一个多维度准家计模型，尝试采用代理家计的方法来进行低保对象的识别。代理家计调查采用多维度的识别代理指标，这些代理指标具备较强的可观测性和可证实性，很大程度上克服了低保识别过程中主观因素的不利影响，不但有效地降低了低保识别的各项成本，还有力地提升了低保瞄准的精确度，有助于实现社会救助资源的精确配置和低保制度的效能转化。

广东省关于低保目标瞄准改革的政策实践，从理论层面扩展了贫困人口的识别方法。在家计调查长期主导中国贫困人口识别的局面下，广东多维度的准家计模型可以丰富关于中国贫困人口识别的理论，尤其可以与聚焦广大发展中国家贫困人口识别方法的研究进行理论对话，突显代理家计调查方法在中国场景的适用性和成效。在实践层面，广东省低保目标瞄准改革的最直接结果是低保瞄准率的变化，即将更多需要帮扶的对象纳入救助体系，从而有助于扶贫资源的精确配置和贫困治理的绩效提升。与此同时，广东在低保执行中的机制优化，同样对低保治理绩效起了关键性的作用。

因此，广东在低保对象识别上的政策创新及低保执行机制领域的优化，对国内其他地方的低保治理实践有着重要的借鉴意义。第一，在识别方法上的创新将有效改善目标瞄准的准确性，推动社会救助资源的精准配置；第二，有助于解决骗保、错保和漏保等问题，减少福利依赖，并完善城乡低保制度的动态管理机制，确保低保制度公平的价值初衷；第三，也是更为关键的，2020年后中国的扶贫重点将从绝对贫困转向相对贫困，广东在低保治理理念、贫困人口识别和执行机制优化等方面的实践将为2020年后中国相对贫困的治理提供经验，对中国的贫困治理事业具有重要的参考价值。

第三节　研究方法

研究方法在社会科学领域的研究中扮演着重要的工具性角色。通常，社会科学中的研究方法有定性和定量之分，前者侧重于文字的描述和事件阐释，后者则通过数据语言来描述和解释事件或者现象之间的因果关系[①]。研究方法的选择和使用要与研究问题相匹配。结合本书的研究对象与研究问题，研究方法的选择和使用主要包括两个部分：一是材料收集的方法，涵盖问卷调查、座谈会、参与式观察等途径；二是资料的分析方法，即对收集到的经验材料通过定性和定量的方法进行梳理和分析。

一、资料收集

（一）问卷调查

自2017年始，中山大学岳经纶教授团队和广东省民政厅展开合作，对广东省低保救助对象进行抽查与核查，合作的主要目的在于构建全省社会救助的调查数据库，并对广东低保制度的优化提供政策建议。基于合作的目标，团队参照目前国际上流行的代理家计调查的方法，结合广东省的地方实际，设计出一份可观测、可证实的多维度的问卷。一方面，通过文献

---

① 张梦中、马克·霍：《定性研究方法总论》，《中国行政管理》2001年第11期。

第一章 导论：新时代的中国贫困治理

梳理，全面掌握目前国内外采用代理家计调查方法识别贫困对象的研究成果，重点关注不同地区对代理指标的选取和使用；另一方面，通过深度访谈，尤其是向具有丰富经验的民政部门的工作人员反复咨询，讨论哪些指标能够较好地呈现贫困人口的特征，从而与非贫困人口相区分。经过反复论证，最终设计出一个科学、客观的城乡低保对象识别指标体系，主要包括家庭结构、房屋条件、生产资料、生活资料等维度，并对每个维度设置了相应的测量指标。问卷调查自2017年起正式实施。2017年，课题组选择广东省内10个地级市，对2000个低保对象和潜在低保对象进行入户调查，共收集有效问卷1621份。2018年，课题组在2017年的基础上进一步完善了指标体系，增加和删减了部分指标。通过采取多阶段整群抽样方法，对11个县（市、区）进行调查，共收集有效问卷3015份（其中，城镇部分1036份，农村部分1979份）。2019年，课题组运用同样的抽样方法，对10个县（市、区）进行调查，共收集有效问卷3213份（其中，城镇部分1374份，农村部分1839份）。经过问卷核实与数据录入，最终形成了2017—2019年的广东省低保对象数据库。

（二）深度访谈

访谈是社会科学研究方法的一种，通过研究者和被研究者交谈的方式来收集研究资料和数据，被广泛应用于社会科学定量和质性研究中。深度访谈目前已经是社会科学中一种成熟的质性研究方法[1]。本书深度访谈的对象主要是社会救助部门的相关工作人员，贯穿于问卷设计、调查开展及后期的研究报告撰写与提交等各个环节。在不同阶段，访谈的工作人员和主题均有所差异。在问卷设计和优化环节，主要侧重于确定哪些指标可以更好地反映出救助对象的贫困水平，以及不同的指标之间权重该如何分配等。在调查开展环节，讨论的内容主要是该如何处理在问卷调查的实际开展过程中所遇到的意外情况。由于调查对象的规模较大，因此很多意外情况是在前期的计划环节尚未预料到的，如何对实践中遇到的新情况进行灵活处理是该阶段的主要议题。在报告撰写和提交环节，主要是围绕具体政

---

[1] 孙晓娥：《深度访谈研究方法的实证论析》，《西安交通大学学报》2012年第3期。

策的制定和修改进行的多轮协商，通过召开不同主题的座谈会、研讨会等，对救助资源的分配方案进行探讨，以求实现救助资源使用效率的最大化。

（三）参与式观察

本书经验材料的获取更多的是融入实地调研的过程，即参与式观察主要发生在调查问卷的发放和填写过程。由于研究对象的相对特殊性，因此调查人员在入户过程中必不可少地会与被调查对象产生互动。在互动过程中，被调查对象也会向工作人员反馈调查问卷可能存在的不合理之处，他们在日常生活中对低保政策的认知和态度，以及低保政策在执行过程中存在的问题等信息。这些反馈信息是研究所需要的珍贵的一手材料。一方面，通过这样的参与式观察，我们可以对问卷的结构和内容进一步优化，增强指标体系的代表性和科学性；另一方面，在提供政策建议的过程中，也能更多地从被救助对象的立场出发，想低保对象之所想，推动更具针对性与人性化的政策出台。

二、数据分析

分析方法是将经验材料通过特定的工具加以呈现的方法。本书运用的分析方法主要有两种，一是案例分析，二是回归分析。前者属于定性的研究工具，后者则是定量研究方法的主要手段。通过"定性＋定量"研究方法的综合使用，本书将尝试从数据的客观呈现和案例的深度挖掘两个层面对广东低保目标瞄准改革及其低保政策执行中的相关问题进行回答。

（一）案例分析

案例分析是本书的一大特色，可以从两个层面来理解。一方面，本书本身就是一个庞大的案例研究集合，以广东城乡低保目标瞄准改革为研究对象，深度挖掘在广东低保制度发展过程中的政策细节，全方位呈现其低保目标瞄准改革的内容及成效，从而为中国低保制度的改革和2020年后的中国贫困治理提供广东经验。另一方面，在分析广东案例的过程中，本书

第一章 导论：新时代的中国贫困治理

会辅以更加详细的案例。比如在第三章中，本书将呈现广东部分地市低保制度的具体实践，以相对微观的视角来呈现广东省域范围内不同地方的政策实践，从而使读者对整个广东低保目标瞄准的政策有更加立体化的认识，而不仅仅是从省域层面对其低保制度改革进行宏观解读。

此外，本书的案例分析不仅仅停留在案例本身，因为案例本身并不能自动回答实际问题。我们需要从实例的研究中获取对真实世界的理解，但是，关键的一跃在于从具体的案例到普遍的抽象，这也是所有案例研究所面临的共同挑战。尽管案例的代表性问题一直是社会科学研究方法中最容易引起非议的部分，但需要明确的是，个案研究和定量研究的目标是有差异的，目标的差异决定了研究手段的不同，也包括每个样本属性的不同。因此，用定量研究的代表性和外推逻辑的标准来套个案研究的代表性和外推逻辑是错误的[①]。在个案研究中，研究总体的边界是模糊的。正因为个案不是统计样本，所以它不一定需要具有代表性。在个案研究中，个案所要求具备的不是代表性而是典型性，典型性不是个案"再现"总体的性质（代表性），而是个案集中体现了某一类别现象的重要特征[②]。本书的目的在于将广东低保目标瞄准改革的个案，尤其是对低保瞄准偏差及其矫正这一类现象加以呈现和分析，从中抽离出低保目标瞄准和政策执行中的关键共性问题，并尝试将其和既有的理论进行广泛的对话，从而完成对本书案例的升华，不但在理论层面丰富既有的知识积累，也努力使广东经验能够更好地为中国的贫困治理实践提供借鉴。

（二）回归分析

自高尔顿提出"回归"（regression）概念[③]以来，回归分析已经成为学术研究中必不可少的工具。回归分析试图从烦冗复杂的变量中找出可以被反复检验的因果关系，从而帮助研究者更好地认识不同现象之间的联系。

[①] 王宁：《个案研究中的样本属性与外推逻辑》，《公共行政评论》2008年第3期。
[②] 王宁：《代表性还是典型性？——个案的属性与个案研究方法的逻辑基础》，《社会学研究》2002年第5期。
[③] Galton F., "Regression Towards Mediocrity in Hereditary Stature", *The Journal of the Anthropological Institute of Great Britain and Ireland*, vol. 15, 1886, pp. 246–263.

本书利用采集到的 2017—2019 年广东省低保数据，采用最小二乘回归（OLS）模型，将主观贫困程度作为被解释变量，解释变量包括家庭结构、住房情况、生产资料、生活资料等，以此来确定家计调查的代理指标并对其权重做出估计。采用 OLS 模型的优点在于，当有很多解释变量时，OLS 被认为是最方便可行的；另外，OLS 模型估计的参数即家计调查代理指标的权重，容易被接受和理解。需要注意的是，因为城市贫困人口和农村贫困人口的基本特征并不完全一致，选取的自变量也有所不同，所以在运用 OLS 模型进行分析时，本书对城市和农村分别做逐步回归分析，从而保证最终识别出的代理指标能够适用城乡的不同场景，以增加识别结果的准确性和科学性。

第四节　内容框架及创新点

全书整体上可以分为三个部分：第一部分是研究背景、研究问题和研究文献的说明和梳理，包括第一章、第二章；第二部分是对广东省低保目标瞄准实践的深度分析，从第三章到第七章，呈现广东低保制度演变及目标瞄准改革的全景图；第三部分是结语，也就是第八章，从广东经验的总结上升至对中国低保制度的探讨，并就我国低保制度的未来进路提出相应的政策建议。

第一部分从全面建成小康社会与精准扶贫的关联、中国低保制度执行中的瞄准偏差及 2020 年后中国的贫困治理三个层面出发，交代了广东低保目标瞄准改革的时代背景。以广东的低保制度为例，全书将尝试回答以下几个问题：为什么广东要进行低保目标瞄准的改革？广东低保目标瞄准采用的方法是什么？有哪些贫困人口识别的指标？不同指标间的权重是如何分配的？广东多维度准家计模型的识别效果如何？低保目标瞄准的广东经验究竟是什么？它的理论贡献在哪里？对整个中国低保制度的改革有什么样的启示？要回答这些问题，有必要首先对现有关于贫困识别的主流方法、中国低保目标瞄准的方法及其政策执行概况进行回顾。第二章的文献回顾便是对学术界研究成果的梳理，包括海内外贫困人口识别方法的总结、中

第一章　导论：新时代的中国贫困治理

国低保目标瞄准的方法运用及低保制度执行过程中存在的问题。在总结现有研究成果的基础上，更好地聚焦本书的研究重点。

第二部分，首先按照政策演进的过程，从法规体系、财政投入、保障水平和执行机制四个方面对广东低保政策的演变进行梳理，帮助读者初步把握广东低保制度的整体变迁。在分析原有单一收入核查弊端的基础上，分析广东进行低保制度改革的政策过程，并提出广东运用双重核查机制的创新点。通过对广东多维度准家计模型的展示及其指标体系的分析，以2017—2019年的低保调查数据为基础，用回归分析证明多维度准家计模型在识别低保目标方面的准确性，并阐释其在识别致贫源头、支出型贫困和边缘贫困群体方面的优点；更为重要的是，对广东省民政厅采纳的综合评估指标体系进行了验证。在第七章中，梳理广东在运用双重核查机制后低保政策执行机制发生的改变，强调崭新的核查方式将从执行主体、目标群体和保障机制等多个维度提升低保政策执行的效果。

第三部分立足于全书对广东低保目标瞄准改革的深度分析。首先对广东低保家庭目标改革的可复制性进行分析，从改革理念、识别方法、执行成本和治理绩效等角度加以呈现，从而实现研究案例从一般性到普遍性的提升。其次，作为一个全新的贫困对象识别体系，广东的改革对中国当前和未来的贫困治理同样有着重要的借鉴意义，尤其是代理家计调查所具有的优势将由点及面地带动整个贫困治理系统的优化。基于广东经验，本书最后对中国低保制度未来的发展进路进行了思考。

纵观全书，其亮点主要体现在以下几方面。

首先，实现对地方低保政策创新的深描。无论是从定性角度还是从定量角度，既有的研究都有对中国低保目标瞄准及低保制度执行机制的分析，但是也存在着一些不足。例如，从定性研究出发的探讨，囿于文章篇幅的限制，难以实现对选取典型案例的深度分析；而从各种各样的调查数据进行的定量角度论证，同样囿于缺少足够的经验材料支撑，经验实感不足，使读者对研究对象的认知停留在较为抽象的层面。因此，本书综合运用定性和定量的研究方法，对广东省代理家计调查模型的产生和演变过程进行分析，涵盖从政策议题的提出、政策制度的建立到政策执行的全流程。

其次，贯穿广东低保目标瞄准改革过程的是社会投资的崭新政策理念。

在既往的低保政策设计和执行中,"补差式"现金救助是主要的救助方式。它的本质是一种事后救助,即在社会成员陷入贫困泥潭中才启动政策,通过特定程序将其纳入低保救助体系中,从成本-收益的角度来看,这并不是一种经济的选择,且当中存在的"福利依赖"现象使低保救助政策的初衷被扭曲。在广东低保目标瞄准改革过程中,将社会投资理念充分融入政策设计中,尤其注重对低保对象人力资本的投资,通过教育、医疗等领域的政策支持使低保对象能够更好地适应劳动力市场的变化,尽可能减小贫困代际传递的可能性。

再次,更为关键的是,本书将提供一套行之有效的贫困识别体系。针对目前低保识别过程中以家计调查为主的方法的种种弊端,如家庭收入容易藏匿、从事农业收入的不确定性和偶然性、家庭刚性支出难以识别、政策执行成本过高等问题,广东民政部门联合高校研究团队,通过总结国内外理论研究的成果,并结合广东地方低保制度执行的实践经验,构建出一套多维度代理家计指标体系。这套识别体系充分考虑到并努力克服在低保目标识别中的城乡差异、行政成本等问题,有效提升了低保目标识别的准确性,从而可以为中国低保制度的优化提供一套广东样本。

最后,广东的低保改革有机衔接了 2020 年后的中国贫困治理事业。2020 年是我国脱贫攻坚战的决胜之年,在 2020 年全面建成小康社会的愿景达成之际,我国现行标准下的农村贫困人口将全部脱贫,贫困县将全部摘帽。这意味着,绝对贫困现象将从中国社会中消失,2020 年后的中国贫困治理事业将转向对相对贫困、多维贫困,以及已脱贫人口返贫风险等问题的关注。面对新的贫困治理问题,需要政策制定者未雨绸缪。社会救助兜底脱贫是 2020 年后中国贫困治理的重要制度安排,低保制度和扶贫政策的有机衔接将是未来一段时间贫困治理的重要面向。广东在低保治理中积极救助的社会政策理念、多维度的贫困人口识别,以及在政策执行中机制优化等方面的实践,将为 2020 年后中国的贫困治理事业提供广东经验。

第二章 贫困对象识别的理论与实践追踪

关于贫困概念的界定一直存在争议,至今海内外学术界都未能达成一个令人满意的共识。贫困是一个历史性、地域性的概念,在不同社会经济条件下,人们对贫困内涵的认知会呈现出多元化的特征。自学者们展开对贫困问题的研究以来,逐渐形成了庞大的贫困"概念丛林"。最早对贫困的界定是从收入的角度来理解:贫困是指一个家庭无法用自己的收入维持其最低的生理需要的状态。这就是全球通用的以收入衡量的绝对贫困的概念,目前广泛使用的收入贫困线也主要来源于这个理解[1]。随着对贫困问题认知的深化,政治学、经济学、生物学、社会学、人类学等都从本学科的立场出发对贫困做出相应的阐释,贫困问题的类型也有了更为多元的划分,如绝对贫困(absolute poverty)、相对贫困(relative poverty)、能力贫困(ability poverty)、权利贫困(rights poverty)、人文贫困(human poverty)、多维贫困(multidimensional poverty)等。多元学科视角的解读对增进人类社会贫困问题的理解和认识大有裨益,但是认识贫困的最终目的是解决贫困。无论是减少贫困(poverty reduction)、减轻贫困(poverty alleviation)、扶持贫困(poverty support),还是根除贫困(poverty eradication),反贫困治理实践的第一步都需要解决如何将贫困群体从社会成员中精准识别出来的技术问题,即目标瞄准。

根据世界银行的定义,瞄准(targeting)是以贫困或需求程度为权衡标准,将福利资源分配给最需要或最贫困人群的过程,即选择最需要或最贫困人群的过程[2]。目标瞄准是补缺型社会福利的核心特征,因为在财政资源

---

[1] Rowntree B. S., *Poverty: A Study of Town Life*, Macmillan, 1901: 328.
[2] 参见 World Bank, *Social Safety Nets*, http://www.worldbank.org/sp/safetynets/Targeting.asp, 2004。

有限的条件下,通过目标瞄准可以剔除那些不符合救助条件的家庭,从而保证稀缺资源的有效利用,在保证公共开支公平性的基础上,还可以提升人力资本的发展水平,从而最大程度地实现减贫效果。但目标瞄准也有可能造成受益对象的行为扭曲;广泛的行政、私人、社会等成本也会制约瞄准方法的选择与使用,最终影响到瞄准的效果。在这个层面上,世界范围内贫困治理的政策实践与理论研究提供了丰富的材料。本章将首先梳理海内外贫困人口识别的主流方法,探究从过去到现在世界范围内的贫困治理如何实现贫困人口的识别,继而对中国低保对象的瞄准方法进行整理,并将低保执行过程中出现的问题加以呈现。

第一节 贫困识别:海内外贫困人口识别的主流方法

接受救济已经成为贫困人口的一项基本权利,帮助贫困人口是政府不可推卸的责任,这在全球范围内已经成为共识。以贫困人口为目标的社会福利,尽管从概念层面上来说简单,但是在实践中,它似乎从来就不是一门精确的艺术。贫困治理需要先对目标群体下一个准确的定义,而这个定义的过程充满政治博弈,并需要最终达成一个政治共识。一旦确定了目标群体,就必须找到一种方法来确定属于该目标群体的个人或者家庭,并努力排除其他人。这在技术上是相当困难的,而且成本也比较高。尽管存在多重挑战,但贫困治理总要进行,第一步便是贫困群体的目标瞄准。然而,贫困人口的识别并不简单,它不仅仅是一个技术问题,还需要权衡政治和财政的因素。但是,要实现将特定的利益准确递送到最需要的人手中,决定了它首先是一个技术问题。

贫困瞄准是一个完整的系统,包括瞄准过程、瞄准主体、瞄准对象、瞄准手段和瞄准成本与收益等内容。本书研究的贫困瞄准,主要关注瞄准手段的讨论,并集中探究公共资源分配的对象、原因,以及如何分配等关键议题,这也是社会救助政策执行层面的核心议题。具体而言,在社会救助政策领域,政府的救助资源按照什么标准分配给哪些群体,成为政策制

第二章 贫困对象识别的理论与实践追踪

定者和学者关注的重点。政府分配福利资源的原则主要分为普遍主义和选择主义两种：前者强调广泛的覆盖性，认为所有社会成员都面临同样的社会风险，社会政策应当不加区分地满足所有公民的需求，并通常会根据人口特征为所有属于某一年龄段或具有某一特征的社会成员提供社会服务；后者主要关注急需帮助的弱势群体，并主张政府的福利应该基于不同个体或群体的实际情况进行分配，福利应该集中用于真正需要帮助的人，并强调通过审查的方式来分配社会福利。

在普遍主义和选择主义的辩论过程中，学者逐渐认识到选择性社会政策的重要性，认为增强社会政策的针对性将会更好地发挥救助资源的价值，从而更好地帮助社会弱势群体。因此，在福利理念、财政限制和贫困认知等多种因素的综合作用下，何种贫困瞄准方法能够有效识别社会成员中真正需要帮助的对象成为理论和实务界共同关注的议题。整体而言，在全球范围内的贫困治理实践和理论研究中，贫困人口识别方法呈现出多元化的态势，主要包括家计调查、代理家计调查、社区瞄准法、类别瞄准法、区域瞄准法和自我瞄准法，尽管每一种方法都存在一定的局限，但是每一次方法和技术的更新都在朝着使贫困治理绩效最大化的方向努力。

一、家计调查

家计调查（means tests）是指为确定申请人能否取得社会救助福利而对其经济状况进行的调查。它是一种个人瞄准的形式，用以比较个人或家庭所掌握的资源，通常是家庭的收入或者财产。家计调查的程序一般是由工作人员对潜在的救助对象（个人或者家庭）进行家庭经济状况的评估，从而确定申请人是否有资格参加社会救助计划。理论上讲，在面向贫困人口的社会转移支付项目中，如果能够对潜在受益对象的经济状况做出准确的判断，就可以判定其是否具备取得项目的资格[1]。从这个层面上讲，家计调查的精确度是最高的，但是运用该方法的成本和对信息质量的要求也相对

---

[1] Grosh M. E., Baker J. L., "Proxy Means Tests for Targeting Social Programs: Simulations and Speculation", LSMS Working Paper.

较高。家计调查瞄准方法的最佳指标是一种经过验证的家庭经济状况测试。通常的操作方法是，首先收集近乎完整的家庭收入和财富的有关信息，然后将申请人提供的信息与第三方提供的信息进行核实，第三方信息一般来自公共部门的收入或财产税记录，有时是来自雇主的工资信息或来自银行的财务信息①。该方法需要政府建立起一套健全的收入核查机制，以及处理这种资料和不断及时更新资料的行政能力，从而能够保证目标人口中存在可核查的记录。

通常，这种方法只有在申请对象主要受雇于正规部门或者运作良好的所得税制度的情况下才是明智可行的。因此，在某种程度上，这种瞄准方法可以说是为发达经济体设计的。在发展中国家，家计调查运用的范围较小，因为其社会的征信系统不健全，准确的家庭收入信息难以获得，不同的政府部门之间缺乏联系和沟通导致已有的收入信息不能或者难以共享，且广泛存在的地下经济活动也会增加信息搜集的难度和成本②。尤其是在撒哈拉以南的非洲地区，申请对象的收入来源往往是多种多样的，很少或者根本没有留下正式的记录，因而也就没有能力进行家庭经济状况的核实。对于发展中国家的农村地区而言，绝大多数居民的收入来源于农业生产和非正规就业，不确定性高，收入不稳定特征明显，而且这两方面的收入往往很难被社会救助的执行部门准确监测③，从而使家计调查方法的适用性大大降低。

家计调查的方法看似简单、客观且精确度很高，但由于高度依赖贫困申请者个人的真实信息，使贫困识别过程难度较大、成本较高，因此也是争议较大的一种瞄准方法④。目前，中国的低保救助以家计调查为主，即对申请对象在某一具体时间范围内的收入和家庭财产状况进行入户调查，但

---

① Coady D., Grosh M., Hoddinott J., "The Targeting of Transfers in Developing Countries: Review of Experience and Lessons", World Bank, 2004.

② Grosh M., "Administering Targeted Social Programs in Latin America: from Platitude to Practice", World Bank, 1994.

③ Tabor S. R., "Assisting the Poor with Cash: Design and Implementation of Social Transfer Programs", World Bank Social Protection Discussion Paper Series 0223, 2004.

④ 马文武、杜辉：《贫困瞄准机制演化视角的中国农村反贫困实践：1978—2018》，《当代经济研究》2019年第5期。

是申请对象的体量庞大，逐个对住户开展家计调查的难度较大，这导致低保救助制度在执行过程中出现瞄准偏差。

二、代理家计调查

贫困最为传统的定义是以货币为标准的，一般情况下，通过家庭人均收入（或消费支出）与贫困线相比较来确定家庭是否处于贫困状态。然而，随着对贫困现象认识的深入，仅仅以货币标准来定义贫困受到了越来越多的质疑，尤其是在欠发达国家的农村地区，当地居民收入具有种类多、不稳定、难以货币化、容易隐匿等特点，潜在的受益对象为获得福利救助采取瞒报或者漏报家庭收入的策略，再加上政府行政能力弱、财政空间狭小，通过家计调查获得的家庭人均收入数据可能存在严重的测量误差[①]。因此，发展中国家的政府和工作人员已尝试找出替代办法来实现贫困对象识别的政策目标。

代理家计调查（proxy means tests），即选择可以用来反映家庭经济状况的指标，进而识别出贫困对象。代理家计调查使用相对较少的、可以代表家庭经济状况的指标来反映家庭富裕的程度，并通过特定的公式计算出相应的分数，这个分数将会被用来确定申请对象是否能够拥有获得社会福利的资格。代理家计测试的第一步是要选择能够代表家庭经济状况的指标，这些指标需要满足以下条件：一是指标的数量应该足够，以便能够对大部分的申请对象进行测试；二是所选择的指标必须易于测量或观察；三是这些指标应该难以被申请对象操控。在大多数情况下，所选择的变量包括家庭住房地点、居住质量、耐用品、家庭人口结构、劳动力状况、成年人的职业或工作部门等指标，有时还包括收入的部分衡量指标。一旦选择了指标，就可以使用统计方法将权重与每个指标关联起来。一种常见的方法是使用回归分析，并在选定的指标上回归家庭的总收入或消费，通常这些回归是按地区分开进行的，比如城市和农村。因此，不同地区的可变权重是

---

① 韩华为、徐月宾：《农村最低生活保障制度的瞄准效果研究——来自河南、陕西省的调查》，《中国人口科学》2013年第4期。

不同的。

代理家计调查在有条件的现金转移方案（主要在拉丁美洲）中很流行，但也被用来确定社会福利方案（例如在哥伦比亚）和粮食补贴（例如在埃及）的受益人，特别是在收入难以评估的情况下。在蒙古国，代理家计调查比基于收入的经济状况调查更受欢迎，因为申请对象在很多收入方面是非正规的，尤其是农村地区的牧群人口和许多城市的贫困人口[1]。总的来说，该方法利用相对较少的信息实现对长期处于贫困的家庭的相当准确的识别，并且由于申请人不知道哪些变量及其各自的权重可以决定其福利资格或贫困水平，因此导致申请对象行为扭曲的可能性较小[2]。但代理生活状况调查对穷人的识别准确度取决于代理指标的选择、加权的设计及受益人识别过程的执行严格程度。在中国，也有学者提出利用代理家计调查的方法对贫困人口进行识别，涉及的代理指标包括住户人口特征、家庭收入、生产和生活条件、卫生和教育、社区特征等；此外，在精准扶贫的实践中采用的"四看法"和"五看法"等也是代理家计调查方法的一种体现。

三、社区瞄准法

社区瞄准法（community-based targeting，CBT）源于20世纪90年代参与式发展思潮，旨在改良传统的贫困人口识别方法。以社区为基础的瞄准方法，通常在资源提供者（政府、非政府组织及其他机构）的推动下，借助社区的力量（如社区成员或社区领导人）来确定扶贫的受益对象和监督资源的流向。由于这些群体在社区中扮演的角色和主要功能与社会救助项目无关，因此，由他们来决定社区中的哪些人应该受益，哪些人不应该受益会更加客观；并且从社会资本的理论视角来看，申请人考虑到滥用或者隐瞒信息可能会遭受严重的惩罚，便会更好地约束自身在申请过程中出现的负面行为。

---

[1] Hodges A. et al., "Child Benefits and Poverty Reduction: Evidence from Mongolia's Child Money Program", United Nations Children's Fund, 2007.

[2] Bradford M., Mills C. D. N., "Safety Nets in Africa: Effective Mechanisms to Reach the Poor and Most Vulnerable", World Bank, 2015.

第二章 贫困对象识别的理论与实践追踪

社区瞄准方法的基本假设是，在设计扶贫瞄准机制时，政策制定者尽管采用了科学的识别办法，但不一定贴合现实情况，并需要付出高昂的成本来调查和监控贫困群体的特征及其变化；此外，扶贫瞄准体系的层级越多，资源漏出的可能性也就越大。基于此，相比行政机构的工作人员，社区参与选择受益者的优点是利用当地人对本地情况的了解，可以比由政府社会工作者或代理家计调查所做的经济状况调查更准确。在社区瞄准中，常用的方法之一是不间断地进行两两比较，直到所有家庭都比较完毕，最终得到一个贫困程度由高到低的排序；另一种常见的做法是让社区领导人列出一个贫困家庭的清单。包括 Narayan-Parker 和 Ebbe 在内的许多研究者都主张：同一个社区的成员彼此熟知，社区成员相互之间信息比较充分和对称，他们对贫困的理解也是近似的，因此社区成员能够综合地、符合实际地评估贫困者，同时让受益者参与决策过程[①]。这样的参与不仅可以改善贫困人口瞄准的准确性，还可以提升社会转移支付项目的绩效。

具体而言，基于社区瞄准的方法主张：①通过减少信息的不对称，提高受益人身份识别的准确性；②降低确定申请对象享受社会福利资格的各项费用；③通过将决策的所有权转移给社区，提高瞄准结果的社会可接受性；④促进社区动员和公民参与[②]。不过，社区瞄准法也存在"精英俘获"的风险，即基层的政治或者经济精英会利用自身的权力优势使自身或者亲友获得救助资格，这在很大程度上取决于社区结构是否具备真正的民主、包容和责任。因此，社区瞄准法更适用于规模较小、有凝聚力的社区，因为社区成员间熟悉彼此。社区瞄准法有委托和下放两种模式。在委托模式中，委托人（通常是政府）将救助项目受益人的选择和利益交付给当地社区团体，通过利用代理人掌握信息优势来访问当地的社区网络，以实现委托人的目标。相比之下，在下放模式中，当政府将责任下放给当地社区时，它不仅转移了资源，也转移了制定标准的责任，这些标准将用来确定谁可以享受福利的资格及何种福利水平。简而言之，要么社区根据管理人员采

---

① Narayan D., Ebbe K., "Design of Social Funds: Participation, Demand Orientation, and Local Organizational Capacity", World Bank, 1997.

② Devereux S. et al., "Evaluating the Targeting Effectiveness of Social Transfers: A Literature Review", IDS Working Paper, no. 460, 2015.

用预先定义的标准确定受益人，要么社区根据自己的标准选择受益人，两种方法对瞄准结果和准确性存在不同的影响。在委托模式下，有可能将瞄准结果与行政方法进行比较，因为受益人的资格标准是明确和绝对的；在下放模式中，瞄准结果在不同社区之间是不可比较的，因为它们是基于相对的评估。不过，社区瞄准法同样有其弊端，首先是社区概念本身存在争议，一方面是社区规模大小的问题，在家庭集中在农村地区或者邻里关系明确而紧密的城市地区可能适用，但世界上有很多地方的社区是不固定的，村落散居及城市社区之间的陌生人际关系[1]，都会使社区瞄准方法的准确性受到影响；另一方面，Conning 和 Kevane 则指出，扶贫资源容易被精英捕获，容易激发社区内部的政治斗争和权力分化，使其他瞄准方法失去政治支持。此外，某些贫困人口受到严重的社会排斥，或者流动性较强，严格意义上并不属于该社区，这将成为社区瞄准法的盲点[2]。社区瞄准的这些缺陷在中国农村扶贫实践中都有不同程度的体现[3]。

四、类别瞄准法

类别瞄准法（categorical targeting）指的是将潜在的受益对象进行分类，比如按照特定的年龄组或地区，被纳入特定类别的所有成员都有资格获得社会福利的方法，因此这种方法有时候也被称为标记瞄准法或者群体瞄准法。类别瞄准法涉及根据个人或家庭特征来定义获得社会福利的资格，而这些特征通常很容易观察到，并且很难被错误地操纵，比如和贫困相关的年龄、性别、种族、土地所有权、人口组成等，都是比较容易核查的内容。

人口特征瞄准法（demographical targeting）是类别瞄法准中的一种常见形式。人口特征瞄准法的基本概念非常简单，即通过选择容易观察到的特

---

[1] Coady D., Grosh M., Hoddinott J., "The Targeting of Transfers in Developing Countries: Review of Experience and Lessons", World Bank, 2004.

[2] Conning J., Kevane M., "Community-based Targeting Mechanisms for Social Safety Nets: A Critical Review", *World Development*, vol. 30, no. 3, 2002, pp. 375-394.

[3] 胡联、汪三贵、王娜：《贫困村互助资金存在精英俘获吗——基于5省30个贫困村互助资金试点村的经验证据》，《经济学家》2015年第9期。

征来定义目标群体,常用的人口特征有儿童、老年群体、残疾人、女性户主家庭等①。虽然人口特征瞄准法的标准看起来较为简单,但实际操作中仍然需要相应的政策支撑,比如面向儿童的营养补充方案和为老年人群体提供的非缴费型养老金等社会福利项目。如果政府已经建立起健全的年龄和身份证明管理系统,使用该瞄准机制就不会增加额外的管理需求和成本,否则很容易面临"弃真"或者"纳伪"的风险。通常,人口特征瞄准法会与其他瞄准方法结合使用,比如针对儿童的项目也可以使用针对家庭经济状况的家计调查或区域瞄准机制定位。

类别瞄准法以直观、快捷著称,行政成本低且不易产生污名化影响②,该方法常常被应用于贫困监测体系不完善的发展中国家或紧急救援的情境。当然,其缺陷也是明显的。因为选取的指标主要与贫困关联,并非贫困的充分条件,所以难免会有一些非贫困人口从中受益③;同样,如果贫困群体没有被包含在特定的分类中,即他们没有资格获得社会救助,那么"弃真"的概率也会非常高。此外,即便在具备同一"贫困特征"的贫困群体中,贫困程度和脆弱性也并非毫无差别。如果仅以少数几个特征来笼统地瞄准贫困,容易忽略贫困群体内部的非均质性④。在中国,"五保户"、孤儿、残疾人、艾滋病患者、边远山区农民等都是类别瞄准法的体现。

五、区域瞄准法

区域瞄准法(geographical targeting)涉及使用被认为是反映这些地区贫困程度的良好指标的信息,从而实现资源向瞄准区域的分配,通常这种方法也被称作"贫困地图"(poverty map)。由于地区间经济发展水平各异,政府为缓解贫困、缩小区域差距,常会将资源倾斜性地配置给经济水平较

---

① Devereux S. et al., "Evaluating the Targeting Effectiveness of Social Transfers: A Literature Review", IDS Working Paper, no. 460, 2015.

② Devereux S., "Social Protection for the Poor: Lessons from Recent International Experience", Institute of Development Studies, 2002, pp. 142.

③ World Bank, "World Development Report 1990", Oxford University Press, 1990: 50.

④ Devereux S., "Social Protection for the Poor: Lessons from Recent International Experience", Institute of Development Studies, 2002, pp. 142.

差的地区①，这些区域通常是国家的行政区域（州、县、村），或者是医院、学校这些特定服务供给者的辖区。绘制贫困地图有许多方法，不同方法之间的差异本质上取决于其所使用的信息数量，以及信息的组合方式，从而实现对贫困程度的评估。区域瞄准法适用于贫困程度相差较大的地区，因为当区域内的贫困程度相似时，贫困空间高度集中，个人瞄准的额外成本高昂且收效甚微。区域定位往往会忽视人口分布，尤其是城市人口的集中。我国在1996年之前的贫困治理采取的就是区域瞄准的方法，即"瞄准到贫困县"。不过，世界银行及其他机构的研究者指出，瞄准到县会使众多贫困人口被排除在瞄准范围之外，同时贫困县的财政窘境往往会导致扶贫资金被挪作他用，从而导致贫困人口可以获得的救助资源减少②。

  区域瞄准法对行政资源的要求很少，管理相对简单。如果能每隔几年收集各个地理单位分散的可靠数据，地理区域瞄准的准确性就会显著提高③。区域瞄准法主要依据经济发展水平来确定公共资源投放的目标地区，但地区整体经济发展水平并不能完全反映每个家庭的经济状况。换言之，尽管非目标地区的贫困发生率显著低于目标地区，但仍有可能存在贫困家庭④，因此，倾斜性地投放救助资源会导致非目标地区的贫困家庭被排斥在社会救助范围外⑤，造成目标瞄准偏差。区域机制虽然会降低中央政府在瞄准上的费用，但是由于中央政府远离地方，对当地情况不熟悉，便给予当地政府和官员特权，同样会出现"精英俘获"问题。此外，在目标地区内部，救助资源仍旧不能得到精准配置⑥。例如，在中国的低保制度中，村委

---

  ① Ravallion M., Jalan J., "Growth Divergence Due to Spatial Externalities", *Economics Letters*, vol. 53, no. 2, 1996, pp. 227 – 232.

  ② 参见 Riskin M. et al., "Rural Poverty Alleviation in China: An Assessment and Recommendation", UNDP, 1996；世界银行：《世界银行国别报告——中国战胜农村贫困》，中国财政经济出版社，2000：61。

  ③ 吴镝、刘福华、姚建华：《城市低收入人口瞄准机制研究——以沈阳、阜新、葫芦岛为例》，《地方财政研究》2016年第8期。

  ④ Lupton R., Tunstall R., "Is Targeting Deprived Areas an Effective Means to Reach Poor People? An Assessment of One Rationale for Area-based Funding Program", LSE STICERD Research Paper, 2003.

  ⑤ Jalan J., Ravallion M., "Are there Dynamic Gains from a Poor-area Development Program", *Journal of Public Economics*, vol. 67, no. 1, 1998, pp. 65 – 85.

  ⑥ 刘斐丽：《地方性知识与精准识别的瞄准偏差》，《中国农村观察》2018年第5期。

会负责组织开展民主评议，对救助申请者的贫困程度进行排序，并按照排名的先后顺序确定救助对象。这一资源配置机制不仅有可能造成某些村庄中收入低于当地最低生活保障水平的家庭无法获得救助资源，出现"漏保"问题，还有可能将村庄中收入高于当地最低生活保障标准的家庭纳入救助范围，发生"错保"情况。综合而言，区域瞄准法在面对复杂的客观环境时，依然无法避免目标瞄准偏差的产生[1]。

六、自我瞄准法

自我瞄准法（self-targeting）通常指的是，尽管以自我为目标的项目对社会的所有成员开放，但其设计方式主要是面向社会中的贫困群体。由于福利本身、福利的分配方式、污名化与耻辱感，以及对服务质量的高要求等，非贫困群体往往不愿选择使用这种方法。自我瞄准法常用于政府公共工程项目，因为在这些项目中，劳动力需求和低工资率是密切结合的，从而有助于阻止非贫困对象申请工作[2]。这种方法的基本假设是：贫困人口的劳动能力和消费水平较低，总能找到一个临界工资点或商品种类，这恰恰能够满足他们所需，而非贫困人口不愿意投入劳动来获取这份工资，或者宁愿花更多的钱去购买其他消费品。在激励贫困群体的同时减少非贫困群体的竞争，扶贫资源便能自动地分配给前者[3]。世界银行对自我瞄准法给予了肯定[4]。这种方法常常在政策制定者对贫困者信息掌握不充分情况下被用到，具有很大的成本优势。但 Besley 和 Kanbur 却提出警告：无论如何，济贫食品不能用自我瞄准的方式来发放，因为政策实施者无法避免非贫困群

---

[1] Conning J., Kevane M., "Community-based Targeting Mechanisms for Social Safety Nets", *World Development*, vol. 30, no. 3, 1999, pp. 375-394.

[2] Lundberg M. K. A., Diskin P. K., "Targeting Assistance to the Poor and Food Insecure: A Review of the Literature", MSU International Development Working Papers, no. 47, 1994.

[3] 罗江月、唐丽霞：《扶贫瞄准方法与反思的国际研究成果》，《中国农业大学学报》2014 年第 4 期。

[4] World Bank, "World Development Report 1990", Oxford University Press, 1990.

体提前领取这些食品，再以高价转售出去①。这一担心不无道理，因为在补贴不充足的情况下，廉价的低等商品有可能成为稀缺品。即便非贫困群体无意消费这些商品，也可通过转售的方式从中牟利②。

在自我瞄准法中，交易成本是一个重要的概念，因为社会成员选择社会福利项目的因素包括参与的私人或交易成本、与使用服务或程序相关的污名化情况，以及对福利质量的偏好。交易成本可高可低，同样可以是隐性的，也可以是显性的，可以是时间成本或者是现金价值，比如工作福利的时间成本是一种典型的自我瞄准形式。为了获得足够的现金或实物的报酬，个人必须进行大量的劳动，而这些工作往往是繁重的体力劳动，对技能熟练程度的要求较低，并且这些工作是全天或接近全天的。一些社会福利项目提供为期几周或几个月的工作，而另一些社会福利项目只允许个人进行短期的非固定工作，这种全职工作意味着参与者必须减少参与其他活动的时间。

上述所列的六种方法是目前全球范围内在贫困人口识别中运用的主流瞄准方法，不同的方法均有其优缺点和适用情景（表2-1-1）。此外，还有一些其他方法，诸如消费瞄准法，即将家庭消费品分为"生活必需品"和"高档耐用品"，并根据高档耐用品（如住房、轿车等）的拥有量和质量判断居民收入情况③；社会行为瞄准法，即对社会成员的行为进行分类，将表现出某些特定行为的社会成员排斥在救助范围之外，如"赌博""酗酒""超生"等④。

---

① Besley T., Kanbur R., "The Principals of Targeting", World Bank, Research and External Affairs Working Paper Series 385, 1990.
② 罗江月、唐丽霞：《扶贫瞄准方法与反思的国际研究成果》，《中国农业大学学报》2014年第4期。
③ Chen S., Ravallion M., Wang, Y., "Di Bao: A Guaranteed Minimum Income in Urban China?", World Bank Policy Research Working Paper, no. 3805, 2006.
④ Li M., Walker R., "Targeting Social Assistance: Dibao and Institutional Alienation in Rural China", *Social Policy & Administration*, vol. 52, no. 3, 2017, pp. 771–789.

第二章 贫困对象识别的理论与实践追踪

表 2-1-1 不同类别的贫困瞄准方式的优缺点及其适用情景[①]

瞄准方式	基本描述	优点	缺点	适用情况
家计调查	评估申请人是否符合社会救助项目的资格,通常包括第三方的收入证明、申请人的收入材料和福利指标,以及通过简单的访谈来收集信息	理论上,瞄准的精确度最高	对收入信息记录及行政能力的要求高;成本昂贵	健全的收入申报体系;政府行政能力强
代理家计调查	每个家庭的"得分"是基于少量易于观察的特征和权重来计算的,通过将分数与预定的门槛值进行比较来确定资格	指标可观测;调查结果可证实;方法的负面激励相对较小	对基层工作人员的能力要求高;对危机或某些转型国家经历的福利快速变化不敏感;家庭层面的内在误差	收入难以衡量;较高的行政能力;旨在解决长期贫困
社区瞄准法	在社区中的角色与社会转移支付项目无关的社区领导者或社区成员组将决定社区中谁应是受益人	可以利用有关个体情况的地方知识;允许地方定义需求和福利;将识别受益人的成本从政府转移到社区	可能会降低地方行动者的权威;加剧社会排斥;使用地方的福利定义,评估将变得困难和模糊;"精英俘获"的风险	社区的边界界定明晰且凝聚力强;项目只是为了人口中的一小部分

---

① 参见 Coady D., Grosh M., Hoddinott J., "The Targeting of Transfers in Developing Countries: Review of Experience and Lessons", World Bank, 2003; Devereux S. et al., "Evaluating the Targeting Effectiveness of Social Transfers: A Literature Review", CSP Working Paper, 2015.

续上表

瞄准方式	基本描述	优点	缺点	适用情况
类别瞄准法	受益资格通过使用贫困或脆弱性的代理指标，如年龄、残疾、孤儿等其他人口统计学特征来确定	行政上简单易行；污名化程度较低；政治上受欢迎	人口统计学特征与贫困之间联系较差的地方瞄准结果不准确；可能导致较多的瞄准错误	人口动态统计或其他人口统计特征广泛登记的地方；需要低成本的定位方法
区域瞄准法	福利的资格至少部分由居住地决定，通常使用现有信息，例如基本需求调查或贫困地图	管理简单且精度较高；不产生污名效应；易于与其他方法结合使用	关键取决于信息的准确性；在贫困不在空间上集中的地方将表现不佳；在政治上可能引起争议	各个地区的生活水平差异很大；贫困率高且集中；行政能力受到限制，以致无法使用个人/家庭评估
自我瞄准法	面向所有人开放的社会项目、商品或服务，但重点在于其设计方式应使贫困人口受益更多	瞄准的行政成本较低；引起负面激励的可能性较小	有时给受益人带来相当大的成本，从而降低了福利的净值；福利污名化的可能性较大；在就业机会较多的地方不适用	行政能力较低的国家；工资或消费方式难以将穷人与非穷人区分开

资料来源：作者整理。

总体来看，国内外对贫困人口识别的方法从单一逐渐走向多元，其识别的依据也从单一维度走向多元维度，从基于收入到基于能力的考量。没有一种方法是完美的，每种方法都有各自的优缺点。Castenada等人提出了选择瞄准方法的四个原则：①最大化对贫困人口的覆盖，最大限度地扩大贫困社会救助项目的覆盖面，确保有限的项目资源惠及真正的贫困对象；②最小化将非贫困人口纳入项目的可能性，社会援助项目应确保项目资源不流向非贫困个人或家庭；③效率，成本和时间都应在瞄准目标的过程中

第二章　贫困对象识别的理论与实践追踪

保持在最低的限度；④透明度，瞄准目标的方法应该是公开、直接和明确的，以避免欺骗、政治操纵等因素的影响①。

尽管对于政策执行者而言，有很多可以选择的目标瞄准方法，但这并不意味着随便从工具箱中取出一个方法就可以使用。因为任何识别方法都是有成本的，包括行政成本、政治成本、激励成本、社会成本等。因此，关键在于理解目标瞄准的情景，运用哪一种瞄准方法更加合适，需要认真权衡不同贫困瞄准方法的成本和预期效果，不能不计成本一味追求瞄准的精度。Coady 等人发现，瞄准方法使用得越多，瞄准精度就越高，具体表现为每增加一种瞄准方法，瞄准精度就可能增加15%，但同时也会增加瞄准成本②。如荷兰在对社会保险政策由普遍主义模式向选择主义模式转变的实施过程中，由于增加了资格审查，行政成本由4%增加到8%，大大挤占了扶贫资源。因此，政策制定者应该注意到，为了追求一定的瞄准精度而不惜成本，损耗过多扶贫资源，实为一种低效率的瞄准③。此外，不同的瞄准方法之间并不是相互排斥的，它们可以在不同的社会福利项目中组合使用。实际上，使用单一的瞄准目标方法并不是常态。

矛盾的是，在贫困人口的实际识别过程中，又往往不可避免地存在一定程度的瞄准偏误。一般来说，存在两种易发的瞄准偏误：一种是贫困人口的漏出，即政策没能使部分目标群体获益；另一种是错误瞄准，即目标群体之外的人获益④。贫困救助计划往往是具有政治功能的，在不同时期总会被工具性地用来服务于国家治理目标的实现。更何况任何制度设计都无法达到臻美的境界，制度执行过程中基层工作人员的自由裁量权是一直存在的，一旦被滥用，大量的瞄准误差不可避免地会发生⑤。因此，对于任何

---

① Castaneda et al., "Designing and Implementing Household Targeting Systems: Lessons from Latin American and the United States", Social Protection Discussion Paper Series, no. 0526, 2015.
② Coady D., Grosh M. E., Hoddinott J., "Targeting of Transfers in Developing Countries: Review of Lessons and Experience", World Bank, 2004, pp. 117 – 118.
③ 马文武、杜辉：《贫困瞄准机制演化视角的中国农村反贫困实践：1978—2018》，《当代经济研究》2019 年第 5 期。
④ 毕洁颖、陈志钢：《国际贫困瞄准的经验及对中国的启示》，《世界农业》2019 年第 5 期。
⑤ 姚建平：《中国城市低保瞄准困境：资格障碍、技术难题，还是政治影响?》，《社会科学》2018 年第 3 期。

想要明确贫困人口的政策制定和执行者而言，虽然在理论层面完美的目标瞄准是可能的，但在实际操作中，瞄准方法只有满意解而没有最优解，每一种方法都有各自适用的场景，如贫困人口的规模、解决问题的迫切性及成本问题等，都会制约瞄准方法的选择，因此，根据具体情况使用合适的瞄准方法才是提高瞄准效率的有效途径。

第二节　低保瞄准：城乡低保对象的识别方法梳理

衡量一项制度的有效性的一个重要指标，是观察这项制度能否精确地找到其目标对象。低保制度是一种奉行选择主义原则的社会救助政策，即通过特定的方式和方法将社会成员中需要帮助的贫困对象加以识别，再进行现金的转移支付和各种福利的供给，这一识别过程就是所谓的低保目标瞄准。作为一项现金转移支付项目，低保救助的资金来自政府财政，换言之，社会救助花的是纳税人的钱，因此必须保证这项制度救助的都是真正"有需要的人"。

1999年的《城市居民最低生活保障条例》提到："管理审批机关为审批城市居民最低生活保障待遇的需要，可以通过入户调查、邻里访问及信函索证等方式对申请人的家庭经济状况和实际生活水平进行调查核实。申请人及有关单位、组织或者个人应当接受调查，如实提供有关情况。"2007年的《国务院关于在全国建立农村最低生活保障制度的通知》指出，在申请、审核和审批环节中，"乡（镇）人民政府和县级人民政府民政部门要核查申请人的家庭收入，了解其家庭财产、劳动力状况和实际生活水平，并结合村民民主评议，提出审核、审批意见"。2012年的《国务院关于进一步加强和改进最低生活保障工作的意见》要求："在强化入户调查、邻里访问、信函索证等调查手段基础上，加快建立跨部门、多层次、信息共享的救助申请家庭经济状况核对机制，健全完善工作机构和信息核对平台，确保最低生活保障等社会救助对象准确、高效、公正认定……到'十二五'末，全国要基本建立救助申请家庭经济状况核对机制。"

可以发现，最低生活保障制度的文件几乎是将家计调查确定为低保制度的瞄准机制，但是由于家计调查是一项复杂的系统工程，中国目前尚未建立起相应的收入申报体系，且部门间的合作常常存在困难。因此，政策条文更多的是一种抽象规定，未能充分考虑到实际情况的复杂性。在实际操作过程中，基层政府及其工作人员充分运用政策范围内的自由裁量权，结合地方实际探索出不同形式的目标瞄准机制，从理论层面丰富了低保瞄准方法的知识积累。

一、收入瞄准法

收入瞄准法，也称为财富调查法，是我国目前在低保制度识别中运用的主要瞄准方法。作为一种限定社会福利的直接方式，收入瞄准法是一种基于财产或者收入定位的方法，即通过对低保申请人进行家计调查，获得有关申请对象的收入和财富的状况资料，在此基础上与低保标准进行比较，并确定是否给予申请对象相关待遇。家计调查通常包括资产调查（asset test）和收入调查（income test）两个部分。在具体操作中，一般先由个人提出低保救助申请，经过社会救助机构的收入调查审核，加以公示后，最后确定是否纳入低保救助，并建立档案、动态管理。各地方政府在相应的最低生活保障制度实施办法中，对家庭收入核查进行了较详细的规定，较明确地制定了计入和不计入家庭收入的各种要素与条件，同时对家计调查过程中居民需要提供的材料和进行收入核查的机构都进行了详细的规定。通过这种家计调查的方式，基本可以确定能够进入低保制度救助范围的家庭[①]。

由于家计调查这种方式主要是根据收入等家庭经济状况来实现目标瞄准的，因此，它存在的主要问题是在实际操作层面，尤其对申请者的收入调查很难实现精确。从瞄准客体的角度来看，在中国的广大农村地区，由于农村家庭收入的来源多样化，包括外出务工收入、从事农业生产获得的收入，以及其他的一些红利、地租等收入，因此要想实现对其收入的精确

---

① 祝建华：《城市低保制度目标定位过程中的家计调查及方法改进》，《浙江工业大学学报》2011年第3期。

计算存在较大难度；同时，随着城市化进程而来的人口大量流动，人户分离进一步加大了掌握农村家庭经济状况的难度①。从瞄准主体的角度来看，我国当前尚未建立起健全的收入申报制度；低保工作队伍，尤其是基层的人力资源配置相对于低保目标瞄准的需求存在较大的差距；此外，家计调查需要承担高昂的行政成本、政治成本、激励成本等，这也使执行主体采纳家计调查方法的效果大打折扣。从目前的低保制度执行来看，家计调查是确定低保救助对象常见的一种瞄准方法，问题在于如何进一步改进这种家计调查的方式，使这项方法在制度实践过程中更好地发挥它的效率和功能，真正地体现制度公平与效率的有效统一②。

二、多维度指标代理法

多维度指标代理法，即在收入和消费相关的指标基础上设置的一套用基本生活指标来量化低保家庭贫困状况的方法，涵盖就业、教育、健康、家庭结构、房屋质量、生产资料和生活资料等方面。多维度指标代理法的特征在于变量指标涵盖内容全面，基本包括了家庭生活的各项收支情况，同时也降低了家庭收入核算难度。与家计调查方法相比，该方法具有成本低廉、方法简单、可操作性强、易于理解和计算等优点，对解决农村家庭收入核算困难的问题尤为有效。在实施过程中，该方法通常包括如下步骤：首先是入户调查，根据家庭实际情况找到对应的项目，并分别计算出分值，最后相加得出该家庭贫困状况总分数；其次是民主评议，对每户申请对象进行民主投票并计分；最后将家庭贫困状况分值与民主投票分值加总，按分值高低进行排序，确定最终的低保对象③。

在多维指标代理体系的设计中，不同学者根据所采纳的微观数据的差异，得出的具有代表性的指标也不尽相同（表2-2-1）。张伟宾通过对比

---

① 崔宝琛：《低保目标瞄准偏差的乡土逻辑》，《西北农林科技大学学报》2019年第2期。
② 祝建华：《城市低保制度目标定位过程中的家计调查及方法改进》，《浙江工业大学学报》2011年第3期。
③ 李春根、应丽：《指标代理法：农村低保对象瞄准新机制》，《社会保障研究》2014年第1期。

第二章 贫困对象识别的理论与实践追踪

分析注册低保户（实际享受到农村低保的农户）和收入低保户（家庭人均纯收入低于当地当年贫困线的家庭）两类不同的家庭，发现政府转移收入、户主受教育程度、家中是否有残疾人等可以作为识别低保对象的关键指标①。李艳军指出，在我国目前缺乏严格有效的财富审查机制的背景下，采用由户主特征、家庭特征、住房特征和耐用消费品特征等代表家庭收入和支出的核心指标构建代理家计调查体系可以较好地识别低保家庭②。韩华为和徐月宾发现，除家庭收入这一关键指标外，家庭人口结构、人力资本拥有量、家庭财产拥有量均对农村居民能否获得低保产生影响③。黄瑞芹建立民族地区农户生计资产测量指标体系，将农户的生计资产分为人力资产、自然资产、物质资产、金融资产和社会资产五大类，对每一个调查农户按照生计资产总值进行排序，并以此为依据来确定农户纳入农村低保范围的先后顺序。分析结果表明这种方法可以对农户进行准确排序，可以把农村所有目标家庭纳入低保范围，同时把非目标家庭准确排除在低保范围之外，是提高农村最低生活保障制度目标瞄准率的一种有代表性、可操作性强的方法④。李春根和应丽提出了6项评估法，其中包括6个大项、60多个小项，每项都与农村贫困家庭的生活状况相关，并对应不同的分值。其设置的变量指标主要涵盖以下内容：一是家庭成员特征，包括家庭成员劳动能力、健康状况、教育程度等；二是家庭收入特征，包括家庭成员职业状况、经营性收入等；三是家庭支出特征，包括家庭成员日常生活消费情况、家庭负担情况等；四是家庭财产特征，包括家庭固定资产、耐用消费品种类⑤。高翔等人从投入、资产、产出三个纵向维度和生活需求、安全需要两个横向维度构建低保判别指标体系，并通过小样本调查对初始问卷进行优

---

① 张伟宾：《贫困农村低保对象的瞄准与识别》，《科学与社会》2010年第3期。
② 李艳军：《农村最低生活保障目标瞄准研究——基于代理财富审查（PMT）的方法》，《经济问题》2013年第2期。
③ 韩华为、徐月宾：《农村最低生活保障制度的瞄准效果研究——来自河南、陕西省的调查》，《中国人口科学》2013年第4期。
④ 黄瑞芹：《民族贫困地区农村最低生活保障目标瞄准效率研究——基于两个贫困民族自治县的农户调查》，《三农观察》2013年第3期。
⑤ 李春根、应丽：《指标代理法：农村低保对象瞄准新机制》，《社会保障研究》2014年第1期。

化,所得的指标体系更全面,更接地气,更贴合农村居民的经济特点,问卷也更容易被农村居民理解,更能够全面反映被调查者的真实情况[①]。朱梦冰和李实提出判别农村贫困户的多维标准主要包括教育贫困、健康贫困、住房贫困、消费贫困,进而在多维贫困的框架内,通过确定每个维度的贫困临界值、不同维度的权重,将所有维度下的贫困虚拟变量进行加权和加总,最终生成一个多维贫困的综合指数,从而确定对象是否为贫困人口[②]。张翔提出通过家庭电力消费排序法来提高低保制度瞄准率的方法,即将低保(申请)家庭过去一年的家庭电力消费作为重要的参考指标,按照家庭人数区分家庭类型,对同类家庭中电力消费相对较多的低保(申请)家庭实行重点审查。这种方法几乎不增加调查成本,有助于降低低保的错保率,提高精准扶贫瞄准率[③]。

表 2-2-1 低保对象瞄准的多维度代理指标体系

序号	作者	文献时间	维度		瞄准对象
			一级代理指标	二级代理指标	
1	张伟宾	2010 年	政府转移收入、户主受教育程度、家庭是否有残疾人	—	农村低保
2	黄瑞芹	2013 年	人力资产、自然资产、物质资产、金融资产、社会资产	家庭整体劳动能力、成员最高教育程度等;人均耕地、林地、园地面积;家庭住房、财产拥有情况;家庭现金收入、获得信贷机会;参加社区组织、社会网络支持等	农村低保

---

① 高翔、李静、毕艺苇:《精准扶贫理念下农村低保对象的认定研究——以山东省某县为例》,《经济问题》2016 年第 5 期。
② 朱梦冰、李实:《精准扶贫重在精准识别贫困人口——农村低保政策的瞄准效果分析》,《中国社会科学》2017 年第 9 期。
③ 张翔、张晓鑫:《家庭电力消费、家庭收入与最低生活保障制度的瞄准率》,《中国人口科学》2017 年第 2 期。

第二章 贫困对象识别的理论与实践追踪

续上表

序号	作者	文献时间	维度		瞄准对象
			一级代理指标	二级代理指标	
3	李艳军	2013年	户主特征、家庭特征、住房特征和耐用消费品特征	户主的民族、年龄、教育程度、职业等;家庭规模、需要赡养的老年人数量、正在上学的孩子数量、家庭成员的健康状况等;住房的好坏;耐用消费品的有无和多少,如小汽车、电冰箱、洗衣机等	农村低保
4	韩华为、徐月宾	2013年	家庭收入、家庭人口结构、人力资本拥有量、家庭财产拥有量	总人口数量、劳动力数量、学生数、残疾人数量;户主性别和年龄、受教育程度;彩电、电脑、汽车、摩托车、手机等;人均纯收入、人均土地面积、人均住房面积等	农村低保
5	高翔、李静、毕艺苇	2016年	投入、资产、产出、生活需求、安全需求	经济作物收入、务工收入等;房屋所有权、房屋结构、电视机、机动车等;年食物、衣物、水电等支出	农村低保
6	刘伟、李树苗、任林静	2017年	户主个人特征、农户家庭特征、农户住房情况、农户家庭生产工具和耐用品数量	户主的年龄、性别等;农户的家庭规模、家庭成员的健康状况、家庭成员最高文化程度等;房屋情况;拥有生产工具和耐用品及拥有的数量,如摩托车、汽车、水泵、电视、冰箱/冰柜、洗衣机和电脑等	农村贫困户

续上表

序号	作者	文献时间	维度		瞄准对象
			一级代理指标	二级代理指标	
7	韩华为、高琴	2018年	家庭人口特征、家庭成员就业情况、住房及其设施特征、耐用品拥有情况、土地拥有情况、社区特征	不同年龄段的家庭成员数量、学历、残疾或者重病比例；成员就业及离退休比例；人均住房面积、厕所冲水类型、燃料；汽车、摩托车、冰箱、空调、电脑等；人均土地面积；社区是否有垃圾处理系统、健身器材、绿化园林等	农村低保

资料来源：作者整理。

注："—"表示无相应二级代理指标。

三、社区瞄准机制

尽管按照政策设计，我国的低保制度是通过家计调查的方式来瞄准贫困家庭，但在实际操作过程中，低保指标下达至村庄后，村庄内部并没有严格采纳家计调查方法，而是综合使用入户核查、贫困排序、民主评议的方式来确定低保家庭[1]。在我国绝大多数农村，一方面缺乏农户翔实的收入统计资料，且这种状态还将长期持续；另一方面低保户数量比较大，进行逐户家计统计的难度非常大，所以低保户还需要通过社区瞄准评议出来[2]。实际上，我国农村低保执行过程中采纳的正是社区瞄准机制，尽管有入户调查、公示等程序，但是村民代表小组所进行的社区瞄准在救助对象的识别过程中甚至发挥了决定性作用[3]。

---

[1] 李迎生、李泉然：《农村低保申请家庭经济状况核查制度运行现状与完善之策：以H省Y县为例》，《社会科学研究》2015年第3期。

[2] 贺雪峰：《农村低保实践中存在的若干问题》，《广东社会科学》2017年第3期。

[3] 刘凤芹、徐月宾：《谁在享有公共救助资源：中国农村低保制度的瞄准效果研究》，《公共管理学报》2016年第1期。

第二章 贫困对象识别的理论与实践追踪

以社区为基础的瞄准源于20世纪90年代参与式发展思潮的兴起，旨在改良正统的个体需求评估法。社区瞄准机制主要指实施救助制度的政府主管部门和社区组织或中间代理机构通过签订契约的方式，授权社区组织或中间代理机构对制度目标群体进行甄别，核定具体救助标准，并部分参与服务的递送过程[1]。这种方法的假设基础：在设计扶贫瞄准时，尽管政策制定者采用了科学的知识，但这些知识不一定贴合现实，需要付出高昂的成本来调查和监控贫困的特征及其变化，且扶贫瞄准体系的层级越多，资源漏出的可能性就越大[2]。而基于社区组织对当地居民经济生活状况的充分了解，他们能够准确地回答"谁是穷人，谁不是穷人"，能够以公平、公正的方式挑选出合适的受益者。我国农村低保之所以采纳社区瞄准机制，有基层民政部门行政能力不足的原因，更重要的原因可能在于上级政府认可了社区瞄准机制在识别辖区内绝对贫困家庭方面所具有的信息优势，从而有助于改善农村低保瞄准效果[3]。

社区瞄准中的社区组织或中间代理机构既可以是社会团体、宗教组织、非政府组织，也可以是当地选举产生的委员会或基层政府机构。合格的社区组织或中间代理机构必须对所在区域贫困群体的真实生活水平和需求非常了解，并在日常社区生活中与贫困群体有较多互动[4]。社区瞄准不仅仅是一种单一的瞄准方法，更是一套代理机构负责救助资格审核和公共服务递送的机制。在整个机制的运行过程中，社区组织或代理机构的偏好、价值，以及它们在瞄准过程中花费的时间和精力，对瞄准的效果和成本都至关重要[5]。社区瞄准机制具有两个明显的优势：一是减少"错保"的概率，家计调查给予潜在受益对象以充分的负面激励来隐藏自己真实的收入信息，令

---

[1] Conning J., Kevane M., "Community – Based Targeting Mechanism for Social Safety Nets: A Critical Review", *World Development*, vol. 30, no. 3, 2002, pp. 375 – 394.

[2] 罗江月、唐丽霞：《扶贫瞄准方法与反思的国际研究成果》，《中国农业大学学报》2014年第4期。

[3] 韩华为：《农村低保户瞄准中的偏误和精英俘获——基于社区瞄准机制的分析》，《经济学动态》2018年第2期。

[4] Kreuter M. W., Lezin N. A., Young L. A., "Evaluating Community – Based Collaborative Mechanism: Implications for Practitioners", *Health Promotion Practice*, vol. 1, no. 1, 2002, pp. 49 – 63.

[5] 章晓懿：《社区能力视角下的社会救助瞄准机制研究：转型国家的经验》，《社会保障研究》2017年第2期。

政府工作人员难以辨识,但社区成员之间的熟悉度提供了一种直观了解申请对象真实生活水平和需求情况的机会,并且社区成员在社区交往中处于多重关系交互中,隐藏真实信息骗保和滥用信息的情况都不易发生;二是提供更加准确适宜的需求指标,中央政府统一拨付的资源并非一定适宜所有地区,拥有一定自由裁量权的社区往往更加了解贫困群体的需求①。社区瞄准机制还有助于调动社区成员的参与性和主体性,具有培育贫困群体社会资本、提升社区治理水平和福利水平的正外部效应②。

尽管有大量文献研究支持社区瞄准方法的有效性,尤其是较低的项目错保率和较高的瞄准满意度,但社区瞄准同样可能导致社区内部的分化,造成社区居民间的竞争,从而削弱贫困群体的参与性和主体性③,以及增加社区精英的机会成本,导致精英控制和社会排斥,甚至损害瞄准机制的政治支持。随着救助项目的时间推移,社区精英也逐渐学会与中央政府和社区居民博弈的技巧,进而影响瞄准效果④。在中国,社区瞄准是一种重要的瞄准方式,但它也赋予了村庄共同体过大的自由裁量权力,低保制度又在地方社会的权力与关系网络中运作,导致产生了"关系保""维稳保"等政策走样现象,权力性关系和维稳体制导致低保制度发生体制性异化⑤,低保制度也更多成为村组干部治理村庄的手段与资源,丧失了其原来的救助功能⑥,从而背离了低保制度设计的初衷。社区瞄准机制运作依赖于村民自治的良好运作,但是低保救助资源掌握在村干部手中,后者又难以克服利益、关系、人情等因素的干扰,导致村民自治运作不甚理想,低保配额制主导下的社区瞄准机制必然产生瞄准偏差,这作为低保政策执行的基础性偏差

---

① Coady D., Grosh M. E., Hoddinott J., "Targeting of Transfers in Developing Countries: Review of Lessons and Experience", World Bank, 2003: 59 – 62.
② 章晓懿:《社区能力视角下的社会救助瞄准机制研究:转型国家的经验》,《社会保障研究》2017年第2期。
③ Posner P. W., "Targeted Assistance and Social Capital: Housing Policy in Chile's Neoliberal Democracy", International Journal of Urban and Regional Research, vol. 36, no. 1, 2012, pp. 49 – 70.
④ Camacho A., Conover E., "Manipulation of Social Program Eligibility: Detection, Explanations and Consequences for Empirical Research", Serie Documento Cede, No. 2009 – 19.
⑤ 魏程琳:《权力与关系网络中的农村低保》,《青年研究》2014年第3期。
⑥ 刘燕舞:《作为乡村治理手段的低保》,《华中科技大学学报》2008年第1期。

将长期存在①。

通过对中国低保目标瞄准方法的实践和研究梳理，可以发现，财富瞄准、代理家计调查和社区民主评议，其本质上都属于一种以个体或家庭作为对象来判定其是否拥有获得福利的资格。这种识别方法背后所折射的是对贫困问题认知的扩展，尤其是对贫困对象的界定实现了从收入贫困向多维贫困转变。多维贫困是一种包含收入、健康、教育、居住和饮食等多维度匮乏的综合性贫困，这得益于森提出的"贫困是人们可行能力（capability）的剥夺"的观点。森基于"可行能力"视角定义了多维贫困理论，认为贫困是功能性福利缺失的表现，其根源是可行能力的被剥夺②。这种对贫困认知的改变直接影响到世界范围内的反贫困治理实践。从近年来国内关于低保瞄准的实践和理论研究可以发现，这种多维度的指标代理法正以其独特优势引起政策制定者的关注。

第三节 低保动态管理：救助对象进出的两难困境

低保制度的动态管理过程，大体上可以循着"低保进入—低保领取—低保退出"的链条来理解。在低保制度具体执行过程中，对应以上三个环节也相应出现了低保瞄准偏差、低保标准与实际需求存在差距、低保退出困难三道障碍，这是学界目前最为关注的三个议题，也是知识积累最为丰富的领域。

一、低保进入：目标瞄准的偏差

低保目标的识别是低保制度执行的基础。尽管实践中已经存在如家计调查、社区评议等多种瞄准方法，但是这些方法的运用依然没能有效实现

---

① 印子：《农村低保政策"走样"及其整体性治理》，《西北农林科技大学学报》2019 年第 2 期。

② Sen A., *Commodities and Capabilities*, Oxford University Press, 1999: 1 – 53.

精准扶贫战略下城乡低保目标瞄准及执行机制优化：广东经验

精准识别的目标，在低保制度执行中存在不同程度的瞄准偏差问题。瞄准偏差通常有两种情况：一种是"纳伪"，即通常说的错保率，指的是所有实际纳入低保救助体系中非贫困人口的比例；另一种是"弃真"，即通常说的漏保率，指的是贫困人口中没有享受低保救助的比例。

在农村低保实践中，普遍出现了错位分配的问题①，如"拼保""轮保""人情保"等低保瞄准误差现象②。在具体数据的测算中，世界银行关于中国农村低保的评估报告显示，2007—2009年，中国农村低保的目标选择错误率高达80%；凌文豪和梁金刚通过对安阳市某村的实地调研发现，农村低保的瞄准率为65.63%③；王增文和邓大松基于中国20个省市调查数据的研究发现，我国社会救济制度的瞄偏率达46.7%④；解垩基于2011—2012年中国健康与养老追踪调查数据考察了农村低保的瞄准效率，发现低保瞄准效率较差，低保流向非贫困家庭的漏损率为10%，把贫困家庭排除在外的排斥率高达84%⑤；韩华为和高琴基于2012年中国家庭追踪调查数据考察农村低保救助制度的瞄准效果，发现当以收入为标准时，农村低保瞄准效果较差，漏保率超过70%⑥；何欣和朱可涵的最新研究也表明，农村低保瞄准偏误较大，漏保和错保均十分突出，整体人口的漏保率为30.17%，错保率为3.67%，其中，排除错误率为84.40%，融入错误率为39.67%，且农村低保存在明显的"精英俘获"现象，约30%的低保资金支付给了农村高收入家庭⑦。

在城市低保中，世界银行的研究报告曾显示，中国城市低保制度的排

---

① 耿羽：《错位分配：当前农村低保的实践状况》，《人口与发展》2012年第1期。
② 焦克源、张婷：《农村低保制度实践的异化及其矫正——基于西北农村低保制度实践的调研》，《云南社会科学》2011年第5期。
③ 凌文豪、梁金刚：《农村最低生活保障对象瞄准机制研究——基于对河南省安阳市某村的实证研究》，《西华大学学报》2009年第5期。
④ 王增文、邓大松：《倾向度匹配、救助依赖与瞄准机制——基于社会救助制度实施效应的经验分析》，《公共管理学报》2012年第9期。
⑤ 解垩：《中国农村最低生活保障：瞄准效率及消费效应》，《经济管理》2016年第9期。
⑥ 韩华为、高琴：《中国农村低保制度的保护效果研究——来自中国家庭追踪调查（CFPS）的经验证据》，《公共管理学报》2017年第2期。
⑦ 何欣、朱可涵：《农户信息水平、精英俘获与农村低保瞄准》，《经济研究》2019年第12期。

第二章 贫困对象识别的理论与实践追踪

斥性瞄准偏差为43%，而内含性瞄准偏差高达71%[①]；后续的调查报告也表明，2007—2009年中国农村低保的瞄准效率虽然有所提高，但是直到2009年，内含性瞄准偏差和排斥性瞄准偏差仍然分别高达86%和89%[②]。Ravallion等人的研究结果显示，中国7.7%的城市家庭是具有享受低保资格的应保家庭，但其中只有28%的家庭真正获得了低保救助，而在实际享受低保的家庭中，43%的家庭是不具备低保资格的[③]。有学者利用2004年中国14个城市的就业和社会保障调查数据进行研究，发现39%的应保家庭得到了救助，误保率为40%[④]。城市低保瞄准效率还呈现出变动性的特征，杨穗等人认为，各个城市的最低生活保障水平不断提高的同时，政策的瞄准有效性却降低了，在应保人口中，2002年的漏出率为54.3%，2007年的为42.3%；2002年的误保率为73.8%，2007年的为76.2%[⑤]。刘万里和吴要武分析2003年、2005年、2007年、2009年的城镇住户调查数据，发现中国城市低保的正确瞄准率在这4个年份分别是10.8%、19.0%、13.6%和16.2%，过保率（家庭年收入高于当地低保线的家庭占低保家庭的比例）在这4个年份都超过了80%，漏保率在这4个年份中分别是59.6%、46.7%、40.5%、29.8%[⑥]。另有学者使用2010年的中国城市劳动力调查数据计算得出，中国城市低保制度漏保率高达77%，错保率达到69%[⑦]。郭伟和的研究也表明，虽然当前我国城市低保制度的瞄准率已经高达85%，

[①] Wang Y., Chen S., Ravallion M., "Di Bao: A Guaranteed Minimum Income in Urban China?", World Bank Policy Research Working Paper, no. 3805, 2006.

[②] Golan J., Sicular T., Umapathi N., "Any Guarantees? China's Rural Minimum Living Standard Guarantee Program", World Bank Social Protection and Labor Discussion Paper, 2014.

[③] Ravallion M., Chen S., Wang Y., "Does the Di Bao Program Guarantee a Minimum Income in China's Cities?"; Lou J., Wang S., "Public Finance in China: Reform and Journal of Public Management Growth for a Harmonious Society", World Bank, 2008: 317-334.

[④] Wang M., "Emerging Urban Poverty and Effects of the 'Dibao' Program on Alleviating Poverty in China", *China & World Economy*, vol. 15, no. 2, 2007, pp. 74-88.

[⑤] 杨穗、高琴、李实：《中国城市低保政策的瞄准有效性和反贫困效果》，《劳动经济研究》2015年第3期。

[⑥] 刘万里、吴要武：《精准识别：用技术完善城市低保的退出机制——以上海家庭经济状况核对系统为例》，《经济学报》2016年第4期。

[⑦] 王美艳：《中国最低生活保障制度的设计与实施》，《劳动经济研究》2015年第3期。

但不容忽视的是,这意味着仍然有15%的应保家庭没有被瞄准①。此外,考虑到我国的扶贫标准主要针对农村贫困制定,随着中国城镇化率的不断提高,城市贫困将会给扶贫工作带来新的挑战,尤其是目前城市多维贫困的程度越发严重。据测算,我国有11.73%的城市人口处于多维贫困状态,城市流动人口及女性多维贫困的程度更加严重②;最新的研究显示,按照多维审核机制,我国城市低保的漏保率在38.45%~66.28%之间,错保率在54.59%~69.17%之间③。还需要注意的是,随着我国老龄化进程的加快,该群体陷入多维贫困的风险也将成为我国贫困治理工作面临的重大挑战。

可以发现,不管是农村低保还是城市低保,资源的配置效率均较低,都存在较严重的漏保、误保现象。不过,当按收入或资产来进行评估时,城市低保的瞄准效果要优于农村低保;但当按倾向得分来进行评估时,农村低保的瞄准效果反而要优于城市低保④。就区域低保的瞄准效率而言,东部地区的漏出率最高,但误保率较低;西部地区的低保漏出率和误保率较低;中部地区的误保率最高⑤。不过,并不是所有研究都证明低保制度的瞄准效率存在偏差,胡宏伟的研究表明:当前农村低保在老年人中的分配不存在瞄准误差,制度分配的准确性和效率都是较高的⑥。谢冬梅基于福建省部分村庄低保制度实施情况的实地调研表明,农村低保制度瞄准执行表现出较高的覆盖率和瞄准率,较好地避免了瞄准偏差,救助资源较高程度地集中朝向低收入家庭⑦。

---

① 郭伟和:《当前我国城市低保制度的满意度、瞄准率和就业影响》,《社会建设》2016年第5期。
② 数据来源:《中国城市贫困:多维视角分析》,参见:www.iprcc.org.cn/Home/Index/down/id/2452.html。
③ 宋锦、李实、王德文:《中国城市低保制度的瞄准度分析》,《管理世界》2020年第6期。
④ 张松彪、曾世宏、袁旭宏:《精准扶贫视阈下城乡居民低保资源配置差异及瞄准效果比较分析——基于CHIP2013数据的实证》,《农村经济》2017年第12期。
⑤ 朱梦冰、李实:《精准扶贫重在精准识别贫困人口——农村低保政策的瞄准效果分析》,《中国社会科学》2017年第9期。
⑥ 胡宏伟、童玉林、杜雅轩等:《农村低保制度是否存在瞄准误差——基于农村老年人经验分析的制度评价》,《人口与发展》2015年第4期。
⑦ 谢冬梅:《农村低保制度瞄准执行与动态贫困减少的有效性检验——基于福建省14个县(市、区)28个村庄的调研》,《东南学术》2016年第6期。

第二章　贫困对象识别的理论与实践追踪

综上所述，尽管目前学术界的研究对我国低保制度瞄准率的判断差异较大，但有个基本共识：不管是官方正式数据还是调查原始数据，都存在一定程度的偏差，即低保制度的实际受助率低于官方受助率[1]，这表明低保制度执行的"政策走样"问题确实存在。目标瞄准作为低保工作的基础和着力点，瞄准偏差的问题直接影响到后续低保资金的发放及后期的低保退出工作。针对普遍存在的瞄准偏差问题，目前主流的解释从技术逻辑、政治逻辑和文化逻辑三个方面展开[2]。

1. 技术逻辑

技术逻辑的视角关注低保瞄准方法本身存在的问题，即相对简单的瞄准技术难以应对实践中的复杂情境。当前低保政策的导向是对家庭人均收入低于当地保障标准的人口给予补差救助，实际上等于将家计调查确定为低保制度的瞄准机制。家计调查是一项非常复杂的系统工程，而当前我国尚未建立起与现实需要相适应的金融信用体系和居民个人收入申报制度，反贫困制度缺乏对农民收入进行有效核查的机制，粗略的贫困线难以精确估算农民的家庭收入[3]，尤其是申请对象的隐性收入问题较为严重，如农业收入、外出打工收入及红利、地租等财产性收入，难以实现货币化[4]。因此，农民收入量化核算非常困难，且收入核算的成本过高[5]。此外，农民还会因病、因教育等社会风险陷入贫困，单一的收入测量不符合农村贫困发生的实际情况[6]。在实践操作中，缺乏协调与联动，部门之间的信息也难以共享，使民政和扶贫部门难以准确掌握贫困对象的信息，导致贫困对象识

---

[1] Ravallion M., Chen S., "Benefit Incidence with Incentive Effects, Measurement Errors and Latent Heterogeneity: A Case Study for China", NBER Working Paper, no. 21111, 2015.

[2] 参见李棉管：《技术难题、政治过程与文化结果——"瞄准偏差"的三种研究视角及其对中国"精准扶贫"的启示》，《社会学研究》2017年第1期。

[3] 邓大松、王增文：《"硬制度"与"软环境"下的农村低保对象的识别》，《中国人口科学》2008年第5期。

[4] 邓大松、王增文：《我国农村低保制度存在的问题及其探讨》，《山东经济》2008年第1期。

[5] 李迎生、李泉然：《农村低保申请家庭经济状况核查制度运行现状与完善之策——以H省Y县为例》，《社会科学研究》2015年第3期。

[6] 刘凤芹、徐月宾：《谁在享有公共救助资源？——中国农村低保制度的瞄准效果研究》，《公共管理学报》2016年第1期。

别与瞄准偏离"应保尽保,应扶尽扶"的目标①。此外,不论是城市还是农村,都普遍存在基层工作人员数量配置薄弱和财政资金不足的问题。在入户调查过程中,基层人员往往是身兼数职,这使他们从事低保工作的时间相对较少,在复核环节同样如此;加之农村人口的流动性增强,人户分离的因素进一步加大了家计调查的难度。即便在社区瞄准机制下会采用多维度标准来进行识别,但各个村庄在贫困维度及其权重的选择上并没有统一的标准,这种维度和权重选择上的随意性本身会带来贫困识别上的偏误,同时,这种随意性也为村内精英通过操纵贫困识别标准来俘获低保资源提供了便利②。因此,低保的政策目标偏移的根本原因之一是以收入核查为基础的现代社会救济制度是从西方舶来的制度,与中国的国情不相适应,政府的信息治理能力无法实现收入的有效核算,导致收入核查在实际操作中变得形式化,国家规则的约束力也大为弱化③。

2. 政治逻辑

低保瞄准偏差的政治逻辑,也可以称为科层逻辑或者制度逻辑。瞄准偏差政治逻辑的核心观点是:公共资源的配置过程既体现了权力运作,又再生产了权力结构。瞄准偏差研究的政治视角不但要回应政策目标群体与实际受益群体之间的差异问题,还要反思为什么只有特定对象才被纳入政策目标群体这个"政策立场"的原初性问题④。公共资源配置从来都是一个充满政治的过程⑤,包括政党政治、政府层级分化与博弈、利益群体、基层治理结构在内的各种政治因素同时影响甚至主导了政策制定和政策实施。瞄准偏差研究的政治视角所持有的基本假设是:社会救助政策的社会发展诉求与国家治理的政治性诉求之间有时会出现不一致,当社会发展诉求与政治性诉求发生矛盾时,体制性的结构因素使政治性目标压倒了社会保护

---

① 杜毅、肖云:《农村低保和扶贫对象动态管理机制研究》,《西部论坛》2015年第4期。
② 韩华为:《农村低保户瞄准中的偏误和精英俘获——基于社区瞄准机制的分析》,《经济学动态》2018年第2期。
③ 安永军:《规则软化与农村低保政策目标偏移》,《北京社会科学》2018年第9期。
④ Gilbert N., *Targeting Social Benefits: International Perspectives and Trends*, Routledge, 2001, p. 215.
⑤ Pierson P., "The New Politics of the Welfare State", *World Politics*, vol. 48, no. 2, 1996, pp. 143 – 179.

第二章 贫困对象识别的理论与实践追踪

目标,从而导致社会救助制度出现各种"变通""扭曲""异化",这是瞄准偏差产生的根源①。

首先,从制度本身出发,制度设计本身有模糊地带。在低保政策中,对申请对象家计情况审核的指标一般只有定性规定,并没有明确可量化的操作方案,制度本身含有模糊地带,这就导致在具体工作中会因不同工作人员对政策的理解不同而产生差异化的结果②。此外,低保政策缺乏将低保人口进行筛选后与专项社会救助制度衔接的能力,专项社会救助政策也难以对低保人口进行重新筛选并给予救助,反而乐于将低保对象作为专项社会救助资源分配的前置要件。正是如此,原本应该相互独立的社会救助政策在执行中相互"搭便车",进而形成政策捆绑执行后的"福利叠加",带来低保政策的"走样"。

其次,政府组织及官僚有自身的利益考虑。在政府组织的合法性层面,为了维护政府形象和社会稳定,会出现专门给某些群体开绿灯的"维稳保""上访保""拆迁补偿保";在官员个人的利益层面,县级领导为亲属办理低保,这是来自权力施加给县级低保核查部门的"压力保"③;乡镇政府作为利益主体,为了实现其政治稳定的现实目标,就会通过低保补助转移其所面对的压力④。在制度约束和地方政府的运作方面,由于地方政府是低保实施的主体,囿于各地实际情况的差异,地方政府会采取变通的方式来执行低保政策,如限制享受低保待遇群体的规模等,以免承受过大的压力使自身利益受损⑤。尤其对于基层官僚而言,他们面临资源约束、需求弹性及目标模糊等困难,这使他们不得不发展出特定的机制来应对这些挑战,基于

---

① 参见吕方、梅琳:《"复杂政策"与国家治理——基于国家连片开发扶贫项目的讨论》,《社会学研究》2017 年第 3 期;Li M., Walker R., "Targeting Social Assistance: Dibao and Institutional Alienation in Rural China", *Social Policy and Administration*, vol. 52, no. 3, 2018, pp. 771-789;李棉管:《技术难题、政治过程与文化结果——"瞄准偏差"的三种视角及其对中国"精准扶贫"的启示》,《社会学研究》2017 年第 1 期。

② 江治强:《农村低保对象的收入核定及其治理优化》,《浙江学刊》2015 年第 4 期。

③ 李迎生、李泉然:《农村低保申请家庭经济状况核查制度运行现状与完善之策——以 H 省 Y 县为例》,《社会科学研究》2015 年第 3 期。

④ 李小云、董强、刘启明等:《农村最低生活保障政策实施过程及瞄准分析》,《农业经济问题》2006 年第 11 期。

⑤ 洪大用:《试论中国城市低保制度实践的延伸效果及其演进方向》,《社会》2005 年第 3 期。

自由裁量权以"变通"的逻辑对救助资源进行配置，从而加大了制度执行出现偏差的可能性。

最后，就政策执行而言，当前主导低保制度的福利配额制的运行既需要由上到下的配额权，也依赖地方性的次级分配，各级政府尤其是基层政府在这一过程中获得了广阔的自由裁量权①。尽管低保制度规定了县乡两级政府对低保对象具有审查核实的责任，但是由于社区瞄准法赋予了基层干部较多的自由裁量权，社区民主评议成为最具决定性的环节，因此低保对象筛选的权力很大程度上掌握在基层干部手里。在这样的制度安排下，"精英俘获"现象有可能大量产生②。在政策宣传和知识普及不到位的前提下，低收入家庭对现行低保政策的知晓率低③，精英阶层由此能够利用自身的信息、权力优势和制度缺陷，通过操控信息和观念，以及限制其他人参与决策来影响公共资源分配结果，将原本要转移支付给贫困人口的救助资源进行截留④。"精英俘获"现象广泛存在于农村地区，在非贫困县更加泛滥⑤；且随着低保资格含金量的增加，"精英俘获"的激励也越来越强。与此同时，在低保资格确定中的民主评议和公示环节又往往被忽略，即便有，也大多流于形式；监督机制的缺乏也是低保瞄准困境的一个重要原因⑥。因此，在低保执行过程中，尽管每一个层级的执行者看似"照章办事"地执行了上级政府的政策和文件，但执行的结果既偏离了政策本意，又脱离了政策目标对象的实际生活情境。这种"自保式低保执行"的运作逻辑由"悬空式地方转译"、执行压力的"底层下沉"和底层执行者的"自保式落实"三个步骤构成。其根源在于政策的制度环境，"压力型体制"和"悬浮

---

① 仇叶：《从配额走向认证：农村贫困人口瞄准偏差及其制度矫正》，《公共管理学报》2018年第1期。

② 何欣、朱可涵：《农户信息水平、精英俘获与农村低保瞄准》，《经济研究》2019年第12期。

③ 吴镝、刘福华、姚建平：《城市低收入人口瞄准机制研究——以沈阳、阜新、葫芦岛三市为例》，《地方财政研究》2016年第8期。

④ Conning J., Kevane M., "Community-based Targeting Mechanisms for Social Safety Nets: A Critical Review", *World Development*, vol. 30, no. 3, 2002, pp. 375–394.

⑤ 温涛、朱炯、王小华：《中国农贷的"精英俘获"机制：贫困县与非贫困县的分层比较》，《经济研究》2016年第2期。

⑥ 凌文豪、梁金刚：《农村最低生活保障对象瞄准机制研究——基于对河南省安阳市某村的实证研究》，《社会保障研究》2009年第6期。

型政权"的结合产生了"挤压型体制"的制度运行环境①。

3. 文化逻辑

文化逻辑集中关注贫困者及非贫困者对接受公共福利的主观感受及其后果,这里的"文化"指的是整体社会或地方性社会中被行动者内化的价值观,一般包括民众对贫困的看法、对社会政策的观点及对"福利获取"的体验②。文化逻辑研究最多的是福利污名化和社会救助的关系。福利污名的概念常用来描述社会援助计划或更广泛的社会福利制度可能对贫困者造成的污名效应③,如社会给某些个体或群体贴上贬低性、侮辱性标签,被贴标签者由此产生羞愧、耻辱乃至犯罪感,并导致社会对他们的不公正待遇④。通常的假设是羞耻感既具有普遍性又具有文化特殊性,如果贫困与羞耻感紧密相连,就有可能导致福利污名化;若社会政策的制定和实施不能很好地兼顾福利污名化问题,甚至利用福利污名化实施社会政策,则有可能导致瞄准偏差的出现⑤。

首先,贫困会带来羞耻感和污名化,而申请社会救助则被视为贫困的表征,因此,由福利污名化带来的心理障碍会对救助申请者造成影响⑥。这也和传统儒家文化中"孝顺"的观念相关,儒家传统文化提倡依靠家庭力量应对各种风险⑦,具有明显的"自保障"特征⑧。接受这样的文化价值观

---

① 李棉管:《自保式低保执行——精准扶贫背景下石村的低保实践》,《社会学研究》2019 年第 6 期。

② Edmonds E. V., "Targeting Child Benefits in a Transition Economy", *Economics in Transition*, vol. 13, no. 1, 2005, pp. 187 - 210.

③ 祝建华、林闽钢:《福利污名的社会建构——以浙江省城市低保家庭调查为例的研究》,《浙江学刊》2010 年第 3 期。

④ 王锦花:《福利悖论:中国社会保护中的社会排斥——基于广州市的实证研究》,《武汉大学学报(哲学社会科学版)》2016 年第 2 期。

⑤ Li M., Walker R., "Targeting Social Assistance: Dibao and Institutional Alienation in Rural China", *Social Policy & Administration*, vol. 52, no. 3, 2017, pp. 771 - 789.

⑥ Blank R. M., Ruggles, Patricia, "When do women use AFDC & food stamps?", *Journal of Human Resources*, vol. 31, no. 1, 2010, pp. 57 - 89.

⑦ 张瑞凯:《中国农村居民社会福利意识研究——基于北京市的抽样调查》,《社会建设》2015 年第 1 期。

⑧ 汪雁、慈勤英:《中国传统社会救济与城市贫困人口社会救助理念建设》,《人口学刊》2001 年第 5 期。

后，申请低保往往和后代不孝相关联，使贫困人口对社会救助存在排斥心理①。此外，将社会救助视为慈善事业和国家恩赐的现象也普遍存在②，这些都抑制了贫困户社会权利意识的提升，进而导致目标瞄准偏差。

其次，低保目标瞄准过程存在暴露救助申请者隐私的风险③，还有可能使救助申请者遭受基层政策执行人员的嘲讽，进一步加剧救助申请者的消极感受。从这个意义上说，成为低保对象是不幸的，因为享受低保待遇需要付出一定的代价，即牺牲个人或者家庭的尊严和隐私④。

最后，低保对象的标签还会使贫困群体失去与其他社会成员平等互动的机会。因此，除部分生活于极端贫困状态中的人出于保障自身生存的考虑继续接受社会救助，许多贫困者都因无法克服福利污名化和羞耻等消极感受，"主动"放弃申请社会救助⑤。

可见，如果社会救助政策设计和执行过程不能尽可能地降低福利污名化给受助者带来的负面影响，他们中的很大一部分就会放弃申请救助⑥，进而导致目标瞄准偏差。因此，在低保对象的识别过程中，既需要考虑瞄准效率，也应避免片面追求瞄准精度对申请人带来的污名损害，防止福利申领因附属性权利所导致的身份特权和不公平现象，以保证瞄准机制的有效性⑦。

不过，对于瞄准偏差的认知，大多是以政策执行者的视角进行界定，有学者则关注地方性知识意义系统里的瞄准偏差。由于国家和地方视角下对救助对象的界定是有差异的，前者的衡量标准是经济，而后者则将个人禀性、致贫原因等文化因素纳入衡量标准，因此可能会出现低保识别按照国家逻辑实现了精准，但在地方性知识意义系统里却出现了瞄准偏差。这

---

① 方菲、李华燊：《农村低保制度的伦理失范及其矫治探讨》，《求实》2010年第8期。
② 杨立雄、刘喜堂：《当代中国社会救助制度：回顾与展望》，人民出版社，2010年。
③ 何平：《家计调查行为的法学思考》，《武汉理工大学学报（社会科学版）》2014年第2期。
④ 洪大用：《试论中国城市低保制度实践的延伸效果及其演进方向》，《社会》2005年第3期。
⑤ 参见Dorsett R., Head C., "The Take-Up of Means-Tested Benefits by Working Families with Children", *Fiscal Studies*, vol. 12, no. 4, 1991, pp. 22-32；崔宝琛：《低保目标瞄准偏差的乡土逻辑》，《西北农林科技大学学报》2019年第2期。
⑥ 赵代博、程令伟：《价值理性与福利政策瞄准偏差——基于甘肃省东部农村新农合的调查》，《社会保障研究》2017年第3期。
⑦ 岳经纶、程璆：《福利污名对瞄准偏差感知的影响研究》，《社会保障研究》2019年第5期。

第二章 贫困对象识别的理论与实践追踪

一视角拓展了瞄准偏差的形式,同时也弥补了低保识别中文化视角的缺失①。还有学者关注施政伦理的因素。施政伦理是指基层治理者在代表国家施予民众资源、执行社会政策时,会较重视自身所嵌入的社会结构、网络与伦理,并且时刻检视施政行为的社会正当性。由于基层干部的产生和政治资本严重依赖乡土社会中的非正式关系,因此往往会将基层社会的伦理诉求置于国家政策的要求之上。基于乡土社会的传统,社群的帮扶逻辑更倾向于"帮能不帮穷、帮亲不帮穷、帮弱不帮穷、帮需不帮穷",这为某些村干部的"不瞄准行为"提供了坚实的伦理和政治基础②。

针对普遍存在的低保目标瞄准偏差的问题,学者也提出了一些改进建议。一是多维度代理指标的识别。由于仅以收入标准来识别贫困户,农村低保瞄准率较低,但如果综合考虑家庭财产状况、劳动力状况、子女教育和家庭成员的健康状况等因素,以多维度标准识别农村贫困家庭,低保政策瞄准效果有了较为显著的改善③。因此,在低保瞄准过程中,基于代理指标及其权重的识别结果就可以作为确定低保户的重要参考或校验标准。在农村低保背景下,以区县为单位建立代理家计调查指标体系,以此来规范村庄内部多维度贫困识别标准,这有助于克服社区瞄准中贫困识别标准选择随意性带来的问题④。二是以民主参与阻击"精英俘获"。来自其他发展中国家的文献表明,完善社区内民主选举有助于强化问责机制,从而激励社区负责人提高减贫政策瞄准精度。在中国场景中,研究没有发现村民直选对村庄瞄准效果有显著影响,这说明,农村基层选举制度有待进一步完善,从而有效发挥其政治问责机制,加强村干部改善低保瞄准的激励。此外,还应强化低保瞄准执行中的公示、监督和惩罚制度。研究发现,在地理环境恶劣、信息传播难度大的地区,设置宣传公示栏更能减少低保瞄准

---

① 刘斐丽:《地方性知识与精准识别的瞄准偏差》,《中国农村观察》2018 年第 5 期。
② 王雨磊:《技术何以失准?——国家精准扶贫与基层施政伦理》,《政治学研究》2017 年第 5 期。
③ 参见韩华为、徐月宾:《农村最低生活保障制度的瞄准效果研究——来自河南、陕西省的调查》,《中国人口科学》2013 年第 4 期;韩华为、徐月宾:《中国农村低保制度的反贫困效应研究——来自中西部五省的经验证据》,《经济评论》2014 年第 6 期。
④ 韩华为:《农村低保户瞄准中的偏误和精英俘获——基于社区瞄准机制的分析》,《经济学动态》2018 年第 2 期。

偏误，这验证了信息传播的通知作用；在具有宗族势力、"精英俘获"更严重的村庄，设置宣传公示栏更能改善低保瞄准效率，这验证了信息反馈的监督作用①。因此，强化信息透明和监督有助于消除"精英俘获"，提高低保瞄准效果。

二、低保领取：救助标准的设定

城乡居民低保标准是我国城乡居民最低生活保障制度的核心要素。国务院《最低保障生活条例》规定，低保线由地方自行确定，各地根据各自的低收入家庭的支出水平和地方政府的财政能力，制定出符合当地实际情况的最低生活标准线。因此，在低保制度的具体操作中，各地的财政能力直接决定了其城乡低保救助标准的水平。

关于中国城乡低保标准的设定，学界曾提出多种测定方法，如张秉铎和唐钧提出三步骤的"综合法"，即由生活形态确定贫困群体，确定贫困居民生活必需品，并在此基础上得出贫困者的恩格尔系数②；洪大用设计了四层次八步骤的指标体系，以保民生为出发点建立弹性低保标准③；杨立雄在总结几种常用贫困线计算方法的基础上，认为马丁法是测算低保标准的可行方法④。在低保标准的调整机制方面，唐钧认为利用收入比例法、恩格尔系数法、市场菜篮子法构成的"综合法"能够调整低保标准⑤；丁建定从理念、原则、环境三个方面论述了低保调整机制的重要性⑥；杨立雄则对马丁法进行了修正，并以北京市为例确立了低保标准与食品价格指数及社会平均收入挂钩的调整方法⑦。在实践中，自城乡低保制度建立以来，我国低保

---

① 何欣、朱可涵：《农户信息水平、精英俘获与农村低保瞄准》，《经济研究》2019年第12期。
② 张秉铎、唐钧：《城市居民最低生活保障线制度研究》，江苏人民出版社，1997年。
③ 洪大用：《如何规范城市居民最低生活保障标准的测算》，《学海》2003年第2期。
④ 杨立雄：《贫困线计算方法及调整机制比较研究》，《经济社会体制比较》2010年第5期。
⑤ 唐钧：《确定中国城镇贫困线方法的探讨》，《社会学研究》1997年第2期。
⑥ 丁建定：《建立合理的城市居民低保标准调整机制的几个理论问题探讨》，《中南民族大学学报》2009年第6期。
⑦ 杨立雄：《最低生活保障标准计算方法和调整机制创新研究——对北京市的应用与检验》，《黑龙江社会科学》2012年第6期。

第二章 贫困对象识别的理论与实践追踪

标准的制定和调整办法不断完善。从时间维度来看，城乡低保的标准随着社会经济发展水平的提升而逐渐上涨，但仍然存在如下问题。

第一，低保标准依然偏低。肖云等人调查研究发现，城镇民政工作人员和农民普遍认为现行农村低保标准偏低[1]。杨立雄发现农村低保标准基本能满足最低收入户的食品支出，但仅能满足其总消费支出的60%，而且农村食品消费替代率和总消费替代率也呈现下降趋势；此外，农村低保制度实施存在着范围广而水平低的不合理现象，且现行单一的农村低保标准无法满足贫困人口需求的异质性[2]。黄健元等人从城市低保工作的实践出发，构建了城市低保工作绩效评估体系，发现城市低保金的标准仍处于较低水平，难以与经济社会发展水平相适应[3]。柳清瑞则关注城镇低保的实际给付与理论标准的差距，结果发现实际给付水平和理论相比明显偏低[4]。针对低保标准保障不足的问题，曹艳春提出了"家庭运行标准"的概念，其出发点是以一个家庭需要满足其在社会中的正常运行所需要的支出总和为标准，这一标准所持的理念是在"绝对贫困"的基础上加入"相对贫困"，不仅考虑居民的食品支出，还考虑居民的衣服、住房和日常用品支出、和工作相关的支出、孩子的教育支出及医疗支出。采纳"家庭运行标准"的制定可以将更多的家庭纳入救助制度中，尤其是低收入户，同时对"低保"户和低收入户均具有就业激励作用，不再需要"隐性就业"来隐瞒收入；此外，对家庭规模和结构进行细分，也有利于根据各个家庭的实际情况进行救助[5]。

第二，低保标准的城乡和区域差距较大。王增文和李春根采用不同的研究方法，都发现经济发达地区剔除经济发展水平等因素后，保障标准仍

---

[1] 肖云、孙晓锦：《现行农村低保标准实施中的难点及对策研究——以980份城镇民政工作人员和2577份农民问卷为例》，《人口与经济》2009年第2期。

[2] 豆红玉、韩旭峰：《甘肃省农村低保标准实证分析及对策研究》，《社会保障研究》2016年第5期。

[3] 黄健元、杨琪、朱姝：《城市低保工作存在的问题及其解决路径——以南京市鼓楼区为例》，《城市问题》2015年第11期。

[4] 柳清瑞、翁钱威：《城镇低保线：实际给付与理论标准的差距与对策》，《人口与经济》2011年第4期。

[5] 曹艳春、陈翀：《从"低保"标准到"家庭运行标准"——社会救助制度的革新与设计》，《现代经济探讨》2016年第4期。

然要高于经济相对落后的中西部农村地区①。豆红玉和韩旭峰以甘肃省的低保制度为例，发现仅满足食品需求的现行农村低保标准仍处于较低水平，且城乡、地区间差距明显②。造成这种地区差距的原因之一在于政策规定城市居民最低生活保障的事权管理由地方政府负责（主要是县级），最低生活保障标准极度分散，影响了最低生活保障标准的实施效果③。但曹艳春认为城乡低保的比较不能简单从标准的高低来观察。整体来看，虽然城市低保制度的绝对保障水平比农村更高，但是农村低保标准的增长速度明显快于城市低保标准；同时，尽管城市低保的诞生早于农村低保，但是农村的发展水平优于城市。相对来看，政府对于农村低保的投入更多，与经济增长速度相比发展更快，保障人数更多，因此农村的低保制度发展水平较高。不过，农村低保在地区之间水平不均衡问题仍然比较严重。从低保标准来看，东部地区的农村低保标准远高于中西部地区，同样贫困程度的农户，在经济发展较高的东部地区可以被确定为低保户，但是在经济发展落后的中西部地区则很可能不能获得低保。在低保的减贫效果方面，曹艳春发现东部地区低保标准持续高于中西部地区且差异呈增大趋势，绝大部分地区城市低保标准能够满足低保对象必要的食品支出，但难以满足其全部的消费需求④。王增文也指出我国各地的农村低保标准相差较大，经济落后地区低保标准低于经济发达地区，且部分地区低保政策的救助效果较差，未能有效解决农村贫困人口的生存需求⑤。

　　第三，低保标准制定方法的科学性有待提升。中国传统的社会救助制度往往以定性方法确定救助对象，救济标准由主观判断或定性方法得到，没有统一的计算方法和计算依据。建立最低生活保障制度之后，受民政传

---

　　① 参见邓大松、王增文：《我国农村低保制度存在的问题及其探讨》，《山东经济》2008 年第 1 期；李春根、赵卓：《关于城乡最低生活保障标准的几个问题》，《社会保障研究》2011 年第 4 期。
　　② 豆红玉、韩旭峰：《甘肃省农村低保标准实证分析及对策研究》，《社会保障研究》2016 年第 5 期。
　　③ 杨立雄：《最低生活保障制度存在的问题及改革建议》，《中国软科学》2011 年第 8 期。
　　④ 曹艳春：《我国城市居民最低生活保障标准的影响因素与效应研究》，《当代经济科学》2007 年第 2 期。
　　⑤ 王增文：《农村最低生活保障制度的济贫效果实证分析——基于中国 31 个省市自治区的农村低保状况比较的研究》，《贵州社会科学》2009 年第 12 期。

第二章 贫困对象识别的理论与实践追踪

统救济工作方式的影响，各级政府在计算最低生活保障标准的过程中仍然较多地采用定性方法。这种定性方法虽然给地方实践最低生活保障制度时留下了较大的"自由裁量权"，但也留下了管理不规范的隐患。由于中央政府和省市政府并没有对"必需的衣、食、住"做详细而明确的规定，也没能规定"适度考虑"的水平，各地在计算标准时往往根据各自的理解及财政的承受能力计算标准，造成最低生活保障制度实施过程中的不合理、不规范现象①。

首先，部分地区城乡低保标准的制定缺乏科学测算。有些地区在制定城乡居民低保标准的实际工作中，往往缺少必要的统计数据和数量关系分析，没有科学合理的测算方法和切实可依的测算方案，大部分时候仅根据工作经验制定相关标准，科学性及合理性不强。部分地区甚至简单地参照全国平均低保标准或贫困线标准制定当地的低保标准，与居民实际的基本生活需求存在严重脱节：要么保障标准偏高，脱离当地的财政承受能力，影响低保对象劳动就业的积极性；要么保障标准偏低，对困难群众基本生活的保障力度不足，未能很好地体现共享发展理念。

其次，城乡低保标准和物价的挂钩机制仍有待改进。在物价水平尤其是食物价格上涨较快时，由于贫困群体的生活必需品支出占收入的比重高，其生活所受影响大。尽管政策要求社会救助和保障标准与物价上涨挂钩联动机制，然而城乡低保标准和物价的挂钩机制仍存在较大的改进空间，尤其是联动机制规范的仅是低保标准的调整过程，并未明确下年低保标准应如何根据物价情况制定。此外，根据临界值启动调整机制对短期物价上涨较快的情形非常适用，但当物价连续多年以临界值以下的涨幅变动时，调整机制就难以启动②。

最后，边缘贫困人群问题。边缘贫困人群，一般指收入低或接近低保标准，但因不符合低保资格而没有被纳入低保制度中的人群③。低保制度的执行程序通常是先确定低保线，再对处于低保线以下的贫困人口实施救助，

---

① 杨立雄：《最低生活保障制度存在的问题及改革建议》，《中国软科学》2011年第8期。
② 梁强：《我国城乡居民低保标准测算方法研究——以北京市为例》，《价格理论与实践》2016年第11期。
③ 徐月宾、张秀兰：《我国城乡最低生活保障制度若干问题探讨》，《东岳论丛》2009年第2期。

这就忽视了刚过低保线甚至"压线"的困难群体。由于现行的低保线是按最低生活标准划定的,类似绝对贫困线,因此这部分被忽视的人群同样会面临生存危机。这些"非低保对象"的居民,只要收入稍有减少,或者因家庭成员患病、子女入学等在其他方面的开支稍有增加,就极有可能跌下"低保线"而进入贫困群体的行列①。事实上,我国大多数处于正规社会保障制度以外的人口的收入都不高,边缘贫困人口的数量非常庞大。特别是对于那些收入较低的边缘贫困人口来说,在正常的情况下往往能够勉强维持基本生存和生活需要,但他们抗风险的能力非常薄弱,遇有任何生产损失或生活变故都有可能陷入赤贫而不能自拔,最后仍然需要低保制度的救助。而现行的低保制度及其配套措施很少考虑这部分贫困群体,尽管一些地方开始探索针对边缘贫困人口的救助问题,但对于大多数地区来说,低保制度的对象仍然局限于"不救不活"的群体,难以惠及边缘贫困人群②。

三、低保退出:应退尽退的挑战

如果说低保瞄准考虑的是如何将"需要的对象"纳入社会救助体系,那么低保退出就是关注如何将"不需要的对象"移出社会救助体系。我国城乡低保制度尽管在实践中存在不同程度的瞄准偏差问题,但是整体上已经初步达到了"应保尽保"的目标。但是,无论是城市还是农村,与救助标准普遍较低相矛盾的一个现象是:低收入和贫困户争先进入低保,一旦进入后,即使收入有了增加也不愿意退出,这一现象在城市尤为突出,通常被认为是"福利依赖"或"养懒汉"③。换句话说,低保制度正在"制造"一个长期的低收入群体,一些低保对象似乎正在实践中建构一种与其低收入状况相适应的生活方式,这种生活方式带有明显的贫困文化色彩④。

---

① 童星、王增文:《农村低保标准及其配套政策研究》,《天津社会科学》2010年第2期。
② 徐月宾、张秀兰:《我国城乡最低生活保障制度若干问题探讨》,《东岳论丛》2009年第2期。
③ 参见刘璐婵、林闽钢:《"养懒汉"是否存在?——城市低保制度中的"福利依赖"问题研究》,《东岳论丛》2015年第10期。
④ 洪大用:《试论中国城市低保制度实践的延伸效果及其演进方向》,《社会》2005年第3期。

第二章 贫困对象识别的理论与实践追踪

研究表明，截至 2014 年，城市低保对象中有劳动能力者的比例已达 65.3%[①]。民政部 2013 年的《中国城乡困难家庭研究报告》显示，城市低保家庭接受低保的平均时间长达 72 个月，其中，从未退保的家庭占 89%。在救助干部对"低保存在的主要问题"的排序中，位居首位的便是"低保家庭一经确定，长年难以退保"[②]。低保动态管理率的现实水平仅为 3%，这与民政部提出的 10% 的政策目标相去甚远[③]。对于这种退保难的问题，既有文献主要从制度设计、泛福利化、政策衔接三个层面展开讨论。

1. 低保制度的负向激励

目前低保制度所实行的"补差制"救助表现出一种与救助初衷相悖的"负激励"效应。由于低保救助采取经济调查和"补差式"救助，产生的结果就是收入的增加会导致福利的减少，即受助家庭每多收入 1 元，就意味着他们将少得 1 元的救助，相当于 100% 的边际税率[④]。由于地域的限制，农村低保群体不能像城市低保群体那样，可以获得政府或相关社会机构推荐的工作，多数农村低保家庭仅仅依靠农业收入及出卖体力劳动来维持生计，抵御外在风险的能力很弱，因此，他们比较看重来自政府的救助金，一般不愿意轻易退出[⑤]。慈勤英和兰剑的研究发现，给予型的低保救助提升了受助对象失业的可能性，降低了受助对象的再就业意愿[⑥]；都阳、Albert Park 及王增文等人的研究均证实，获得低保资格会减少贫困家庭的劳动力供给[⑦]，导致"救助依赖"现象的出现[⑧]，即享受最低生活保障的一部分人，

[①] 肖萌、陈虹霖、李飞跃：《低保对象为何退保难？动态分析策略下的退保模式及其变迁趋势研究》，《社会》2019 年第 4 期。

[②] 民政部政策研究中心：《中国城乡困难家庭研究报告》，中国社会出版社，2013 年。

[③] 张时飞：《加快健全低保制度亟待深化的问题及对策》，《"首届中国社会救助研讨会"论文集》，2009 年。

[④] 于秀丽、陈宇峰：《中国城市低保制度的理论与现实困境》，《浙江工商大学学报》2008 年第 1 期。

[⑤] 武汉大学社会保障研究中心：《2007—2008 年中国社会保障改革与发展报告》，人民出版社，2008 年。

[⑥] 慈勤英、兰剑：《"福利"与"反福利依赖"——基于城市低保群体的失业与再就业行为分析》，《武汉大学学报（哲学社会科学版）》2015 年第 4 期。

[⑦] 都阳、Park A.：《中国的城市贫困：社会救助及其效应》，《经济研究》2007 年第 12 期。

[⑧] 王增文、邓大松：《倾向度匹配、救助依赖与瞄准机制——基于社会救助制度实施效应的经验分析》，《公共管理学报》2012 年第 2 期。

宁愿依赖政府每月发的最低生活保障费用维持生计，也不愿意谋取职业，依靠自己的劳动来获得收入。此外，低保制度实施的过程中缺乏现代化管理手段，使动态管理难以保持连续性，尤其是农村地区网络化建设落后，加之信息获取和保存方式的相对原始化，因此对低保对象的收入变动情况难以跟踪，不利于对低保对象的统筹管理。当低保对象达到能自保的情况时，因管理手段的落后而不能及时退出，便陷入了与救助初衷相悖的"贫困陷阱"[①]。

2. 福利叠加

随着低保制度的完善，城乡低保制度逐渐演变成一个综合性福利的救助体系，低保资格的含金量不断增加。不仅是最低生活保障金，医疗救助、子女教育、就业救助及水电费、殡葬费等费用减免政策都被纳入低保实施范围，形成了"福利捆绑"的局面[②]，有学者将其称为"泛福利化"。泛福利化是指低保在实践中背离了其基本的制度定位，逐渐向社会福利的方向偏离，即从"底线救助"走向"高位福利"，具有了泛福利化的特征。这种泛福利化现象使低保制度内聚集了更多的福利资源，在制度错位的情况下，公共资源并不能转化为保障贫困户的资源，相反，超额福利容易引发负向激励[③]。即一旦被确定为低保对象，就可以享受到多项救助和社会福利，而一旦失去"穷人资格"，就会造成"福利断崖"，失去的不只是每个月的低保金，还损失其他各种附加福利待遇[④]。低保政策与其他社会政策被捆绑在一起形成了"福利叠加"，这种"福利叠加"机制直接导致低保对象的"身份依赖"。"退保"不仅意味着低保户身份的解除，亦要退出与之相关联的整套福利体系。因此，低保资格对低保对象的吸引力大大增加，进而导致

---

① 白维军：《城市居民最低生活保障制度中的"贫困陷阱"研究——目标定位制下的负激励分析》，《西北人口》2010年第2期。
② 刘丽娟：《精准扶贫视域下的城乡低保瞄准机制研究》，《社会保障研究》2018年第1期。
③ 仇叶、贺雪峰：《泛福利化：农村低保制度的政策目标偏移及其解释》，《政治学研究》2017年第3期。
④ 武汉大学社会保障研究中心：《2007—2008年中国社会保障改革与发展报告》，人民出版社，2008年。

低保分配的竞争性和偏误①。

3. 政策衔接不足

尽管当前的政策规定在退出低保之后依然可以享受部分救助措施，但是实际操作的效果并没有赋予退出低保的群体以足够的信心和激励来使其主动退出救助体系。从经济学的角度考虑，只有当预期收益大于损失，即净收益为正时，激励措施对求职动机的作用是正的，低保对象才有可能主动退出，并走向劳动力市场②。研究发现，健康水平和教育程度的低下是阻碍低保对象退保的重要因素，这与西方学界的结论基本相似，说明弱势化人口特征对低保退出具有不利的影响。值得注意的是，与西方研究者所观察到的年轻者、就业者更易于退出救助不同，在中国，低保对象年龄越高越易退保，就业则对退保无显著作用③。

此外，就业救助服务的匮乏也是低保对象退保难的重要原因。研究显示，职业推介与培训的效果类似，实施范围非常有限，且未能对退保产生显著的推动作用。这意味着，职业推介与培训这两种最为常用的工作福利政策工具虽然已普遍出现于地方的救助政策文本层面，但就现实运行来看，无论是与真正意义上的"快速就业模式"，还是"技能发展模式"，都相去甚远。对低保对象退保具有影响力的宏观因素并不是失业率，而是非正规就业结构的演化。由于中国就业增长最重要的驱动器是非正规就业，而非正规就业这种"隐性化"的就业方式对退保的推动作用是较弱的，因此就业总量的提高、失业率的下降未能对退保产生明显的提升作用④。此外，农村低保与扶贫开发未能有效衔接也是退保难的因素之一。农村低保是维持贫困群体生存的生活救助，而扶贫开发可以扶持和提升贫困群体的生产发

---

① 安永军：《农村低保政策中的"福利叠加"现象及成因》，《西北农林科技大学学报（社会科学版）》2017 年第 5 期。

② 黄晨熹：《城市低保对象求职行为的影响因素及相关制度安排研究——以上海为例》，《社会学研究》2007 年第 1 期。

③ 肖萌、陈虹霖、李飞跃：《低保对象为何退保难？动态分析策略下的退保模式及其变迁趋势研究》，《社会》2019 年第 4 期。

④ 同上。

展和就业能力①，但是两项制度之间目前尚未形成政策合力。

通过对低保对象退出研究进行梳理，可以发现，低保制度自身存在的设计缺陷是引发救助对象负面行为的重要诱因。补差式的低保救助会给予救助对象一种稳定的预期，降低救助对象走向劳动力市场的经济动机，从而尽可能多地获得政府救助；而福利的叠加则进一步增强了救助对象产生福利依赖的可能性。如果说补差式救助和福利叠加是"福利依赖"的拉力因素，那么政策衔接的缺乏则是推力因素，由于担心走出"低保之城"面临的社会风险，低保对象更愿意继续留在低保救助体系内，这种"推－拉"作用共同导致了福利依赖的现象，甚至是一种不思进取的文化、态度和价值观。不过，也有学者的研究表明我国城市低保制度还未形成"福利依赖"效应②。即便如此，本书也不否认福利依赖在未来出现的可能性，进而从资格审查、就业政策完善等层面提出完善低保制度的政策建议。

---

① 江克忠、王洪亮、陈葵花：《中国农村低保的收入激励效应研究》，《学术研究》2019年第5期。

② 韩克庆、郭瑜：《"福利依赖"是否存在？——中国城市低保制度的一个实证研究》，《社会学研究》2012年第2期。

第三章　地方实践：新时代广东低保制度的变迁

改革开放至今，我国社会的主要矛盾从人民日益增长的物质文化需求同落后的社会生产之间的矛盾转变为人民日益增长的美好生活需要和不平衡不充分的发展之间的矛盾。近年来，我国大力强调在发展中补齐民生短板、促进社会公平正义，将保障和改善民生作为一切工作的着眼点和落脚点。低保制度作为一项社会兜底性民生政策，是中国共产党以人民为中心发展理念的切实体现，也是"立党为公、执政为民"的执政理念的本质要求。党的十八大报告指出，要"完善社会救助体系，健全社会福利制度"，要"坚持全覆盖、保基本、多层次、可持续方针，以增强公平性、适应流动性、保证可持续性为重点，全面建成覆盖城乡居民的社会保障体系"。这一顶层设计也为地方政府的政策实践指明了方向。作为改革开放的策源地，广东积极推进社会政策的创新和发展。新时代以来，广东率先完善低保制度的法律政策体系，强大的经济实力也推动了低保领域财政投入和保障水平的显著提升，在低保制度的执行过程中，通过信息化手段、人力资源配置的优化，并借助社会力量推动低保治理效能的提升。

第一节　政策法规：完善城乡低保制度法制体系

2014年10月，中共十八届四中全会通过了《中共中央关于全面推进依法治国若干重大问题的决定》，这是新时代中国依法治国理念与实践的纲领性文件。法者，治之端也。作为国家治理的源头，完备的法制体系是推动国家治理体系和治理能力现代化的重要保障。在低保制度的发展过程中，广东的城乡居民最低生活保障制度经历了从建立到逐步完善的发展阶段，政策法律的不断完善对广东低保制度的发展起了保驾护航的基础性作用，也夯实了低保制度公平正义的社会价值理念。

一、广东低保政策的变迁

从地方税收和经济总量看，广东省是中国的经济大省。然而，和中国的其他地区一样，广东面临的社会问题也依然严峻①，如保障城乡贫困居民基本生活，不断提高弱势群体的生活水平并维护社会稳定。作为一项重要的民生政策安排，低保制度在保证贫困对象基本生存权益及维护社会稳定与秩序方面起着基础性作用。作为中国最早在城乡同时建立低保制度的地区之一，广东在1997年就着手建立覆盖城乡的低保制度；进入新时代以来，在新的社会经济发展背景之下，广东的低保制度也因时而变，朝着更好地保障贫困对象的基本生存权利的方向前进，努力让低保对象更多地享受广东社会经济发展的成果。

2013年4月27日，为认真贯彻落实党的十八大和习近平总书记视察广东重要讲话精神，切实维护好底线民生，规范城乡低保标准的制定，实现应保尽保、应补尽补的政策目标，广东省人民政府出台《关于建立全省城乡低保最低标准制度的通知》（以下简称《通知》），率先在全国建立城乡低保最低标准制度。《通知》明确作出以下规定。

第一，实行低保标准自然调整分类管理办法，根据省内各地经济社会发展水平和财政承受能力，将全省城乡低保标准的设立划分为四类地区：第一类为广州市、深圳市；第二类为珠海市、佛山市（含顺德区）、东莞市、中山市；第三类为惠州市、江门市、肇庆市（含所辖市、区）；第四类为汕头市、韶关市、河源市、梅州市、汕尾市、阳江市、湛江市、茂名市、清远市、潮州市、揭阳市、云浮市、江门市（台山、开平、恩平）、肇庆市所辖县。

第二，建立城乡低保补差水平最低标准自然调整制，各地区根据全省

---

① 岳经纶、翁慧怡：《地方最低生活保障制度研究：广东的案例》，《社会保障研究》2009年第2期。

第三章 地方实践：新时代广东低保制度的变迁

制定的城乡低保标准和城乡补差水平最低标准，因地制宜制定各地区的城乡低保标准和城乡补差水平最低标准。

第三，建立低保对象核定指导制度，各地区落实好省政府为各地区测算低保人数占比指标。

第四，将社保卡覆盖城乡低保对象，低保对象可平等享受多样化的基本公共服务。

第五，低保工作纳入各级政府政绩考核，列入基本公共服务均等化、"幸福广东"等综合考评体系考核范围。

第六，建立低保标准制定与低保资金预算的联动机制，做好低保资金预算，确保调整城乡低保补助标准和提高补差水平的资金需要。

2014年12月26日，为贯彻落实国务院《社会救助暂行办法》精神，健全广东省救助申请家庭经济状况核对机制，广东省民政厅出台《广东省最低生活保障申请家庭经济状况核对及认定暂行办法》（以下简称《核对办法》），致力于提高全省低保救助的准确性和公信力。《核对办法》要求：一是严格限定居民经济信息的核定范围，不随意扩大信息索取范围；二是部门机构职责分工要明晰，全面、准确地查询申请人的户籍、收入、财产信息；三是建立公平高效的核对认定流程，提高基层工作人员的工作效率；四是确立良性导向的收入认定原则，防止通过不正当方式获得低保资格。

2016年10月12日，为贯彻落实《中共中央　国务院关于打赢脱贫攻坚战的决定》精神，推进精准扶贫精准脱贫三年攻坚，确保率先全面建成小康社会，广东省出台《关于底线民生精准扶贫精准脱贫三年攻坚的实施方案》（以下简称《方案》）。《方案》明确：一是继续实施城乡低保最低标准制度，健全农村低保标准自然增长机制，逐年提高农村低保标准和实现第四类地区农村低保最低标准达到省扶贫标准，对无法依靠产业扶持和就业帮助脱贫的家庭实行政策性保障兜底，将所有符合条件的贫困家庭纳入低保范围；二是完善入户核查方法，加快完成广东省底线民生信息化核对管理系统建设，实现民政部门与公安、人力资源社会保障、国土资源、住房城乡建设、农业、金融、保险、工商、税务等部门和银行、证券等机构的数据共享，对农村低保申请家庭的户籍、机动车、就业、保险、住房、农机、农业补贴、存款、证券、纳税、公积金等方面信息和个体工商户信息进行核对，提升精准认定能力。《方案》以全面健全实施好农村底线民生保障工作为主线，编密织牢社会救助托底安全网，保障低保对象的基本生活水平与全面小康社会建设进程相适应，推动共享全面小康的发展成果。

2017年7月27日，为贯彻落实国务院《社会救助暂行办法》精神，进一步完善社会救助体系，广东省出台的首部关于社会救助的地方性法规《广东省社会救助条例》（以下简称《条例》）对最低生活保障、低收入困难家庭、特困人员供养、自然灾害救助、医疗救助、教育救助、住房救助、就业救助和临时救助认定的标准及救助方式做出了明确规定。针对最低生活保障申请家庭或个人，《条例》提出：第一，对本省户籍共同生活的家庭成员人均收入低于当地城乡最低生活保障标准，且符合当地最低生活保障家庭经济状况规定的家庭，以家庭为单位给予最低生活保障，另外规定部分特殊人员（残疾人、宗教教职人员、儿童等）可以单独提出申请；第二，对符合条件的申请家庭，根据当地城乡低保标准和城乡低保补差水平最低标准确定保障金额并发放低保证；第三，县级人民政府民政部门及乡镇人民政府、街道办事处应当对已获得最低生活保障家庭的人口状况、收入状况、财产状况进行定期复核，经济状况信息化核对每半年至少进行1次，入户调查核实每年至少进行1次。

2018年11月23日，为深入贯彻《中共中央　国务院关于打赢脱贫攻坚战三年行动的指导意见》的精神，广东省民政厅、省财政厅和省扶贫办联合印发《关于在脱贫攻坚三年行动中切实做好社会救助兜底保障工作的实施意见的通知》（以下简称《实施意见》）。《实施意见》明确四点要求：第一，凡共同生活的家庭成员人均收入低于当地农村低保标准且财产状况符合当地规定的未脱贫建档立卡相对贫困人口，以及扶贫部门已经认定的完全丧失或部分丧失劳动能力且无法依靠产业扶持和就业帮助脱贫的建档立卡相对贫困人员，按规定程序纳入农村低保；第二，纳入农村低保的建档立卡相对贫困人口，在扶贫部门认定稳定脱贫退出建档立卡相对贫困人口后，按规定程序退出低保，退出后重新符合条件的及时纳入低保；第三，针对尚未纳入低保的建档立卡贫困人口，将低保对象覆盖范围从收入型贫困扩大到因病、残、学等刚性支出导致的支出型贫困；第四，在脱贫攻坚三年行动中，将农村低保按户施保转为按户施保和按人施保相结合。《实施意

第三章 地方实践：新时代广东低保制度的变迁

见》部署在脱贫攻坚三年行动中切实做好社会救助兜底保障工作，让低保与扶贫两项制度衔接更紧密、更顺畅、更有效。

2019年7月12日，为贯彻落实党的十九大提出的"统筹城乡社会救助体系，完善最低生活保障制度"精神，广东省出台《广东省最低生活保障制度实施办法》（以下简称《实施办法》）。《实施办法》首次将"因病致贫""因残致贫"等支出型贫困家庭及低保边缘家庭纳入救助范围，并提出新的要求：一是改进过去单纯以家庭收入确定最低生活保障的方法，综合评估低保申请人的家庭财产、可支配收入与生活必需的支出，对综合指标达到最低生活保障条件的申请人纳入最低生活保障，同时对有残疾人、重病患者、老年人、义务兵、在校接受本科及以下学历教育学生的家庭给予适当优待；二是针对人口迁移广泛、城乡流动加速而出现的人户分离、人户不一致等情况，可申请异地办理；三是最低生活保障对象家庭不再符合最低生活保障条件，并主动向乡镇人民政府、街道办事处申报的，经户籍所在地县级人民政府民政部门确认，按照原保障金额延长发放6个月，再收回最低生活保障证。

2019年10月23日，为规范广东省最低生活保障申请家庭认定工作，切实提高低保救助的准确性和公信力，根据国务院《社会救助暂行办法》《广东省社会救助条例》《广东省最低生活保障制度实施办法》，广东省结合实际情况，出台《广东省最低生活保障家庭经济状况核对和生活状况评估认定办法》（以下简称《认定办法》），制定了最低生活保障认定的具体指导标准，完善低保家庭贫困状况评估指标体系。《认定办法》采用"信息化核对+生活状况综合评估"的"双重核查"机制，即对家庭存款和有价证券等金融资产、车辆信息、不动产、工资等较易客观取得和认定的数据采用信息化直接调查；对救助申请家庭人口状况、居住条件、生产资料和生活资料等需要实地调查了解的科目，通过相对标准化的设置，使入户评估生活状况进一步规范化，使低保对象认定更精准、公平。

双重核查机制分为三步：一是核对发生时，家庭成员名下金融资产的人均金额（市值）不超过当地24个月低保标准，家庭收入和家庭财产符合制定的标准；二是家庭生活状况综合评估指标以申请家庭申请前6个月的平均收入为基础，根据家庭结构和生活状况对家庭月平均收入，按照评估指标（以

"当地1个月最低生活保障标准"作为各指标计量单位）进行增加或扣减，将增减后的家庭月收入除以共同生活的家庭成员人数，计算出综合评估后家庭月人均收入，作为认定申请家庭是否纳入最低生活保障的依据；三是经信息化核对与综合评估，以家庭为单位将符合低保认定标准的家庭纳入最低生活保障，按照当地低保标准与综合评估后家庭月人均收入的差额确定人均保障金额，发放最低生活保障证，自批准之日的次月起，按月发放最低生活保障金。同时，对于家庭成员月人均收入达到当地月低保标准，但不超过当地低收入（低保临界、低保边缘）标准的，家庭成员中的成年无业重度残疾人及三级、四级精神残疾人和智力残疾人可单独纳入最低生活保障。

《实施办法》和《认定办法》的推行将低保覆盖范围从收入型贫困家庭向因病、因残、因学等刚性支出负担过重、影响基本生活的支出型贫困家庭扩展，标志着广东低保制度迈上了新台阶，为打赢脱贫攻坚战提供了有力的支撑。

表3-1-1 新时代广东省低保政策汇总

政策名称	出台时间	实施对象	低保政策内容
《关于建立全省城乡低保最低标准制度的通知》	2013年	城乡低收入居民	第一，根据各地经济发展水平，全省城乡最低标准设立分为四类地区； 第二，分区制定全省城乡低保标准和城乡低保补差水平； 第三，省城乡低保最低标准每年4月底公布，各地标准不晚于1个月内制定公布； 第四，建立全省低保对象核定指导制度
《广东省最低生活保障申请家庭经济状况核对及认定暂行办法》	2014年	最低生活保障申请家庭	第一，家庭经济状况信息化核对的内容包括家庭可支配收入和家庭财产； 第二，核对发生时，共同生活的家庭成员名下金融资产的人均金额（市值）、人均存款不超过当地6个月低保标准，家庭收入和家庭财产符合制定的标准； 第三，经复核，对不再符合低保条件的低保对象，及时停发低保金并收回低保证

第三章 地方实践：新时代广东低保制度的变迁

续上表

政策名称	出台时间	实施对象	低保政策内容
《关于底线民生精准扶贫精准脱贫三年攻坚的实施方案》	2016 年	低保对象、建档立卡相对贫困人员	第一，健全农村低保标准自然增长机制，提高农村低保标准，兜底保障特殊家庭，纳入低保； 第二，完善入户核查方法，加快完成广东省底线民生信息化核对管理系统建设，实现多部门资源数据共享
《广东省社会救助条例》	2017 年	最低生活保障申请家庭或个人、低收入困难申请家庭	针对最低生活保障申请家庭或个人： 第一，以家庭为单位对符合低保家庭经济状况规定的给予最低生活保障，部分特殊人员可单独提出申请； 第二，对符合条件的申请家庭，发放低保金和低保证； 第三，基层工作人员对低保家庭状况进行定期复核 针对低收入困难申请家庭： 第一，申请家庭财产状况符合低收入家庭规定，可申请低收入困难家庭认定； 第二，申请低收入家庭困难认定的家庭人均财产不能超过规定的财产限额标准
《关于在脱贫攻坚三年行动中切实做好社会救助兜底保障工作的实施意见的通知》	2018 年	低保对象、建档立卡相对贫困人员	第一，符合规定的未脱贫建档立卡相对贫困人口，以及经认定需帮扶的建档立卡相对贫困人员，按规定程序纳入农村低保； 第二，纳入农村低保的建档立卡相对贫困人口稳定脱贫后，按规定程序退出低保后重新符合条件的及时纳入低保； 第三，针对尚未纳入低保的建档立卡贫困人口，将低保对象覆盖范围从收入型贫困扩大到支出型贫困； 第四，在脱贫攻坚三年行动中，将农村低保按户施保转为按户施保和按人施保相结合

续上表

政策名称	出台时间	实施对象	低保政策内容
《广东省最低生活保障制度实施办法》	2019年	最低生活保障申请家庭或个人	第一，部分特殊人员可单独提出申请； 第二，采用综合评估低保申请人的家庭财产、可支配收入与生活必需支出的方法评定，对部分特殊家庭给予适当优待； 第三，"家庭成员人均收入"按照提出申请前6个月的收入平均计算，"家庭财产"包括家庭的全部动产和不动产； 第四，针对人户分离、人户不一致等情况，可申请异地办理； 第五，基层工作人员对低保家庭状况进行定期复核； 第六，对因家庭生活状况改善后主动申报退出低保范围的家庭延长发放6个月低保金
《广东省最低生活保障家庭经济状况核对和生活状况评估认定办法》	2019年	最低生活保障申请家庭或个人	第一，采用"信息化核对+生活状况综合评估"的双重核查机制； 第二，"家庭经济状况信息化核对"的内容包括家庭收入和家庭财产； 第三，核对发生时，家庭成员名下金融资产的人均金额（市值）不超过当地24个月低保标准，家庭收入和家庭财产符合制定的标准； 第四，按照家庭生活状况综合评估指标计算出综合评估后家庭月人均收入，通过当地低保标准与家庭月人均收入的差额确定人均保障金额，发放最低生活保障证； 第五，特殊人员可单独纳入最低生活保障

资料来源：作者根据广东省民政厅门户网站整理。

二、低保政策的文本分析

作为中国改革开放的前沿地区,广东省地区生产总值已经连续31年保持全国第一[①]。然而,与广东经济发展水平不相适应的是,在相当长的一段时间内,广东的城乡低保工作存在低保补助水平和覆盖率较低、人均补差水平低于全国平均水平等问题。新时代以来,以习近平同志为核心的党中央高度重视民生保障和改善工作,努力倾听人民呼声,回应人民期待,将改革发展的成果更多、更公平地惠及全体人民。广东省也顺应时代呼声,更加重视城乡低保工作,不断完善政策制度,将提高城乡低保补贴水平列为政府推进落实的"十件民生实事"之一,并提出到2014年年底前全省城乡低保补贴标准达到全国前十名水平,编织好社会救助兜底扶贫的安全网。

自2013年起,广东省出台的《关于建立全省城乡低保最低标准制度的通知》,在全国实现以下几个"率先",有效保障了困难群众的基本生活[②]。

第一,率先建立最低生活保障标准自然调整机制,每年各地在省制定的城乡低保最低标准和低保补差基础上因地制宜,制定符合各地经济社会发展水平和财力状况的标准。该措施有效规范城乡低保标准的调整和制定,杜绝低保标准虚高、补差水平不落实的情况发生,确保低保补差随着低保标准调整而同步提高。

第二,率先实行低保标准自然调整分类管理办法,将城乡低保最低标准的设立划分为四类地区,建立最低生活保障水平与物价水平上涨挂钩的联动机制,针对各类地区制定不同低保最低标准。该措施确保城乡低保对象在得到更多实惠的同时,生活水平也随着经济社会发展而同步提高。

第三,率先将社保卡覆盖城乡低保对象,低保对象凭社保卡参加养老、医疗等社会保险,领取低保价格补贴,购买平价优惠的生活用品。这项措施的实行,确保低保对象在获得基本生活救助的同时,能够更好地融入社会,平等地享受多样化的基本公共服务。

---

① 参见搜狐新闻:https://www.sohu.com/a/374085146_120509499。
② 参见广东省民政厅门户网站。

第四，率先将低保工作纳入各级政府政绩考核，每年将提高最低生活保障标准事项纳入省政府"十件民生实事"指标、"幸福广东"等综合考评体系考核范围，更好地推动广东发展。

第五，率先建立最低生活保障资金绩效评价等长效监管机制，接受社会监督，有效杜绝以低保资金预算数量"倒推"低保标准、低保补差和低保对象人数等不良现象的发生。

2016年，广东省为发挥底线民生在扶贫攻坚战中的兜底功能，加强扶贫开发政策和底线民生政策衔接，制订2016—2018年精准扶贫精准脱贫三年攻坚计划，强调要加强农村低保制度与扶贫开发政策的有效衔接，强化救助资源整合，推进精准扶贫、精准脱贫，切实保障农村贫困家庭基本生活。《关于底线民生精准扶贫精准脱贫三年攻坚的实施方案》要求完善入户核查方法，加快完成省底线民生信息化核对管理系统的建设。该文件的制定和执行有效提升了民政部门精准认定救助对象的能力。

2017年出台的《广东省社会救助条例》（以下简称《条例》）对低收入人群的各种救助方式进行调整优化，明确了救助的标准及救助方式。《条例》明确，最低生活保障家庭不仅每个月可以按照规定领取低保金，还能享受医疗保险个人缴费部分全额资助的医疗救助、优先安置就业的就业救助、子女上学的学费和生活补助、水电宽带电话费用减免等多方面的保障补贴[1]。《条例》提到关于低收入家庭的认定，共同生活的家庭成员人均收入高于当地城乡最低生活保障标准，但低于当地最低生活保障标准的一定倍数（不同地方标准不同），且符合家庭财产状况符合低收入家庭规定，符合财产限额标准，可以申请低收入困难家庭认定。现以某市为例，以便更好地理解该认定办法。

---

[1] 参见广东省民政厅门户网站。

第三章 地方实践：新时代广东低保制度的变迁

> **案例 3-1-1**
>
> 假设广东省某市某年低保标准为 840 元/月，低收入困难家庭认定标准为低保标准的 1.5 倍，为 1260 元。财产限额标准为申请者家庭人均财产不超过低收入困难家庭认定标准的 16 倍，即 1260 元 × 16 = 20160 元，1 套自住房不计入限额，2 套房须计入财产，拥有小车也不能申请低收入认定。
>
> 某家庭一家三口，户主申请人 67 岁，患慢性病，每月退休金为 500 元，有 1 个儿子 1 个女儿，均已成年且健康；大儿子开小卖部，有一定经营收入，每月大概盈利 1500 元；小女儿从事家政劳动，每月收入 1200 元；申请人家庭有 1 台电视、1 台空调、1 台冰箱，加上个人财产，共价值 58000 元。
>
> 核对过程：家庭成员人均月收入为（500 元 + 1500 元 + 1200 元）/3 = 1067 元，高于低保标准，但低于低收入困难家庭认定标准，人均财产为 58000 元/3 = 19333 元，低于财产限额标准。因此，最终评估结果为：人均月收入高于当地低保标准，不符合低保条件；低于低收入困难家庭认定标准，应当纳入低收入家庭救助，人均保障金为 1260 元 − 1067 元 = 193 元。

《条例》明确低收入困难家庭除不享受现金补贴外，基本上可享受与最低生活保障对象同等的其他社会救助待遇，如医疗、住房、教育资助、价格补贴、低收入居民消费性政策优惠减免等综合保障。《条例》建立健全长效救助机制，有效保障了低收入人群的基本生活，促进了社会公平，维护了社会稳定。

2018 年，为了让低保与扶贫两项制度衔接更紧密、更顺畅，广东省制订 2018—2020 年三年脱贫攻坚的目标计划，切实做好社会救助兜底保障工作。《关于在脱贫攻坚三年行动中切实做好社会救助兜底保障工作的实施意见的通知》（以下简称《三年通知》）进一步扩大了保障对象的范围，保障覆盖范围从收入型贫困扩大到因病、残、学等刚性支出导致的支出型贫困；

规定符合低保条件的未脱贫建档立卡相对贫困人口纳入低保，实行应保尽保；符合扶贫条件的农村低保对象、特困供养人员应全部纳入建档立卡范围，实行应扶尽扶。《三年通知》有效推动社会救助与扶贫开发政策双向衔接，实现打赢脱贫攻坚战的目标。

2019年，广东省出台的《广东省最低生活保障制度实施办法》（以下简称《实施办法》）相比之前广东省出台的相关政策文件，具有以下四大亮点与创新①：

（1）引入家庭综合评估，使纳入低保对象的范围更广泛。由广东省人民政府民政部门制定的《家庭生活状况综合评估办法》完善过去单纯以家庭收入确定最低生活保障的方法，对家庭财产、可支配收入与生活必需的支出进行综合评估，综合指标达到最低生活保障条件的纳入最低生活保障，更加合理地让支出型贫困、低保边缘家庭获得救助，实现帮扶从"单一贫困"到"多维贫困"的巨大转变。

（2）坚持"保户"和"保人"相结合，使低保家庭更有保障。《实施办法》明确最低生活保障原则上以家庭为单位，通过申请人申报、家庭经济状况信息化查询核对、家庭生活状况综合评估的方式确定最低生活保障对象。特殊残疾人、宗教教职人员和无人抚养儿童，可以单独提出申请。

（3）突破地域限制，实现异地受理，使办理业务更便民。针对人口迁移广泛、城乡流动加速而出现的人户分离、人户不一致等情况，《实施办法》明确异地申请办理流程，申请人可在全省任一社会救助窗口办理最低生活保障的申请。

（4）率先建立主动申报激励机制。《实施办法》明确最低生活保障对象因家庭成员就业或者家庭经济、生活状况改善不再符合最低生活保障条件，并主动申报的，按照原保障金额延长发放6个月，再收回最低生活保障证。

同年，为了加快落实《实施办法》，广东省民政厅配套出台《广东省最低生活保障家庭经济核对和生活状况评估认定办法》，制定了最低生活保障认定的具体指导标准，完善低保对象贫困状况评估指标体系，将低保覆盖面范围从收入型贫困家庭向因病、因残、因学等刚性支出负担过重、影响

---

① 参见广东省人民政府门户网站。

第三章 地方实践：新时代广东低保制度的变迁

基本生活的支出型贫困家庭扩展，解决"什么人可以纳入最低生活保障"的问题，提高最低生活保障的精准度。这标志着广东省低保制度迈上了新台阶，有效地发挥了兜底保障作用。

三、地方低保制度的创新

党的十八大以来，顶层设计对民生工作的重视为广东民生事业的发展指明了道路。广东省积极贯彻落实党的十八大和习近平总书记视察广东重要讲话精神，切实维护好底线民生，编织好社会保障制度的"最后一道安全网"。中央和省级政府在城乡低保制度方面的政策制定也为下级政府的具体政策实践提供了指引。尽管广东总体经济发展实力强，但是无法回避其内部区域间发展差距大的现实。基于不同区域的经济发展现状，各地政府因地制宜，探索并制定了符合本市经济发展和社会特征的低保政策和各项配套设施，推动低保制度在改善贫困群众生活状况和维护社会公平正义中更好地发挥作用。

1. 江门市加快推进城乡低保制度与扶贫开发政策有效衔接

作为广东省推进扶贫开发与低保两项制度衔接（"两线合一"）改革的唯一试点城市，江门市正积极探索2020年后相对贫困治理的长效机制，切实发挥城乡低保政策对贫困户脱贫的兜底作用，确保全市贫困人口稳定脱贫，共享小康社会成果。

（1）创新综合识别体系，精准认定帮扶对象。充分考虑兜底对象的个体差异及其家庭致贫特征，全面接轨《广东省最低生活保障家庭经济状况核对和生活状况评估认定办法》，综合家庭收入、家庭结构、生活状况三个维度多项指标，对低保家庭情况进行全方位评估，提高低保对象识别精准度。

（2）完善多层次保障体系，建立长效帮扶机制。将符合条件的因病、因学、因残、因灾城乡贫困家庭分别纳入最低生活保障、医疗救助、教育救助、灾害救助和住房救助，并健全低保标准自然增长机制，逐年提高城乡低保标准。对符合扶贫条件的低保家庭，按规定程序纳入建档立卡范围，并针对不同致贫原因予以精准帮扶。对于不在建档立卡范围的低保家庭、低收入家庭等，要统筹考虑通过产业扶持、异地搬迁、生态保护、教育扶持、医疗保障、资产收益及社会扶贫等政策，提高其生活保障水平。对于通过扶贫支持政策实现脱贫的低保家庭，达到退出低保条件的，在过渡保障期（6个月）内可以继续享受低保与扶贫相关政策。

（3）衔接社会力量，多主体协同帮扶。积极整合多方资源力量，发挥市场、社会主体的作用，构建"政府主导、社会参与、市场促进"的多主体协同保障机制。引导社工、志愿者、社会组织、基层组织积极参与低保与扶贫开发工作，协助落实社会救助政策。引导慈善基金、热心企业的力量、资源与贫困群体精准对接，为帮扶对象排忧解难。

2. 广州市建立多维度保障、综合性服务低保帮扶机制

广州市积极探索低保新政策，努力保障低收入居民和特殊困难群体的基本生活。自2013年起，每年制定城乡最低生活保障标准、低收入困难家庭认定标准等社会救助标准，低收入困难家庭认定标准按当地低保标准的1.5倍同步提高；2013—2019年，城乡低保标准从480元提高到1010元，提高了110.42%，2019年的低保标准继上海、北京之后，位列全国第三，保障水平较高。

（1）创新低保标准测算方法，保障低保对象基本生活。充分结合本市实际情况，提出创新的最低生活保障标准的测算方法，结合"马丁法"公式计算确定基本低保标准和根据本市城镇居民人均可支配收入、最低工资标准的变动情况确定平均调整系数，最后测算最低生活保障调整标准。测算的最低生活保障标准高于省民政厅公布的每年度本市最低生活保障最低标准的，按测算标准确定，低于的按省民政厅公布的本市最低生活保障最低标准确定。

（2）扩大低保对象覆盖范围，编织社会保障安全网。扩大分类救济的人群范围，对全市低保、低收入困难群众中全日制本科以下学历的学生（含本科）、无子女的老年人（男年满60周岁、女年满55周岁）、重病患者等对象实施分类救济，每月按本市低保标准的20%发放生活补助金。将非广州市户籍但与广州市居民共同生活且未在其户籍所在地享受最低生活保障待遇的老年人纳入广州市最低生活保障范围，同时按照分类救济相关规定，最低生活保障家庭中的老年人享受相应的特殊津贴，确保老年人的基

第三章　地方实践：新时代广东低保制度的变迁

本生活依法得到保障。同时为在毕业年度内有就业意愿并积极求职的享受城乡居民最低生活保障家庭的高校毕业生按每人 500 元标准一次性发放求职就业补贴，通过"工作激励"为实现"低保渐退"奠定基础。

（3）打破职能部门壁垒，提升低保政策效能。2013 年起，建立"广州市居民家庭经济状况核对信息系统"，通过整合不同职能部门的低保政策，应用信息通信技术，建立低保对象大数据平台，与市人社、公安及金融机构等部门实行信息共享，对社会救助申请人的家庭经济状况进行核对，以准确确定其社会救助资格。从建立之初的短短 1 年时间内，家庭经济状况信息核对的平均检出不合格率从原来的 30% 下降到 14%，提高了广州市社会救助准确率，为广州市节约社会救助资金近 3000 万元①。

3. 汕头市创新低保政策，打造"阳光低保"特色品牌

2012 年 7 月 14 日，全国地级市首个民政工作改革创新综合观察点签字仪式在汕头市隆重举行，标志着汕头市成为全国第一个与民政部签订民政工作改革创新综合观察点协议的省辖市②。以此为起点，汕头低保政策的改革创新之路拉开序幕。"十二五"期间，汕头市民政系统打造了包括"阳光低保"在内的八大民政特色品牌，其中不少创新做法、特色亮点在全国独树一帜，走在全省、全国前列，不仅切实改善了低保对象的生活水平，也为其他地方低保制度的完善提供了治理经验。

（1）创新保障性住房建设发展，实现居者有其屋。创新"政府＋市场"的保障性住房建设发展新方式，打破以往传统投资格局，建立"两个蓄水池"的创新资金使用联动机制，每年为 200 户农村住房难低保户修建住房，每户人家给予补助 2.5 万元，为他们营造一个温暖的家③。

（2）建立物价补贴联动机制，保障低保对象的基本生活。建立物价补贴联动机制，以城乡低保户、抚恤定补优抚对象、农村五保户等低收入群

---

① 参见羊城晚报：《广州第 11 次提高低保标准"三无人员"月领 1065 元》，http://news.eastday.com/eastday/13news/auto/news/finance/u7ai2263183_K4.html。
② 参见刘谷婷：《首创：设立民政改革观察点》，http://cs.dahuawang.com/view.asp?newsno=2115。
③ 参见南方网：《汕头：力争特区改革事业新突破》，http://news.southcn.com/d/2013-01/25/content_62773147.htm。

众为补贴对象,逐步实现低收入群众临时价格补贴及保障标准提高幅度与物价上涨幅度、经济发展速度相适应。2014年建立粤东地区首个民办爱心超市,按低保户每人每年1000元的额度,制作"爱心卡",资助中心城区540余个低保户成员,让其成为超市的会员,并建立长期跟踪帮扶档案[①]。各种暖心行动编织起社会保障的安全网,切实保障低保对象的基本生活。

(3)实行分类施保标准,完善低保救助政策。根据低保对象的家庭情况进行科学分类,实施有针对性的补差标准,实行重点照顾因重病、因重残等丧失劳动能力人员的低保家庭,适当照顾单亲家庭、体弱多病、学龄儿童(包括服刑人员的未成年子女)的低保家庭等低保救助政策,真正把低保金用到最需要救助的人身上。2020年起,农村低保标准大幅度提高,幅度达30%[②],同时低保标准取消历年的分区域分等级标准差异,全市实行统一标准,有效减少城乡差距,不断推进低保救助政策完善发展。

第二节 财政投入:加大城乡救助资金投入力度

尽管学者们对发展经济学的涓滴效应依然存在争议,但不可否认的是,总是存在部分社会成员难以享受到社会经济发展的成果。因此,快速的经济发展需要强化政府在再分配领域的作用,推动社会弱势群体同样可以参与并享受社会经济发展的成果,城乡低保制度就是这样一种安排。广东强大的经济实力为低保制度的财政投入奠定了坚实的物质基础。新时代以来,广东省政府加大对低保城乡救助资金的财政投入力度,积极调整财政支出结构,实现城乡最低生活保障标准连年增长,低保对象的生活水平也在得到改善。

---

① 参见羊城晚报:《汕头"存心慈善超市"开创扶困新道路》,http://news.sina.com.cn/o/2014-01-23/152129327990.shtml。

② 参见新岭南网:《及时足额发放价格补贴,汕头市全力做好疫情防控期困难群众救助》,http://www.kaoping.org/shantou/202003/890277.html。

第三章　地方实践：新时代广东低保制度的变迁

一、财政投入的时间变化趋势

2014—2017 年，广东省加大对省内欠发达地区的财政支持力度，根据人均财力水平和补助对象人数，将粤东西北等欠发达县（市、区）划分为三类补助地区，省级财政分别按 50%、60%、70% 的比例给予补助。各级财政部门优化和调整财政支出结构，加大最低生活保障资金的财政投入，中央和省级财政最低生活保障补助资金重点向保障任务重、财政困难的地区倾斜，在分配最低生活保障补助资金时，以"以奖代补"的办法和措施，鼓励欠发达经济区积极实施农村低保制度，提升农村最低生活保障水平，努力向实现城乡低保一体化的目标迈进。

作为社会救助制度的主要组成部分，城乡低保制度的完善与经济水平的发展密切相关。新时代以来，伴随中国经济的快速发展，全国的社会保障支出增加，社会救助投入增长，城乡居民最低生活保障标准有了不同程度的提高，对保障城乡低保居民的生活起了重要作用[1]。2013—2018 年，全国城乡低保支出经历了小幅度的下降、上升再下降的趋势，从 1623.6 亿元增加到 1632.1 亿元；占国内生产总值、公共财政支出的比例也在逐年小幅度降低，说明在各项民生工程中，城乡低保所占比重下降；城镇低保支出在逐年减少的同时，农村低保支出反而在逐年增加，这反映出新时代以来，财政支出越来越向农村地区倾斜，农村低保的标准水平也越来越高，中央出台的针对农村低保的制度和开展的一系列农村低保专项治理行动取得了显著成效。

新时代以来，广东省积极出台政策措施优化城乡低保政策制度，推动低保制度发展水平不断提升。从财政投入来看，广东的城乡低保财政投入在逐年增加后出现小幅度下降，财政投入最高峰在 2017 年，为 64.04 亿元；总体来看，城乡低保财政投入占地方生产总值的比重保持平稳，占公共财政支出的比重经历先增长后下降最后趋于平稳的趋势。与全国相比，广东城乡低保支出在地区生产总值和公共财政支出中所占的比重均在全国水平

---

[1] 江树革：《中国低保制度的变迁发展和模式塑造——21 世纪以来中国城乡低保制度的社会变迁》，《社会保障研究》2013 年第 6 期。

之下。本书将浙江和江苏的相应指标加以对照：可以发现，就城乡低保支出的绝对数量而言，广东的水平显著高于浙江和江苏的；但是，在城乡低保支出占地方生产总值的指标上，2017—2018年，广东的占比开始小于浙江，而这之前两者是基本持平的；自2014年以来，广东和江苏的水平则基本保持一致。在城乡低保支出占地方公共财政支出的指标上，新时代以来，广东相比江苏一直处于较低的水平，且自2016年开始逐年低于浙江。总体来看，尽管广东低保财政投入的绝对数量突出，但是和其他经济发展水平相近的兄弟省份相比却显得不足。这与广东本地人口数量庞大，以及区域内经济发展差异较大的现实情况有关。不过，近年来广东在低保财政投入上的提升表现出政府改善民生保障工作的决心。

表3-2-1　2013—2018年全国和粤、苏、浙三省城乡低保财政投入变化

地区		年份					
		2013	2014	2015	2016	2017	2018
全国	国内生产总值/亿元	592963.20	643563.10	688858.20	746395.10	832035.90	919281.10
	公共财政支出/亿元	140212.10	151785.56	175877.77	187755.21	203085.49	220904.13
	城乡低保支出/亿元	1623.60	1592.00	1650.80	1702.40	1692.30	1632.10
	城镇低保支出/亿元	756.70	721.70	719.30	687.90	640.50	575.20
	农村低保支出/亿元	866.90	870.30	931.50	1014.50	1051.80	1056.90
	城乡低保支出占国内生产总值比率/%	0.27	0.25	0.24	0.23	0.21	0.18
	城乡低保支出占公共财政支出比率/%	1.16	1.05	0.94	0.91	0.83	0.74

续上表

地区		年份					
		2013	2014	2015	2016	2017	2018
广东省	地方生产总值/亿元	63357.92	68777.25	73876.37	80666.72	89705.23	97277.77
	公共财政支出/亿元	8411.00	9152.64	12827.80	13446.09	15037.48	15729.26
	城乡低保支出/亿元	47.06	53.27	55.30	61.71	64.31	62.35
	城镇低保支出/亿元	13.05	15.46	15.95	17.77	16.63	14.53
	农村低保支出/亿元	29.39	34.01	37.81	39.35	43.94	47.67
	城乡低保支出占地方生产总值比率/%	0.07	0.08	0.07	0.08	0.07	0.06
	城乡低保支出占公共财政支出比率/%	0.56	0.58	0.43	0.46	0.43	0.40
浙江省	地方生产总值/亿元	37334.64	40023.48	43507.72	47254.04	52403.13	58002.84
	公共财政支出/亿元	4730.47	5159.57	6645.98	6974.25	7530.32	8627.51
	城乡低保支出/亿元	24.32	24.41	26.44	35.10	42.13	45.71
	城镇低保支出/亿元	4.38	4.20	4.49	6.35	13.49	14.55
	农村低保支出/亿元	19.94	20.21	21.95	28.75	28.64	31.16

续上表

地区		年份					
		2013	2014	2015	2016	2017	2018
浙江省	城乡低保支出占地方生产总值比率/%	0.06	0.06	0.06	0.07	0.08	0.08
	城乡低保支出占公共财政支出比率/%	0.51	0.47	0.40	0.50	0.56	0.53
江苏省	地方生产总值/亿元	59349.41	64830.51	71255.93	77350.85	85869.76	93207.55
	公共财政支出/亿元	7798.47	8472.45	9687.58	9981.96	10621.39	11657.35
	城乡低保支出/亿元	47.78	46.73	48.76	50.91	50.91	—
	城镇低保支出/亿元	14.56	14.08	13.79	13.40	12.32	—
	农村低保支出/亿元	33.22	32.65	34.97	37.51	38.59	—
	城乡低保支出占地方生产总值比率/%	0.08	0.07	0.07	0.07	0.06	—
	城乡低保支出占公共财政支出比率/%	0.61	0.55	0.50	0.51	0.48	—

数据来源：根据2014—2019年《中国统计年鉴》《中国民政统计年鉴》，2014—2019年《广东统计年鉴》《广东省国民经济和社会发展统计公报》，2014—2019年《浙江统计年鉴》，2014—2019年《江苏统计年鉴》《社会服务业统计季报表》有关数据整理计算所得；由于2018年江苏省城乡低保支出、城镇低保支出、农村低保支出数据缺失，因此表格内用"—"表示。

第三章 地方实践：新时代广东低保制度的变迁

自2013年广东省出台各项有关低保城乡制度措施以来，广东省城乡低保救助资金投入从2013年的47.06亿元增加到2018年的62.35亿元。

2013—2018年广东省下拨的城乡救助资金连续4年增长，2018年投入的救助资金较2017年有小幅度下降（下降3.04%），这是因为2018年广东省印发的《关于在脱贫攻坚三年行动中切实做好社会救助兜底保障工作的实施意见的通知》，部署在2018—2020年脱贫攻坚三年行动中切实做好社会救助兜底保障工作。随着脱贫攻坚战的深入，通过产业扶持、转移就业等方式，有劳动能力的贫困人口通过自力更生，实现脱贫致富，逐步退出最低生活保障范围，走向全面小康，故2018年全省城乡低保资金投入小幅度下降。值得注意的是，2018年城乡低保覆盖的人数较2017年下降了16.82%（数据可查看本章第三节），资金的下降幅度低于人数的下降幅度，由此可见，低保水平的提高拉高了整体的支出。

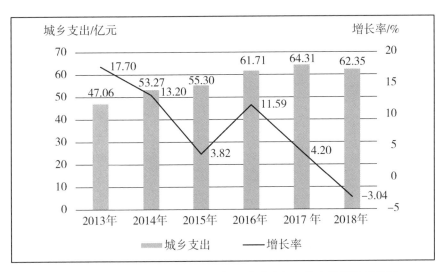

图3-2-1 广东省2013—2018年全省城乡低保资金拨付及增长率

（数据来源：根据2014—2019年《广东统计年鉴》整理）

2013—2018年间，广东省城镇低保救助资金的投入与农村低保救助资金的投入比例几乎都保持在3∶7的水平。在城镇低保救助资金的投入上，呈现前期平稳增加、后期平稳下降的趋势，其中转折点是2016年，这是因为2016年广东省开展的"底线民生精准扶贫三年攻坚"计划,有效改善低保对象的基本生活水平,使其实现脱贫致富,逐步退出最低生活保障范围,实现全面小康。在农村低保救助资金的投入上,从2013年的34.01亿元增长到2018年的47.82亿元,增长了40.61%。特别是2016—2018年,增长的幅度较大,这与2016年开展的"底线民生精准扶贫三年攻坚",全面推进实施农村底线民生保障工作,通过产业扶持和就业扶持帮助实现脱贫行动和2018年开展的"打赢脱贫攻坚战三年"行动,深入开展低保专项治理等有密切关系。

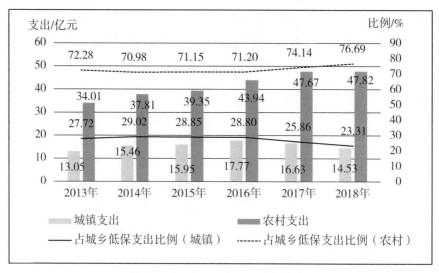

图3-2-2 广东省2013—2018年城镇和农村低保资金拨付情况

(数据来源:根据2014—2019年《广东统计年鉴》有关数据计算整理)

二、区域间财政投入对比

根据广东省区域经济发展不平衡的实际,按各地生活水平和财政承受能力,将城乡低保最低标准的设立划分为四类地区:第一类为广州市、深圳市;第二类为珠海市、佛山市(含顺德区)、东莞市、中山市;第三类为惠州市、江门市、肇庆市(含所辖市、区);第四类为汕头市、韶关市、河

第三章 地方实践：新时代广东低保制度的变迁

源市、梅州市、汕尾市、阳江市、湛江市、茂名市、清远市、潮州市、揭阳市、云浮市、江门市（台山、开平、恩平）、肇庆市所辖县。四类地区2013—2020年每年制定的城乡低保标准和城乡低保补差水平见表3－2－2到表3－2－5。

2013—2020年，一类地区的城镇低保标准从540元增长到1050元，城镇低保补差水平从408元增长到805元，增长率近100%；农村低保标准从477元增长到1050元，低保补差水平从262元增长到619元，增长率超100%。农村的低保标准和补差水平增长率高于城市的低保标准和补差水平。2015年开始，全省一类地区低保标准实现城乡一体化。

表3－2－2 一类地区2013—2020年城乡低保标准比较

单位：元/（人·月）

年份	城乡低保标准		城乡低保补差水平	
	城镇	农村	城镇	农村
2013	540	477	408	262
2014	600	530	447	304
2015	650	650	483	314
2016	745	745	673	483
2017	900	900	727	534
2018	920	920	742	551
2019	980	980	767	573
2020	1050	1050	805	619
2020年相比2013年的倍数	1.94	2.20	1.97	2.36

资料来源：根据2013—2020年《全省城乡低保标准表》有关数据计算整理。

注：1. 城乡低保补差水平是指县（市、区）当月城乡低保资金支出（含分类施保）金额除以当月城乡低保对象人数得出的月人均补差水平。

2. 最低生活保障工作实现城乡一体化的地区，农村补差水平应在该地区农村最低补差水平上适当提高。

2013—2020年，二类地区的城镇低保标准从410元增长到934元，城镇低保补差水平从290元增长到651元，增长率超100%；农村低保标准从398元增长到934元，低保补差水平从210元增长到538元，增长率超100%。农村的低保标准和补差水平增长率略高于城市的低保标准和补差水平。2014年开始，全省二类地区低保标准实现城乡一体化。

表3-2-3 二类地区2013—2020年城乡低保标准比较

单位：元/(人·月)

年份	城乡低保标准		城乡低保补差水平	
	城镇	农村	城镇	农村
2013	410	398	290	210
2014	500	500	369	267
2015	550	550	400	277
2016	610	610	455	382
2017	740	740	528	430
2018	800	800	603	461
2019	865	865	603	498
2020	934	934	651	538
2020年相比2013年的倍数	2.28	2.35	2.24	2.56

资料来源：根据2013—2020年《全省城乡低保标准表》有关数据计算整理。

注：1. 城乡低保补差水平是指县（市、区）当月城乡低保资金支出（含分类施保）金额除以当月城乡低保对象人数得出的月人均补差水平。

2. 最低生活保障工作实现城乡一体化的地区，农村补差水平应在该地区农村最低补差水平上适当提高。

2013—2020年，三类地区的城镇低保标准从344元增长到824元，城镇低保补差水平从250元增长到616元，增长率近150%；农村低保标准从254元增长到824元，低保补差水平从133元增长到459元，增长率超200%。农村的低保标准和补差水平增长率远高于城市的低保标准和补差水

第三章 地方实践：新时代广东低保制度的变迁

平。2016 年开始，全省三类地区低保标准实现城乡一体化。

表 3-2-4 三类地区 2013—2020 年城乡低保标准比较

单位：元/（人·月）

年份	城乡低保标准		城乡低保补差水平	
	城镇	农村	城镇	农村
2013	344	254	250	133
2014	400	310	343	158
2015	520	386	384	186
2016	550	550	435	316
2017	680	680	504	370
2018	700	700	523	390
2019	756	756	565	421
2020	824	824	616	459
2020 年相比 2013 年的倍数	2.40	3.24	2.46	3.45

资料来源：根据 2013—2020 年《全省城乡低保标准表》有关数据计算整理。

注：1. 城乡低保补差水平是指县（市、区）当月城乡低保资金支出（含分类施保）金额除以当月城乡低保对象人数得出的月人均补差水平。

2. 最低生活保障工作实现城乡一体化的地区，农村补差水平应在该地区农村最低补差水平上适当提高。

2013—2020 年，四类地区的城镇低保标准从 275 元增长到 772 元，城镇低保补差水平从 242 元增长到 609 元，增长率超 150%；农村低保标准从 185 元增长到 532 元，低保补差水平从 109 元增长到 276 元，增长率超 150%。农村的低保标准和补差水平增长率与城市的低保标准和补差水平基本持平。

表3-3-5 四类地区2013—2020年城乡低保标准比较

单位：元/(人·月)

年份	城乡低保标准		城乡低保补差水平	
	城镇	农村	城镇	农村
2013	275	185	242	109
2014	370	230	333	147
2015	410	260	374	172
2016	485	335	418	190
2017	580	400	457	206
2018	638	440	503	228
2019	702	484	554	251
2020	772	532	609	276
2020年相比2013年的倍数	2.81	2.88	2.52	2.53

资料来源：根据2013—2020年《全省城乡低保标准表》有关数据计算整理。

注：1. 城乡低保补差水平是指县（市、区）当月城乡低保资金支出（含分类施保）金额除以当月城乡低保对象人数得出的月人均补差水平。

2. 最低生活保障工作实现城乡一体化的地区，农村补差水平应在该地区农村最低补差水平上适当提高。

综合表3-2-2到表3-2-5可知，2013—2020年，随着社会经济发展，低保政策制度的完善，广东省各类地区的城乡低保标准和低保补差水平每年都在增加，农村低保标准和补差水平提升更为明显，这是因为2014年部分地区开始实行城乡低保标准一体化和2016年开展"底线民生三年精准扶贫攻坚"工作，全面实施好农村底线民生保障工作提高了农村低保标准，切实发挥了农村低保在打赢脱贫攻坚战中的兜底保障作用。

对比广东省四类经济地区2013—2020年间城镇低保标准变化情况，各类地区都在逐年稳定增长：一类地区从540元增长到1050元，增长了94%；二类地区从410元增长到934元，增长了128%；三类地区从344元

第三章 地方实践：新时代广东低保制度的变迁

增长到 824 元，增长了 140%；四类地区从 275 元增长到 772 元，增长了 181%，增长幅度为各类经济地区中最大。

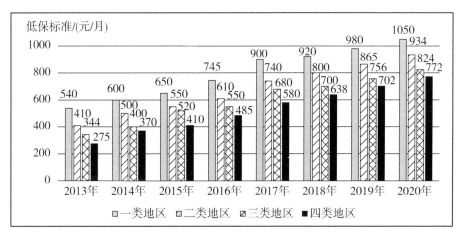

图 3-2-3 2013—2020 年广东省各地区城镇低保标准变化情况

（资料来源：根据 2013—2020 年《全省城乡低保标准表》有关数据计算整理）

广东省各类经济地区城镇低保补差水平也在逐年增长：一类地区从 408 元增长到 805 元；二类地区从 290 元增长到 651 元；三类地区从 250 元增长到 616 元；四类地区从 242 元增长到 609 元。特别是 2016 年和 2017 年增长幅度较大，相较于其他地区的城镇低保补差水平，一类地区的补差水平要高得多，其他三个地区的城镇低保补差水平差距较少。

广东省四类经济地区农村低保标准实现连年增长：一类地区从 477 元增长到 1050 元，增长了 120%；二类地区从 398 元增长到 934 元，增长了 135%；三类地区从 254 元增长到 824 元，增长了 224%；四类地区从 185 元增长到 532 元，增长了 188%。特别是 2016 年，三类地区的农村低保标准增长幅度较大，比 2015 年增长了 42.5%，其他地区增长平稳。

广东省四类经济地区农村补差水平连年增长：一类地区从 262 元增长到 619 元，增长了 136%；二类地区从 210 元增长到 538 元，增长了为 156%；三类地区从 133 元增长到 459 元，增幅最高，为 245%；四类地区从 109 元增长到 276 元，增长了 153%。特别是 2016 年，一类、三类地区的农村低保标准增长幅度较大，与 2015 年同期相比，分别增长了 53.8% 和 69.9%。

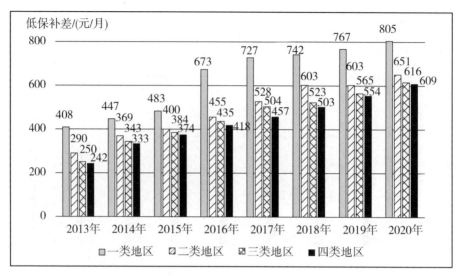

图3-2-4 2013—2020年广东省各地区城镇低保补差水平变化情况

（资料来源：根据2013—2020年《全省城乡低保标准表》有关数据计算整理）

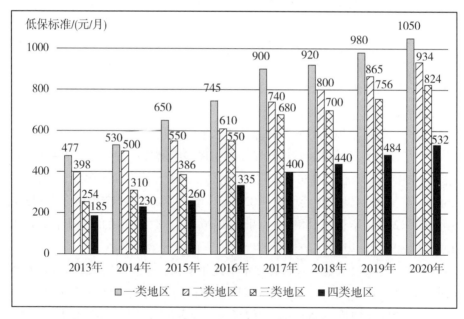

图3-2-5 2013—2020年广东省各地区农村低保标准变化情况

（资料来源：根据2013—2020年《全省城乡低保标准表》有关数据计算整理）

第三章　地方实践：新时代广东低保制度的变迁

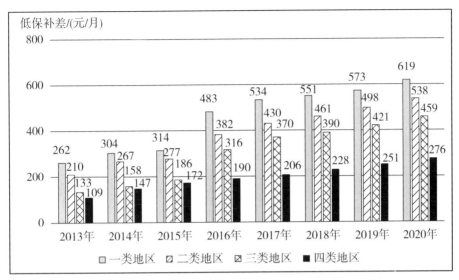

图3-2-6　2013—2020年广东省各地区农村低保补差水平变化情况

（资料来源：根据2013—2020年《全省城乡低保标准表》有关数据计算整理）

综合图3-2-3到图3-2-6可知，2013—2020年，随着社会经济发展，低保政策制度的完善，广东省各类地区的城乡低保标准和低保补差水平连年增长，尤其是2016年、2017年增长幅度较大，各地区之间的城镇低保标准、城镇低保补差水平的差距都在逐渐缩小，这与2016年开展的"底线民生精准扶贫三年攻坚"行动，全面做好社会保障兜底工作有着密切的关系。

三、城市间财政投入对比

由于各地的城乡低保标准不同，低保人数不一，因此各城市间的财政支出也有所差异。从表3-2-6看出，2013—2018年，广东省城乡低保财政支出经历了先稳步增长后下降的过程，峰值为2017年的64.3亿元；广州、深圳、清远三市的财政支出变化相似，经历先减少后增加再减少的过程，峰值分别为2018年的4.94亿元、2017年的0.59亿元、2017年的2.83亿元；珠海、汕头、揭阳、云浮四市的财政支出变化相似，逐年稳步增长，均在2018年达到峰值；佛山、梅州、惠州、汕尾、中山、江门、茂名七市的财政支出变化与广东省的变化相似,经历先稳步增长后下降的过程,除梅州和江门的财政投入峰值出现在 2016 年,其余市的财政投入峰值出现在 2017 年;韶关、河源、东莞、阳江、湛江、肇庆、潮州七市的财政支出变化趋势经历先增加后减少再增加的变化过程。

表 3-2-6 广东省和 21 个城市城乡低保资金投入情况

单位:万元

地方	时间					
	2013 年	2014 年	2015 年	2016 年	2017 年	2018 年
广东省	470565	532682	553022	617139	643100	623506
广州	40109	39176	38693	42647	43976	49392
深圳	4199	3991	5445	5462	5935	5242
珠海	3374	3805	4966	5999	7091	8911
汕头	20583	27844	30544	32100	37870	38125
佛山	14714	14969	15573	16643	20806	15814
韶关	18825	19913	19908	19316	19675	18314
河源	35198	36781	38234	25872	26518	31849
梅州	36094	39449	42507	44554	44407	42734
惠州	25408	28306	28624	34123	33989	27835
汕尾	22279	23789	28546	32461	38644	36026
东莞	8375	10404	10398	7827	9733	9510
中山	3973	4424	4834	5191	7371	6395
江门	15478	18176	20067	39199	23831	23537
阳江	16603	20302	21036	29761	22046	25479
湛江	32017	47362	53762	48517	65381	76184
茂名	25426	36813	46569	48462	54838	45663
肇庆	16067	16771	18411	15725	21346	24202
清远	27000	26227	26336	27257	28268	25423
潮州	13697	15584	15571	14564	14135	15565
揭阳	30056	33136	36850	40508	44004	47000
云浮	12198	14121	16327	17325	20124	20678

资料来源:根据 2014—2019 年《广东统计年鉴》、各个城市 2014—2019 年《统计年鉴》、2014—2019 年《广东民政社会事业季报》有关数据计算整理。

第三章　地方实践：新时代广东低保制度的变迁

第三节　保障水平：提高城乡覆盖率和保障水平

随着广东省经济体制改革的深入，社会救助的重要性进一步增加，城乡低保制度也取得了重大进步。广东省自实施城乡低保制度以来，多次采取"提标、扩面"行动，不断扩大城乡低保保障人群覆盖面，提高低保保障水平，确保更多困难群众受益。

一、城乡最低生活保障水平的时间变迁

2013年，广东省政府出台《关于印发提高我省底线民生保障水平实施方案的通知》，提出了"2014年全省城乡低保补差水平达到全国前十名，2015—2017年保持在全国前十名"的具体目标。2014年，广东省城乡最低生活保障补差水平达到全国第八名，并从2015—2019年一直保持全国第六名，广东省底线民生保障水平大幅提高。

新时代以来，伴随广东经济的发展，社会保障的支出增加，社会救助的投入增长，城乡居民最低生活保障标准有了不同程度的提高，实现连年提升，对保障城乡低保居民的生活起了重要作用。2013—2019年，全国每年的城乡低保平均标准在逐年增加，体现了城乡低保水平的提升。在城镇月人均低保标准方面，从2013年的373元增长到2019年的624元，增长了251元，增长了67%，每年增长率在7%～10%之间，增长平稳。在农村月人均低保标准方面，从203元增长到445元，增长率超过100%，每年的增长率在10%～18%之间。同时，城乡间的低保标准差距总体呈现出缩小趋势。国家出台的《最低生活保障审核审批办法（试行）》《进一步加强农村最低生活保障申请家庭经济状况核查工作的意见》、打赢三年脱贫攻坚战的决定、切实做好社会救助兜底保障工作等政策利好，均在不同程度上推动了城乡低保标准的提升。

2013—2019年（表3-3-1），广东在每年落实低保制度的过程中，城乡低保标准都在逐年增加。在城镇月人均低保标准方面，从2013年的380元

增长到 2019 年的 807 元，增长了 112%。2017 年城镇月人均低保标准增长得最多，比上一年同期增长了 17%。同样在 2017 年，农村月人均低保标准较上一年增长了 83 元，增长率最高，为 19%。在农村月人均低保标准方面，2019 年农村月人均低保标准与 2013 年相比，增长了 366 元，增长率为 136%。同时，与 2013 年相比，2019 年的城镇月人均低保标准和农村月人均低保标准的增长率均超过 100%。随着 2013 年广东省率先在全国颁布《全省城乡低保最低标准制度》，广东开始逐步编密织牢社会救助托底安全网，为低保对象提供基本生活保障。

同时，可以观察到，2013—2019 年间，广东省每年的城乡月人均低保标准的实际水平都在全国低保平均标准之上，城镇的标准之差从 2013 年的 7 元到 2019 年的 183 元，增长了 25 倍；农村的标准之差从 66 元增长到 190 元，增长了 188%，这体现了广东省城乡低保较高的保障水平，有效保障了低保对象的基本生活，真正发挥了社会保障兜底扶贫的作用。

表 3-3-1　2013—2019 年全国低保平均标准和广东省低保实际水平

单位：元/(人·月)

年份	全国低保平均标准		广东省低保实际水平		广东省低保实际水平与全国低保平均标准之差	
	城镇月人均低保标准	农村月人均低保标准	城镇月人均低保标准	农村月人均低保标准	城镇月人均低保标准之差	农村月人均低保标准之差
2013	373	203	380	269	7	66
2014	411	231	455	320	44	89
2015	451	265	514	383	63	118
2016	495	312	576	445	81	133
2017	541	358	675	528	134	170
2018	580	403	749	593	169	190
2019	624	445	807	635	183	190

第三章 地方实践：新时代广东低保制度的变迁

续上表

年份	全国低保平均标准		广东省低保实际水平		广东省低保实际水平与全国低保平均标准之差	
	城镇月人均低保标准	农村月人均低保标准	城镇月人均低保标准	农村月人均低保标准	城镇月人均低保标准之差	农村月人均低保标准之差
2019年比2013年增长的比率	67%	119%	112%	136%	—	—

数据来源：中华人民共和国民政部网站2013—2019年各省份城镇和农村低保标准。

注：1. 全国各省份经济发展水平不一，为与当地经济水平相适应，各省份制定的城乡低保标准不同，因此，全国低保平均标准为全国各省份低保标准的均值。广东省各地是在全省制定的城乡低保最低标准的基础上因地制宜，制定符合各地经济社会发展水平和财力状况的标准，因此，低保实际水平为各地区低保标准的平均值。

2. "—"表示相应年份的数据缺失。

将广东城乡低保的标准与浙江（表3-3-2）和江苏（表3-3-3）进行比较，可以发现，广东的城乡低保标准整体上低于浙江和江苏的水平。具体而言，和浙江对比，广东城镇低保实际水平虽然低于浙江，但是两者之间的差距逐步缩小，趋近于同一水平；然而，农村月人均低保标准则呈现出逐渐扩大的趋势。和江苏对比，广东的城镇月人均低保标准在2016年之前低于江苏，但是自2017年开始已经超出江苏的水平；可在农村月人均低保标准方面，广东则低于江苏，且这种差距整体来看尚未有明显的缩小。通过与经济实力相当的兄弟省份的城乡低保标准水平进行对比，可以发现广东在城乡低保标准方面还存在一定的差距，和其强大的经济实力显得不相匹配。

表 3-3-2　2013—2019 年浙江省低保实际水平和广东省低保实际水平

单位：元/(人·月)

年份	浙江省低保平均标准		广东省低保实际水平		广东省低保实际水平与浙江省低保平均标准之差	
	城镇月人均低保标准	农村月人均低保标准	城镇月人均低保标准	农村月人均低保标准	城镇月人均低保标准之差	农村月人均低保标准之差
2013	515	393	380	269	-135	-124
2014	573	474	455	320	-118	-154
2015	640	557	514	383	-126	-174
2016	674	608	576	445	-98	-163
2017	706	670	675	528	-31	-142
2018	763	757	749	593	-14	-164
2019	811	811	807	635	-4	-176
2019年比2013年增长的比率	57%	106%	112%	136%	—	—

数据来源：中华人民共和国民政部网站 2013—2019 年各省份城镇和农村低保标准。

注："—"表示相应年份的数据缺失。

表 3-3-3　2013—2019 年江苏省低保实际水平和广东省低保实际水平

单位：元/(人·月)

年份	江苏省低保平均标准		广东省低保实际水平		广东省低保实际水平与江苏省低保平均标准之差	
	城镇月人均低保标准	农村月人均低保标准	城镇月人均低保标准	农村月人均低保标准	城镇月人均低保标准之差	农村月人均低保标准之差
2013	485	396	380	269	-105	-73
2014	536	446	455	320	-81	-126
2015	582	503	514	383	-68	-120
2016	611	540	576	445	-35	-95

第三章 地方实践：新时代广东低保制度的变迁

续上表

年份	江苏省低保平均标准		广东省低保实际水平		广东省低保实际水平与江苏省低保平均标准之差	
	城镇月人均低保标准	农村月人均低保标准	城镇月人均低保标准	农村月人均低保标准	城镇月人均低保标准之差	农村月人均低保标准之差
2017	646	596	675	528	29	-68
2018	682	648	749	593	67	-55
2019	718	705	807	635	89	-70
2019年比2013年增长的比率	48%	78%	112%	136%	—	—

数据来源：中华人民共和国民政部网站2013—2019年各省份城镇和农村低保标准。

注："—"表示相应年份的数据缺失。

二、城乡最低生活保障覆盖率的变迁

1999年，国务院开始在全国推广建立城市最低生活保障制度，2002年实现了城镇救助对象全覆盖。2007年6月底，民政部开始在全国部署农村最低生活保障制度，这标志着我国覆盖城乡的最低生活保障制度正式建立。2008年，全国城乡最低生活保障对象"应保尽保"的目标基本实现。2007—2012年，广东省城乡居民最低生活保障人数经历了快速增长到逐渐回落并平稳发展的过程，从176.19万增长到215万，2010年城乡居民最低生活保障人数达到峰值，为224.7万；与2007年同期相比，2008年城乡居民低保人数增长了13.67%。城镇居民最低生活保障人数在2007—2012年保持平稳发展，2012年为37.16万；农村居民最低生活保障人数从2007年的138.3万增长到2012年的177.84万；农村居民最低生活保障人数的增长速度远高于城镇的增长速度。2007—2012年，广东省城乡居民最低生活保障人数占总人口的比率经历了先增长后下降的过程，从2007年的1.86%增长到2012年的2.03%。农村低保人数的快速增长与2007年全国各省份建立农村最低生活保障制度有着密切关系，提升了农村低保的保障水平和覆盖水平[①]。

进入新时代以来，随着中国社会经济发展环境的变化，以及顶层设计对民生保障工作的重视，社会救助制度的重要性进一步增加。城乡低保制度也顺时而变，不断优化，切实提升了政策对象的生活水平。总体来看，我国的低保政策正经历从"保障基本生活"到"促进积极就业"的"发展型社会救助政策"转变，致力于帮助有劳动力的低保对象重返劳动市场，实现主动脱贫[②]。随着社会经济的发展和低保制度的发展完善，中国越来越多的低收入对象因生活改善而退出低保制度，表明国家的低保制度在减贫方面的效果显著。

从城乡居民最低生活保障制度的覆盖率来看，2013—2019年，全国城镇和农村的低保覆盖率都在逐年递减，分别从2013年的2.82%和8.56%减少为2019年的1.01%和6.27%；城镇和农村的低保人数增长率同样呈现逐年递减的态势，尤其是2016—2018年，减少幅度较大，城镇降幅最大达20.14%，农村最大降幅达13.01%。覆盖率和增长率的减少是由于新时代以来国家制定和完善的各项低保政策制度取得了显著成效。2012年年底，民政部印发的《最低生活保障审批审核办法（试行）》明确规定了各项审核审批流程；2013年的《关于建立健全社会救助监督检查长效机制的通知》提升了社会救助水平；2014年制订的《开展社会救助专项整治，提高为民服务水平活动方案》有效整治了"人情保""错保"现象，加快建立并完善"一门受理、协同办理"机制；2015年、2016年印发的《各省（自治区、直辖市）最低生活保障工作绩效评价指标和评价标准》推动了低保制度的落实；2017年的《关于积极推行政府购买服务，加强基层社会救助经办服务能力的意见》有效提高了服务质量和效率；2018—2020年的"打赢脱贫攻坚三年行动"计划充分发挥社会救助在打赢攻坚战上的兜底作用。国家低保政策的重拳出击，有效提升了我国低保对象的生活水平，从而使低保人数缩减。

---

① 数据来源：根据2008—2013年《广东统计年鉴》有关数据计算整理所得。
② 江树革：《中国低保制度的变迁发展和模式塑造——21世纪以来中国城乡低保制度的社会变迁》，《社会保障研究》2013年第6期。

第三章 地方实践：新时代广东低保制度的变迁

表3-3-4 新时代以来全国城乡居民最低生活保障制度覆盖率的变化

指标	年份						
	2013	2014	2015	2016	2017	2018	2019
城乡低保总人数/万人	7452.0	7084.0	6604.7	6066.7	5306.2	4526.1	4317.0
城镇低保总人数/万人	2064.0	1877.0	1701.1	1480.2	1261.0	1007.0	861.0
农村低保总人数/万人	5388.0	5207.0	4903.6	4586.5	4045.2	3519.1	3456.0
城乡低保覆盖率/%	5.48	5.18	4.80	4.39	3.82	3.24	3.08
城镇低保覆盖率/%	2.82	2.51	2.21	1.87	1.55	1.21	1.01
农村低保覆盖率/%	8.56	8.42	8.13	7.78	7.02	6.24	6.27
城乡低保人数增长率/%	5.53	-4.94	-6.77	-8.15	-12.54	-14.70	-4.62
城镇低保人数增长率/%	3.01	-9.06	-9.37	-12.99	-14.81	-20.14	-14.50
农村低保人数增长率/%	8.32	-3.36	-5.83	-6.47	-11.80	-13.01	-1.79

数据来源：根据2014—2019年《中国统计年鉴》《中国民政统计年鉴》、国家统计局门户网站有关数据计算整理所得。

党的十八大报告指出要坚持全覆盖、保基本、多层次、可持续方针，完善社会救助体系，全面建成覆盖城乡居民的社会保障体系。新时代以来，在党的十八大精神理念的引导下，广东省不断出台完善各项低保政策，将低保对象覆盖范围从收入型贫困对象扩大到因病、因残、因学、因事故等刚性支出问题的支出型贫困对象，推动社会保障水平大幅度提升。

新时代以来，广东省城乡居民最低生活保障制度的覆盖率发生了变化。2013—2019年，广东省城乡低保人数在逐年减少，从197.21万减少到

140.38万,城乡低保人数的年均降低率为5.75%,其中,2018年降低的幅度最大,为16.82%;城乡低保覆盖率在逐年小幅度下降,从2013年的2.25%下降到2018年的1.49%(2019年城乡户籍总人口数据缺失,无法计算城乡低保覆盖率);城镇低保人数与农村低保人数的比例从2013年的约1∶5到2019年的1∶8左右,农村低保人数比例的不断上升,反映出农村低保政策落实到位,显现出政策执行的效果,更多农村的困难家庭得到低保救助。城镇低保人数从2013年的33.99万下降到2019年的15.66万,减少18.33万,其中,2018年降幅最大,为24.11%;农村低保人数每年小幅度减少,从163.22万下降到124.71万,其中,2018年降幅最大,为15.68%,但2017年和2019年农村低保人数较上一年同期相比,分别增长了1.12%和0.78%,这是因为2016年开展"底线民生精准扶贫三年攻坚"行动,以全面健全实施好农村底线民生保障工作为主线;2018年开展"打赢脱贫攻坚战三年"行动,深入开展扶贫领域作风问题专项治理行动,开展低保专项治理,多重因素共同推动了农村低保覆盖率的提升。

表3-3-5 新时代以来广东省城乡居民最低生活保障制度覆盖率的变化

指标	年份						
	2013	2014	2015	2016	2017	2018	2019
城乡低保总人数/万人	197.21	190.36	183.30	170.60	169.62	141.09	140.38
城镇低保总人数/万人	33.99	31.60	29.69	25.46	22.85	17.34	15.66
农村低保总人数/万人	163.22	158.76	153.60	145.14	146.77	123.75	124.71
城乡低保覆盖率/%	2.25	2.14	2.03	1.86	1.82	1.49	—
城乡低保人数增长率/%	-8.27	-3.47	-3.71	-6.93	-0.57	-16.82	-0.50
城镇低保人数增长率/%	-8.53	-7.03	-6.04	-14.25	-10.25	-24.11	-9.69

第三章　地方实践：新时代广东低保制度的变迁

续上表

指标	年份						
	2013	2014	2015	2016	2017	2018	2019
农村低保人数增长率/%	-8.22	-2.73	-3.25	-5.51	1.12	-15.68	0.78

数据来源：根据2014—2019年《广东统计年鉴》《2019年广东国民经济和社会发展统计公报》有关数据计算整理所得。

注：广东省2019年城乡户籍总人口、2013—2019年城镇和农村户籍人口数据无法获得，无法计算城镇和农村的低保覆盖率，表中相关缺失数据用"—"表示。

整体来看，与浙江和江苏的城乡低保覆盖率指标相比较，广东的城乡低保覆盖水平表现出一定的优势。2013—2018年，尽管三个省份的城乡低保覆盖率均在逐步下降，但是广东的低保覆盖水平仍然高于浙江和江苏。从城市和乡村分别来看，在城市层面，广东的城镇低保人数下降速度要高于浙江，但是低于江苏；在农村层面也表现出相似的趋势，广东的农村低保人数甚至在2017年出现过正增长的现象。

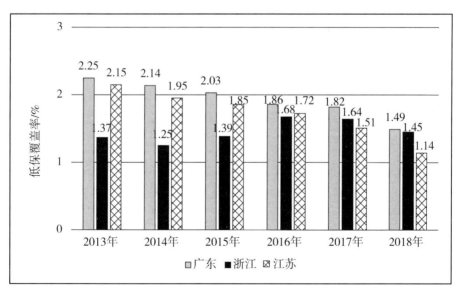

图3-3-1　2013—2018年粤、浙、苏三省城乡低保覆盖率情况

表 3-3-6　2013—2018 年粤、浙、苏三省城乡低保人数增长率

年份	城镇低保人数增长率/%			农村低保人数增长率/%		
	广东	浙江	江苏	广东	浙江	江苏
2013	-8.53	-8.54	-8.78	-8.22	-3.03	-5.75
2014	-7.03	-10.45	-9.18	-2.73	-7.68	-8.28
2015	-6.04	13.84	-8.22	-3.25	10.80	-3.67
2016	-14.25	48.77	-11.51	-5.51	18.52	-5.04
2017	-10.25	103.58	-17.70	1.12	-17.01	-10.97
2018	-24.11	-0.86	-29.27	-15.68	-14.55	-22.84

资料来源：根据 2014—2019 年《广东统计年鉴》《2019 年广东国民经济和社会发展统计公报》，2014—2019 年《浙江统计年鉴》，2014—2019 年《江苏统计年鉴》《江苏社会服务统计季报》有关数据计算整理所得。

总体而言，2013—2019 年，广东省城乡低保保障人数在逐年减少，覆盖率在逐年降低，与全国城乡低保人数增长率、城镇低保人数增长率、农村低保人数增长率、低保覆盖率相比，均在全国低保人数增长率和覆盖率之下。根据相关资料分析，原因有三点。

一是近年来广东经济发展迅速，人民生活水平稳步提升，城乡居民收入增加。2019 年，全年全省居民人均可支配收入 30914 元，比 2018 年增长 8.9%；城镇居民人均可支配收入 48118 元，增长 8.5%；农村居民人均可支配收入 18818 元，比 2018 年增长 9.6%[①]。广东连续 31 年地区生产总值在全国排名第一，经济的发展提升了人民的生活水平，使越来越多低保对象家庭收入在低保标准以上，逐步退出低保范围。

二是 2013 年以来，城乡低保制度不断完善，审核审批程序不断规范，低保目标瞄准机制和低保对象申请家庭经济状况核对机制不断健全，监管机制得到严格落实，改善居民经济状况的核查方式越来越多样，错保率降低，使"关系保""人情保"等现象明显减少[②]。低保信息管理系统的应用

---

① 数据来源：广东统计信息网《2019 年广东省国民经济和社会发展统计公报》。
② 刘凤芹、徐月宾：《谁在享有公共救助资源？——中国农村低保制度的瞄准效果研究》，《公共管理学报》，2016 年第 1 期。

使经济状况查询核对准确率不断提升,使救助更加精准、高效、公平①。对低保对象进行动态管理,及时清退不符合条件的在保对象,使最低生活保障对象人数不断减少,初步实现"应保尽保,应退尽退"的目标。

三是随着脱贫攻坚战的深入,通过产业扶持、转移就业等积极救助方式,提供更多的就业岗位给有劳动能力的贫困人口,让他们实现脱贫致富,逐步退出最低生活保障范围,走向全面小康②。

三、区域间覆盖率对比

根据广东行政区域划分,将广东21个地级市划分为4个区域,分别是珠三角地区、粤东地区、粤西地区和粤北地区。其中,珠三角地区包括9个地级市:广州、佛山、肇庆、中山、珠海、江门、惠州、东莞和深圳;粤东地区包括6个地级市:汕头、潮州、揭阳、汕尾、梅州和河源;粤西地区包括4个地级市:云浮、阳江、茂名和湛江;粤北地区包括2个地级市:清远和韶关。

广东省珠三角地区、粤东地区、粤西地区和粤北地区的社会经济发展状况不同,存在显著的区域差异,加上广东省根据各个地区的不同财政能力给予不同的低保资金支持,因此这4个区域在城乡低保规模和覆盖率上存在明显的差异。一般情况下,地区社会经济发展水平越低,人们生活水平越低,贫困人口比重越大,低保覆盖率也就越大③。

2013—2018年,在广东4个区域中,经济发展水平最高的珠三角地区的城乡低保覆盖率最低,低于广东省的低保覆盖率水平,年均低幅为1.01%;城乡低保人数约占广东省城乡低保人数的20%;珠三角地区的城乡人口比重较大,但城乡低保人数占比较少的原因是,与粤东、粤西和粤北地区经济发展水平相比,珠三角地区经济高水平、高质量发展,人民生

---

① 朱梦冰、李实:《精准扶贫重在精准识别贫困人口——农村低保政策的瞄准效果分析》,《中国社会科学》2017年第9期。
② 邵攀玉:《我国城镇最低生活保障制度覆盖率研究》,硕士学位论文,华中师范大学,2019年。
③ 黄晨熹、邵攀玉:《大陆地区城乡低保规模及覆盖率的变动及其原因初析》,2018年两岸社会福利论坛。

活水平逐渐提高，越来越多的城乡居民生活得到保障，因此纳入低保范围的人数占比与其他 3 个经济区域相比较低。粤东、粤西和粤北地区经济发展水平较珠三角地区相对落后，城乡低保覆盖率较珠三角地区高，基本都在广东省的低保覆盖率水平之上；城乡低保人数在广东省城乡低保人数中的占比从 2013 年的 41%、28% 和 11% 变化到 2018 年的 41%、36% 和 9%，粤东和粤北地区的城乡低保人数减少幅度较大，粤西地区的城乡低保人数变化趋于平稳。

广东省 4 个区域的城乡低保人数从 2013 年起连续 6 年出现负增长趋势，最大下降幅度达到 18.06%。珠三角地区的城乡低保人数从 39.67 万减少到 21.33 万，2018 年低保人数减幅达到 18.06%，是珠三角地区 6 年来下降幅度最大的；城乡低保覆盖率也呈逐年下降的趋势，2013 年和 2018 年下降幅度最大，分别为 23.74% 和 21.33%。粤东地区城乡低保人数自 2013 年持续减少，2014—2015 年减幅较少，2016 年和 2018 年减少幅度最大，分别为 12.59% 和 17.12%；城乡低保覆盖率也从 2.97% 下降到 2.04%。粤西地区的城乡低保人数经历了缓慢降低—增长—降低的趋势，其中，2017 年低保人数最多，为 59.05 万；增长幅度最大，达到 8.93%；低保覆盖率也最高，为 2.64%，增长了 8.64%。粤北地区城乡低保人数和覆盖率在逐年减少，2018 年降幅最大，分别为 16.83% 和 17.62%。

广东省珠三角地区经济社会发展迅速，为人民带来了许多机会和机遇，从而带动城乡居民个人收入增加，生活水平提高，越来越多的低保对象收入在低保标准线以上，从而逐步退出低保范围，因此城乡低保人数和城乡低保覆盖率都远低于粤东、粤西和粤北地区，也远低于广东省平均水平。粤东、粤西和粤北地区经济发展水平较珠三角地区落后，贫困人口比重较大，因此城乡覆盖率较地区高，同时略高于广东省平均水平。

第三章 地方实践：新时代广东低保制度的变迁

表3-3-7 新时代以来广东省4个地区城乡低保人数和覆盖率变化

年份	珠三角地区 城乡低保人数/万人	珠三角地区 低保覆盖率/%	珠三角地区 城乡低保人数增长率/%	珠三角地区 城乡低保覆盖率增长率/%	粤东地区 城乡低保人数/万人	粤东地区 低保覆盖率/%	粤东地区 城乡低保人数增长率/%	粤东地区 城乡低保覆盖率增长率/%	粤西地区 城乡低保人数/万人	粤西地区 低保覆盖率/%	粤西地区 城乡低保人数增长率/%	粤西地区 城乡低保覆盖率增长率/%	粤北地区 城乡低保人数/万人	粤北地区 低保覆盖率/%	粤北地区 城乡低保人数增长率/%	粤北地区 城乡低保覆盖率增长率/%
2013	39.67	1.26			81.00	2.97			55.68	2.61			21.14	2.87		
2014	36.25	1.13	−6.32	−23.74	79.52	2.88	−12.59	−18.60	55.86	2.57	−1.28	−2.61	19.01	2.56	−12.30	−12.77
2015	31.89	0.98	−8.63	−10.32	78.54	2.81	−1.83	−3.03	54.69	2.49	0.32	−1.53	18.26	2.44	−10.08	−10.80
2016	28.29	0.85	−12.01	−13.27	70.80	2.51	−1.23	−2.43	54.21	2.43	−2.09	−3.11	16.77	2.19	−3.95	−4.69
2017	26.03	0.75	−11.29	−13.27	69.63	2.46	−9.85	−10.68	59.05	2.64	−0.88	−2.41	14.91	1.93	−8.16	−10.25
2018	21.33	0.59	−7.99	−11.76	57.71	2.04	−1.65	−1.99	51.49	2.28	8.93	8.64	12.40	1.59	−11.09	−11.87
			−18.06	−21.33			−17.12	−17.07			−12.80	−13.64			−16.83	−17.62

数据来源：根据2014—2019年《广东统计年鉴》《广东社会服务业统计年报》《广东社会服务业统计季报》，2014—2019年各市《统计年鉴》《国民经济和社会发展统计公报》有关数据计算整理所得。

119

第四节　执行机制：供给侧改革提升低保治理绩效

党的十八大和十九大报告相继强调要加强基本公共服务供给侧改革以满足人民的需求，各级政府部门都规划好基本公共服务供给侧改革目标，为人民群众提供生活保障[1]，而要实现这样的目标意味着社会政策需要进行供给侧结构性改革。社会政策的供给侧结构性改革是指基于社会政策的基本特征及其价值追求进行改革，把提高人民生活水平作为最终目的，切实解决民生所需，做到为人民服务[2]。对于低保政策的供给侧改革而言，要立足于保障低保对象基本生存的权益，致力于不断改善其生活水平，充分发挥好低保制度作为兜底性社会保障的作用。

党的十八大报告提出，要"完善社会救助体系，健全社会福利制度"，要"坚持全覆盖、保基本、多层次、可持续方针，全面建成覆盖城乡居民的社会保障体系"。党的十九大报告提出，要加强社会保障体系建设，统筹城乡社会救助体系，完善最低生活保障制度。低保政策作为社会救助政策的核心，作为社会保障的最后一张安全网，发挥着兜底作用和安全阀功能[3]。那么，如何才能有效提高低保政策的治理绩效呢？广东省给出了它的答案。新时代以来，广东省为切实提升低保治理绩效，完善优化相应的低保制度保障机制、执行机制和有效的协作治理机制，深化低保政策供给侧改革，提高全省社会救助服务的质量和有效供给，推动低保制度在打赢脱贫攻坚战和全面建成小康社会中充分发挥兜底性保障作用。

---

[1] 张紧跟：《治理视阈中的基本公共服务供给侧改革》，《探索》2018年第2期。
[2] 贾鑫：《公共政策供给侧视角下浅析我国地方政府政策执行——以W市低保清理整顿工作为例》，《劳动保障世界》2017年第12期。
[3] 岳经纶、翁慧怡：《地方最低生活保障制度研究：广东的案例》，《社会保障研究》2009年第2期。

第三章 地方实践：新时代广东低保制度的变迁

一、信息化建设赋能低保制度治理

随着广东省经济快速增长和底线民生政策不断完善，城乡居民生活水平不断提高，收入、财产来源渠道更加多样化，然而过去传统的入户调查、邻里访问和信函索证等核查手段较为落后，核查时无法精确核实低保调查对象的家庭经济状况，部分申请人瞒报、少报财产收入的情况时有发生，从而出现"人情保""关系保""指标保"等骗取低保救助的不诚信现象，这对社会救助的核对认定水平提出了新的挑战。

2014年，广东省民政部门依托省政务信息资源共享平台，实现与公安、人力资源社会保障、国土资源、住房城乡建设、农业、金融、保险、工商、税务等12个部门和银行、证券等机构的数据互通、资源共享，对低保调查对象的户籍、收入、财产状况等信息进行全方位、多层次核查比对。其中，户籍信息由公安、民政部门提供；收入信息由人力资源和社会保障、税务、住房和城乡建设部门及金融机构提供；财产信息由住房和城乡建设、公安、税务、工商部门及金融机构等提供。依托低保信息管理系统，广东省民政部门对所有申请最低生活保障的家庭全部进行家庭经济状况的信息化查询核对。自2014年系统上线以来，共为417万人次出具了经济状况核对报告，筛选出约36万人次不符合救助条件，检出率为9.16%[①]。

将核对认定结果和在保家庭信息与其他社会救助业务主管部门实现信息共享，是确保认定公平性和准确性的有效途径。首先，公平、高效、精准的核对认定能力能有效解决低保调查对象"申请难""认定难"的问题，解决各项救助"碎片化"的问题，避免重复救助，遏制"人情保""关系保""指标保"等恶劣现象；其次，实行可进可退的进出机制，能及时将符合救助条件的低保对象纳入低保范围，应保尽保，同时对已经不符合低保条件的低保对象逐步减少补助标准或退出低保，应退尽退，实现低保对象常态化的动态管理；最后，信息管理系统化能有效减少各部门冗余的信息录入量，降低入户调查人员的工作负担，使基层工作人员将有限的时间和

---

① 数据来源：调研数据。

精力投入更有针对性的工作之中，让信息化核对与入户调查优势互补、各司其职。

与此同时，依托省救助信息管理系统，实现与"粤省事"、基层综合办事大厅、网上办事大厅等信息化平台衔接，提供"一门式""一网式"救助申请及网上预约服务，将互联网与社会救助工作深度融合，首创电子授权模式。2019年年底，广东省依托"粤省事"微信小程序，开发建设了最低生活保障、特困人员救助供养在线申请功能，并在深圳、肇庆、清远、惠州4个地市试点使用。2020年新型冠状病毒肺炎疫情期间，省民政厅将在线办理社会救助业务的覆盖范围从原来4个试点城市扩展至全省，让困难群众足不出户就能申请社会救助，只需要花10分钟就能完成低保在线申请。信息化管理系统的建设提升了救助申请、审批审核的效率，从过去困难群众办事跑多个部门到"只进一扇门""最多跑一次"，再到现在"零跑腿""足不出户"。截至目前，群众可"掌上办理"83项民政业务，超过70%的服务实现"零跑动"，极大优化了救助业务服务流程，保障了社会救助服务的畅通。①

此外，针对人口迁移范围广泛、城乡流动加速而出现的人户分离、人户不一致等情况，广东省于2019年在全国率先明确了低保异地办理的流程，实现社会救助预约办理、申请、经济状况核对、受理、入户调查、公示、民主评议、审批、备案、动态管理等全流程信息化，做到"信息多流动、群众少跑腿"，大大提高工作效率和救助的精准度，能有效防止"人情保"等问题，做到真正的便民利民。广东省出台的《广东省最低生活保障制度实施办法》，明确了异地申请办理流程，申请人可在全省任一社会救助窗口办理最低生活保障的申请，推进社会救助异地申请工作，实现全省范围内的救助异地申请，使社会救助覆盖更多困难群众。

二、服务供给主体从单一走向多元

进入新时代以前，广东省基层民政部门在执行低保核查工作时需要耗

---

① 数据来源：广东省民政厅网站。

第三章 地方实践：新时代广东低保制度的变迁

费大量的时间和人力成本入户核查，然而有时候部分乡镇民政干部人员数量少，甚至1个乡镇只有1名民政干部人员，导致干部人员身兼数职，入户核查任务量巨大；有时候基层民政干部人员岗位变动大，人员流动大，导致民政工作缺乏连续性和专业性，难以保障工作效率和工作质量，不利于低保工作的正常开展。不可否认，广东政府部门一直在社会救助体系中扮演主角，社会救助的效果也很显著，城乡低保平稳运行，但是单靠政府的力量来负责低保服务的生产和递送显然是不够的，如以往政府在低保对象认定工作中既是"运动员"又是"裁判员"，导致出现了"人情保""关系保"等现象。因此，要化解社会救助工作中的困境，同时帮助困难群体真正走出生活、就业、教育的困境，还应考虑引入社会力量。相对于传统的单一政府救助，社会力量参与社会救助有其天然的优势，能够多方整合资源，灵活性高，可提供专业化的救助服务。

国际经验也表明，社会救助服务在预防和对抗贫困、保障弱势群体生活质量等方面发挥着重要作用[①]。为解决基层社会救助工作力量不足，提高全省社会救助服务质量，广东省出台和完善各项低保政策，积极优化低保政策的保障机制和低保服务的供给机制。2014年，广东省民政厅和财政厅发出《关于通过购买服务解决社会救助等民政业务服务人员的通知》（以下简称《通知》），明确规定通过政府购买服务的方式，实行公开招聘、择优录用的原则，各市、县（市、区）按照"统一招聘、统一管理，乡镇（街道）使用"的模式，聘用社会救助专职服务人员，充实基层社会救助等民政业务服务力量，确保社会救助工作"管得住"、救助对象"保得准"、补助资金"用得好"。《通知》的制定为广东省各地市实行低保服务供给的政府购买实践打好样板，各地市根据经济发展水平和财政标准等方面因地制宜，制定符合各地市特点的购买服务政策。2017年10月出台的《广东省社会救助条例》明确规定县级以上人民政府可将社会救助中的具体服务事项通过委托、承包等方式，向社会力量购买社会服务，社会救助管理部门依据本级政府向社会力量购买服务指导目录，及时确定并公布本部门向社会力量购买服务的具体项目目录。2018年12月，广东省出台《关于积极推行

---

① 岳经纶：《政府购买社会救助服务现状、问题与对策建议》，《中国民政》2020年第5期。

政府购买服务加强基层社会救助经办服务能力的实施意见》，随后 3 月出台《关于〈积极推行政府购买服务加强基层社会救助经办服务能力的实施意见〉的实施方案》，政府通过采用公开招标购买专业的社会力量的方式，为困难群众提供高质量的救助服务。这些措施有效推动了社会救助领域政府职能的转变，显著提升了社会救助资金的使用效果，为打赢脱贫攻坚战和全面建成小康社会奠定了坚实基础。

广东省积极推行政府购买服务，各市每年依据本级政府向社会力量购买服务指导目录，通过公开招标、竞争性磋商等方式购买服务，聘用劳务派遣的社会救助服务人员，同时创新公共服务提供方式，提高低保服务质量。具体而言，通过引入第三方机构参加低保核查评估工作，参与低保对象的入户调查、评估等工作，让社工对申请者进行面谈或入户调查，对申请者的状况进行评估，确保数据收集的质量。社工的专业优势可以使受助对象在获得物质方面救助的同时，得到精神方面的提升和社会功能的恢复，直至摆脱生活困境或减轻困境，从而缓解社会救助对象对福利的依赖[1]。

案例 3-4-1[2]

中山市东凤镇坚持"两手抓、两落实"，通过购买服务聘用低保服务执行人员，在 2020 年新型冠状病毒肺炎疫情防控期间，聚焦政府兜底救助对象、因疫致困居民等弱势群体，积极落实救助工作精神，努力保障困难群众的基本生活。通过社工微信群、村（社区）公众号、电话等线上平台，及时向困难群众推送市镇疫情防控安排，宣传疫情防控知识，组织村镇民政干部、社工、志愿者定期上门走访低保及低收入群体等需要帮扶的群众，送上防疫物资，为有需要的困难家庭代购生活用品等，努力保障低保对象的基本生活。

---

[1] 岳经纶、刘喜堂、李琴等：《当代中国社会救助制度机遇与挑战》，人民出版社，2016 年。
[2] 来源于广东省民政厅：http://smzt.gd.gov.cn/zwzt/yqfk/dfmzbmdt/content/post_2977530.html。

第三章 地方实践：新时代广东低保制度的变迁

案例 3-4-2[①]

茂名市河西街道的对一个"黑户"家庭的救助工作荣获"2019年度广东省社会工作优秀案例"。低保服务人员帮扶救助对象时，首先深入了解对象的家庭状况，得知服务对象育有三儿一女，在为孩子办理户口的过程中需要一大笔费用做亲子鉴定，由于家境贫困，无法给孩子上户口。服务人员通过链接当地资源，用募捐等方式为服务对象家庭解决了孩子入户和教育的问题；积极运用惠民政策，协助服务对象申请低保，缓解经济压力，保障了家庭的基本生活需求；为服务对象提供积极的心理疏导和人文关怀，让服务对象家庭感受到温暖，收获生活的希望。

案例 3-4-3

广州市海珠区社保中心近年来大力推进经办服务标准化、规范化和信息化建设，获评"2019年度广州市最高四星级社会保险经办服务管理机构"。自2016年起逐步将所有高频个人业务下沉至街道，通过政府购买服务聘请的低保服务工作人员在社保中心的服务窗口做好经办服务工作，打通群众办事"最后一公里"，同时依托"海珠政务"微信平台推出社保业务微信办理，实现办事"零跑腿"。截至2020年4月，已有31项社保业务通过微信线上办理，共处理业务1.3万余件[②]，提升了便民服务能力。

---

① 参见广东省民政厅：http://smzt.gd.gov.cn/zwzt/sgdwjs/sndt/content/post_2963579.html。
② 数据来源：广州市海珠区人民政府网站。

三、制度执行的人力资源配置优化

2014年以来,广东省积极推行政府购买服务,加强基层社会救助经办服务能力。民政部门注重低保制度执行工作队伍的建设,通过公开招标、邀请招标、竞争性谈判、竞争性磋商等方式确定承接主体,同时建立健全由购买主体、服务对象及第三方组成的综合性评价机制,就服务成效、项目管理、社会影响等多方面内容,加强对购买社会救助服务工作的绩效评价。

各地市民政部门强调低保制度执行工作的人才队伍建设,通过发挥党建引领作用,筑牢社会救助购买服务人员的意识形态防线;全面贯彻落实《关于加强人才队伍建设打造创新人才高地的行动方案》,实施人才队伍专业化培养工程,充分发挥低保制度执行工作人员的专业优势,引导专业人才以社区为平台、以家庭为载体,为最低生活保障对象、特困人员等帮扶对象开展需求评估,协助落实政府各项保障服务政策,提供心理疏导、人文关怀、能力提升等专业服务[1];注重对社会救助购买服务人员的教育、培训、管理和工作绩效考核,通过建立优胜劣汰、激励先进、清退后进的动态管理机制,加强低保制度执行工作队伍的质量,不断提升服务人员的服务水平和质量,努力打造一支能摸清服务对象、协助落实政策、提供专业服务的低保制度执行工作队伍。

从2014年的要求原则上各市、县(市、区)应指定1~3名社会救助专职工作或服务人员,各乡镇(街道)至少要指定1名社会救助专职工作或服务人员,到2018年《关于积极推行政府购买服务加强基层社会救助经办服务能力的实施意见》要求的各县(市、区)民政局所在辖区内救助对象在3000户以下的至少配备2名服务人员,3000~5000户的至少配备4名,5000~8000户的至少配备6名[2],8000户以上的至少配备10名;乡

---

[1] 来源于广东省民政"十四五"规划报告(内部资料)。
[2] 参见广东省民政厅官方网站:《广东积极推行政府购买服务 加强基层社会救助经办服务能力》。

第三章 地方实践：新时代广东低保制度的变迁

镇政府（街道办事处）辖区内救助对象在300户以下的至少配备2名服务人员，300～600户的至少配备4名，600户以上的至少配备6名。服务人员的队伍规模日益壮大，服务人员的专业化程度也越来越高。服务人员原则上要求具有全日制大专及以上学历，熟悉计算机操作和基层情况，有较好的思想政治素质和职业道德，有较强的责任心和一定的工作能力。服务人员的工资标准原则上按照珠江三角洲地区每人每年不低于8万元，粤东西北地区每人每年不低于5万元，并逐步建立起较完善的工资层级及晋升制度，激励服务人员提升服务质量和水平。

第四章 推陈出新：广东低保家庭目标瞄准的改革

选择性社会救助的核心问题在于如何识别出社会成员中的受益对象，即真正需要帮助的人。由于政府拥有的资源依然相对稀缺，因此，识别的精准性直接影响到救助资源的有效配置。最初对贫困的认知是从收入角度来进行界定的，目前国内外在贫困治理中广泛使用的贫困线也来源于这样的界定。随着对贫困问题认知的逐渐深入，收入已经不再成为界定贫困的唯一要素，权利、知识、能力、人力资源等都进一步丰富着贫困的内涵，同时也改变了对贫困群体的识别方法。在中国的城乡低保制度中，单一收入核查目前是制度执行中采用的主要方法，这种以收入为主要衡量标准的瞄准方法从理论上来讲是最精确的，但是运用该方法所需要付出的成本和对信息的要求同样也是比较高的。我国尚未建立起健全的收入申报制度，且在广大农村地区，农业生产的不确定性、非正规就业收入的不稳定性等都使政策执行部分进行收入核查的难度陡增；同时，单一收入核查也难以识别家庭的教育、医疗等刚性支出，无论是从低保制定部门还是申请对象的角度来看，该方法的政策执行成本都较高。对此，广东开始寻求可替代的低保目标瞄准方法，通过渐进式的政策创新，探索出一套多维度的准家计代理指标识别体系。崭新的识别方法不仅体现了广东作为改革前沿阵地的社会政策理念创新，关键是实现了低保救助对象及其致贫原因的识别，为低保制度效能的转化提供了方法支撑。

第一节 低保单一收入核查的问题识别

从实践层面来看，过去识别低保对象主要关注的是"收入型"贫困，

第四章　推陈出新：广东低保家庭目标瞄准的改革

对低保家庭的测量认定主要以收入为单一视角，通过制定"收入线"考察低保对象的家庭收入状况，进而判断申请对象是否符合低保标准[①]。尽管从理论层面讲，收入核查认定是最为精准的识别方法，但是囿于对信息质量的高要求，采取单一收入维度对低保申请对象进行核查的机制往往容易产生目标瞄准的偏差，如"关系保""人情保""错保""漏保""易进难出"等政策走样问题的存在，不但无法有效发挥低保制度兜底保障的基础性作用，还可能导致人群之间的分化和矛盾，对社会秩序的稳定产生消极影响。

一、单一收入核查的藏匿性较强

既有的低保政策明确规定，在执行家计调查的过程中，管理审核人员可以通过入户调查、邻里访问及信函索证等方式调查核实最低生活保障申请家庭成员的家庭收入状况、家庭财产状况和家庭结构，从而确定调查对象是否可以被纳入低保范围。在实际操作中，即便基层工作人员通过入户调查的方式对低保对象家庭的收入证明和家庭生活状况进行核查，也难以取得满意的效果。主要是当前我国尚未建立起健全的收入申报和信息核查体系，导致低保对象家庭成员的收入难以核定，尤其是在广大农村地区，家庭成员收入来源多元化且存在不确定性。其结果是当管理审核人员对低保对象家庭成员进行入户调查时，可能会存在调查对象隐瞒家庭经济状况的情况，管理审核人员又难以甄别低保申请对象是否存在瞒报、少报个人收入的行为，容易导致低保目标瞄准出现偏差。

2013年，广东省出台的最低生活保障政策规定，最低生活保障金以与最低生活保障标准补差的形式发放，部分调查对象有可能为了多领取低保补贴金，在实际调查时并未告知所有收入的真实来源，有意以各种理由隐瞒实际收入，比如门面出租、房屋出租、外地务工的收入等，审核人员无法具体核实和统计；也有可能部分调查对象并非真正的最低生活保障的救助对象，他们为了享受低保政策而故意隐瞒收入甚至伪造收入，强行挤入最低生活保障

---

① 刘丽娟：《精准扶贫视域下的城乡低保瞄准机制研究》，《社会保障研究》2018年第1期。

对象的行列，造成恶劣影响①。特别是在农村，这种隐匿现象更常见。由于生活在农村的人拥有一定的生产资料，比如种植果树的果园、养殖水产的池塘、种植农作物的田地、猪牛羊鸡鸭鹅等牲畜和家禽、自有住房等，生产资料的价值缺乏统一的鉴定标准。因此进行入户调查时，即使调查对象有意瞒报或者虚报，审核人员也很难进行审核，易产生"保不应保"的瞄准偏差现象。

  为了严厉打击这种骗保的恶劣行为，2014年，广东省出台的《广东省最低生活保障申请家庭经济状况核对及认定暂行办法》规定，申请人要如实提供个人信息，不得隐瞒和虚报，若发现弄虚作假或隐瞒实际财产状况，一经查实，立即取消待遇并追回之前冒领的保障金，相关信息记入诚信体系；经办人员滥用职权、徇私舞弊的，根据相关规定给予处分或追究法律责任。在此基础上，2017年出台的《广东省社会救助条例》、2019年出台的《广东省最低生活保障制度实施办法》等低保政策明确规定，采取虚报、隐瞒、伪造等手段，骗取最低生活保障金的，由审批机关取消其最低生活保障对象身份，责令退回非法获取的低保金，相关情况依照国家和省有关规定记入当事人信用档案，并通过公共信用信息共享平台予以公开；情节严重的，处骗取金额1倍以上3倍以下罚款；构成违反治安管理行为的，依法给予治安管理处罚②。

> **案例4-1-1**③
>
>   2013年5月，广东省某县某镇某村委会原委员麦某利用个人职务之便，在基层民政干部入户调查和审核材料时，故意隐瞒其母亲杨某的家庭成员、家庭经济收入等情况，填写虚假申报材料，为其母骗取最低生活保障补助资金2616元。此外，2013—2015年，该村违规评定低保户63人，涉及低保补助资金10万余元。

---

① 韩克庆、刘喜堂：《城市低保制度的研究现状、问题与对策》，《社会科学》2008年第11期。
② 参见广东省人民政府官网，http://www.gd.gov.cn/zwgk/wjk/qbwj/yfl/content/post_2539733.html。
③ 参见南方日报：《扶贫领域的腐败：广东一村干部骗取低保补助金》，http://www.myzaker.com/article/5a34c8491bc8e03543000103/。

第四章　推陈出新：广东低保家庭目标瞄准的改革

> 2017年2月，县纪委监察局根据群众举报开展调查，但工作不深入，未发现存在的问题。麦某受到留党察看1年处分，相关办案人员由于工作不深入细致，依法给予处置。

可以发现，单一收入核查机制的藏匿性主要是由既有信息核查体系建设的不足和家计调查方法对信息的高要求之间的差距造成的。即便基层工作人员能够逐个进行入户核查，但是其信息的获取主要通过与调查对象互动实现；与此同时，又缺乏来自第三方的收入或纳税记录来进行核实，这就容易导致被调查对象主动隐匿家庭的真实经济状况，从而获得低保救助的资格，低保制度执行过程中的"骗保"现象便反映了这一问题。

二、收入的周期性变化难以把控

周期性是时间序列中呈现出来的围绕长期趋势的一种波浪形或振荡式变动。周期性通常是由商业和经济活动引起的，它不同于趋势变动，不是朝着单一方向的持续运动，而是涨落相间的交替波动，波动周期长短不一。周期性通常是由经济环境的变化引起的[①]，收入的周期性变化意指在时间序列中，收入呈现出围绕长期趋势发生的波动。

2017年，广东省出台的《广东省社会救助条例》明确规定，县级人民政府民政部门及乡镇人民政府、街道办事处应当每年至少1次对已获得最低生活保障家庭进行入户调查核实。然而，在现实情况下，当基层民政管理审核人员采用传统的家计调查方式进行入户调查和审核调查时，通常只能了解到在特定时间内调查对象的家庭状况、家庭收入和家庭财产。由于基层民政干部人员配备数量少，有时候民政干部身兼数职，加上入户调查审核的低保调查对象人数巨大，他们难以保证每年至少1次入户调查核实，往往缺乏长期追踪管理、动态更新低保对象家庭情况的长效监督机制，无法长期有效了解调查对象的收入情况，对调查对象的一些周期性收入难以进行核查。收入的周期

---

① 贾俊平、何晓群、金勇：《统计学（第四版）》，中国人民大学出版社，2009年。

性变化难以把控,也会导致低保目标瞄准出现偏差,容易出现"应保未保"("漏保")和"保不应保"("错保")的现象。

案例 4-1-2

假设佛山某年的低保标准为 510 元;共同生活的家庭成员名下金融资产的人均金额(市值)、名下人均存款不超过 6 个月低保标准,即 3060 元;共同生活的家庭成员名下均无机动车辆(残疾人代步车、摩托车除外);以近 6 个月的平均数计,共同生活的家庭成员人均可支配收入不高于当地月低保标准;共同生活的家庭成员名下产权房屋总计不超过 1 套。

某家庭一家四口,户主为低保申请人,身体健康,每月退休金为 300 元;育有 2 个儿子和 1 个女儿,均为成年劳动力。大儿子打散工,每月收入 500 元;二儿子进城务工,每月收入 800 元;小女儿做家政劳动,每月收入 300 元。每年 12 月村里分红,每人可得 200 元。

审核人员每年的 1 月、2 月进行入户调查并复核,该调查对象家庭在核对的近 6 个月中,获得分红的那个月家庭成员人均月收入高于当地低保标准,但其余月份人均月收入均低于当地低保标准。由于不符合核对标准,因此不能被纳为低保对象家庭。

该案例中,低保申请家庭的收入存在着周期性变化,每年 12 月村里都会分红,但是在其他的 11 个月中,该家庭的人均月收入均在低保标准水平以下,应当给予低保救助,却因为每年的分红无法获得低保救助。

基于单一收入核查机制,低保核查和管理存在低保对象瞄准偏差的问题,调查对象拥有的部分周期性变化收入难以在基层民政干部入户调查时把控好,无法有效识别真正需要帮助的申请对象。

三、单一指标刚性支出无法识别

贫困是一个多维状态,低收入和高支出是衡量贫困的两个维度。在通

第四章 推陈出新:广东低保家庭目标瞄准的改革

过单一指标识别低保对象的制度下,依赖传统的收入识别维度,仅关注"收入型贫困"家庭,聚焦低于国家最低生活保障标准线之下的贫困人群,提供维持其基本生活水平的收入救助。但随着对贫困内涵认识的深入和社会政策理念的转型,建立在单一核对收入基础上低保对象瞄准政策逐渐显现不足,体现在"支出型贫困"家庭因不符合单一指标识别要求,难以获得有效救助和帮扶[①]。与"收入型贫困"家庭不同的是,"支出型贫困"低保对象的最大困难往往不在于收入,而在于支出,主要用于教育、住房、医疗等方面,造成刚性支出负担过重。比如,低保申请对象家庭的共同生活成员人均月收入在最低生活保障标准以上,为非"收入型贫困"家庭,但是如果该共同生活家庭成员中有重度残疾、身患重病、接受教育的未成年子女,那么这些家庭在疾病治疗、子女教育、重大事故等方面刚性支出过大,将造成家庭负担过重,导致入不敷出,从而无法保障其基本生活水平。虽然他们非"收入型贫困"家庭,但他们作为"支出型贫困"家庭,却无法享受最低生活保障制度,无法获得及时有效的救助。由此可见,单一指标的低保核查无法有效识别刚性支出,导致很多需要最低生活保障救助的困难家庭无法真正获得帮助。

案例 4-1-3

假设某年江门市蓬江区城乡低保标准为 380 元,凡低保申请对象的共同生活家庭成员月人均收入低于当地最低生活保障标准且符合《广东省城乡居(村)民最低生活保障制度实施办法》规定,可被纳入低保范围。

某家庭一家四口,低保申请人 67 岁,患长期慢性病,每月退休金为 300 元,育有 2 个儿子和 1 个女儿,均已成年且健康。大儿子在邻镇开

---

① 管庆旭、毛卫兵、符璨等:《农村支出型贫困家庭经济状况核对研究——基于四川省的调查》,《社会政策研究》2019 年第 1 期。

> 小卖部，有一定经营收入，月均收入600元。小儿子在本地乡镇企业工作，有固定收入，月收入1200元。女儿婚后在外地生活，主要从事家政劳动。低保申请人患有慢性病，每月需要1200元医药费进行治疗。
>
> 在该案例中，低保申请对象的共同生活家庭成员人均收入为700元，高于当地380元的城乡低保标准，采用单一核查机制，仅识别"支出型贫困"家庭时，该家庭并不符合低保制度规定，不能被纳入低保对象。然而，低保申请人患有长期慢性病，每月需要1200元医药费，通过扣除这一刚性支出，该家庭的人均月收入仅为300元。但是，这一因病致贫的刚性支出却无法通过单一核查机制识别出来，导致该家庭不能获得及时有效的社会救助。

单一收入识别指标关注的是"收入型贫困"家庭，他们只需要满足日常衣食住行的消费需求，低保政策制度为他们提供低保救助资金，保障了"收入型贫困"家庭的基本生活。然而，这种低保目标瞄准机制遗漏了相当一部分应该纳入低保范围的家庭，"支出型贫困"家庭不仅要满足日常的衣食住行消费需求，他们在因病、因残、因学等方面的刚性支出更大，这种家庭的月人均收入虽然高于低保标准水平，但是往往入不敷出，基本生活难以得到保障，造成"应保未保"的现象。因此，单一收入识别指标无法识别出刚性支出，由此衍生出低保瞄准偏差的问题。

四、单一收入核查执行成本较高

从实践层面来看，过去识别低保对象主要是采用收入瞄准方法，即县级人民政府民政部门及乡镇人民政府、街道办事处应当对已获得最低生活保障家庭的人口状况、收入状况、财产状况进行定期复核，经济状况信息化核对每半年至少进行1次，入户调查核实每年至少进行1次，通过入户核查的方式最大限度地防止"保不应保"和"应保未保"的现象发生。

然而，这也产生了诸多不利影响，由于面对的是千家万户的低保家庭，因此，政府部门需要耗费大量的时间成本和人力成本定期进行入户核查，

第四章　推陈出新：广东低保家庭目标瞄准的改革

工作量大。有时候部分乡镇民政干部人员数量少，有的镇上只有1名民政干部，这些民政干部身兼数职，核查任务量巨大；而有的人员岗位变动大，人事岗位调动前工作没有对接好，导致工作缺乏连续性，不利于低保工作的正常开展。高执行成本往往导致低效率执行效果，这背离了政策的初衷。

基层民政人少事多的矛盾十分突出，又未建立健全动态管理机制，未能及时清退经审查核对后不符合低保条件的对象，也未能及时纳入经审查核对后符合低保条件的对象，导致低保对象信息管理不同步。有时候，调查员在调研过程中发现许多低保户通过扶贫政策，其家庭收入已经超过低保线，符合退保条件的情况，但未及时对不符合低保条件的对象进行停保或取消，也未及时对死亡或婚嫁外迁的进行调整退出，出现"保不应保"现象。

值得注意的是，单一收入核查机制也在一定程度上增加了低保救助申请对象的行政负担。2014年广东省颁布的《广东省最低生活保障申请家庭经济状况核对及认定暂行办法》规定，符合低保资格的申请对象要向户籍所在地的乡镇人民政府（街道办事处）提出申请，同时书面申报相关情况，签署《申请最低生活保障家庭经济状况核对授权书》，接受乡镇人民政府（街道办事处）对其家庭状况进行核对及定期复核，并对入户调查和审核结果进行公示，接受群众监督。随后，2017年出台的《广东省社会救助条例》规定，最低生活保障家庭应主动向乡镇人民政府（街道办事处）申报自己的人口状况、收入状况和财产变化等，县级人民政府民政部门每年要进行随机抽查。这些对于低保对象而言，无疑是一次巨大的行政负担，他们需要重新提交更多的资料，接受更多的入户调查和随机抽查。

五、单一指标的城乡适用性差异

城镇和农村的社会经济发展状况不同，人民生活水平的层次不同，如果运用完全一致的指标体系识别低保对象，将会出现适用性问题，容易造成低保目标瞄准偏差。

一是家庭收入维度。由于城乡经济发展水平不同，城镇低保对象和农村低保对象的收入存在很大差异，较农村经济发展，城镇社会经济发展的水平较高，工资收入等也高于农村，但与此同时，城镇的消费水平也比农村的要高，因此通过单一收入指标识别城镇和农村低保对象，容易产生瞄准偏差。一些城镇低保申请对象的共同生活家庭成员人均月工资收入虽然略高于当地最低生活保障标准，但是他们的支出型费用很高，这些家庭的生活水平属于低保标准以下，却"应保未保"；一些农村低保申请对象的共同生活家庭成员人均月工资收入虽然低于当地最低生活保障标准，但是家庭拥有耕地、牲畜等生产资料，生活水平达到低保标准以上，却"保不应保"。城镇和农村具有不同的贫困特征，在进行核查时要加以区分。

二是家庭结构维度。城镇和农村的家庭状况在最低生活保障申请对象的共同生活家庭成员中重度残疾人数、重病患者数、劳动力数，以及住房等方面存在差异。一般情况下，农村低保家庭的重度残疾人、重病患者较多，缺乏劳动力或者劳动能力水平低下[1]，居住的环境较差，若采用单一收入指标识别城乡低保对象，容易造成偏差。因此，无论是识别城镇低保对象还是识别农村低保对象，都不能一概而论，要根据城镇和农村的经济发展情况，因地制宜，制定符合各自实际情况的低保对象目标识别体系。

第二节 低保目标瞄准手段创新的政策过程

新时代以来，广东省最低生活保障制度持续优化，保障标准不断提高，低保对象的生活水平也在不断提升。然而，在城乡最低生活保障制度建设取得显著成效的同时，新的问题也开始突显。在低保政策执行过程中，通过单一指标识别低保人口的"收入型贫困"存在较大的目标瞄准偏误，导致政策落地时容易出现"少保""骗保"等执行偏差问题，背离了低保制度的公平价值理念。为了更好地发挥低保制度的治理效能，广东省开始从低保目标的瞄准方法改革入手，联合高校研究团队进行低保对象识别体系的方案设计，在反复论证的基础上，综合考虑政策执行成本等因素，最终确立了一套崭新的代理家计指标识别体系。

---

[1] 胡绍雨：《最低生活保障与财政支出结构调整》，《财会研究》2019年第6期。

第四章　推陈出新：广东低保家庭目标瞄准的改革

一、政策方案设计：广东城乡居民低保对象识别指标体系的研究

自中国城乡低保制度建立以来，长期采纳的是以家计调查为主的目标瞄准方法，辅之以社区瞄准机制。但以上两种瞄准方式在中国场景中的运用都出现了"水土不服"的现象。家计调查所需要的完备的家庭收入信息难以提供，社区瞄准机制所需的良好的村民自治基础同样未能建立，多重因素导致低保制度的瞄准出现偏差，"人情保""关系保""错保""漏保"等政策执行走样的现象较为普遍地存在，严重扭曲了低保制度的政策设计初衷，也大大削弱了制度的减贫效果。广大发展中国家普遍采纳的代理家计调查，近年来开始逐渐出现在中国学者的学术视野中，但是也更多地停留在学术研究层面，还未能实现理论概括和经验证据的连接。换言之，抽象的概念还没有扎根于实地，在广大发展中国家行之有效的代理家计指标识别方法在中国的适用性有待经验证据的证实。

2017—2019 年，为改善低保目标的瞄准效率，明确低保对象救助范围，广东省民政部门联合高校研究团队就广东低保目标瞄准的改革事宜进行合作。后者在可观测、可证实、多维度 3 项指导原则的基础上，基于国际社会既有多维贫困的研究现状及与广东省、地市民政工作人员的访谈和实地调研，设计出结构化的调查问卷并开展了入户调查，调查区域覆盖广东省多个地级市。通过对调查样本进行深入分析论证，尝试设计构建城乡居民低保对象识别指标体系，努力探索具有广东特色的低保政策。

在低保目标瞄准手段创新的政策研究初始阶段，2017 年首次设计出广东城乡居民低保对象识别指标体系。不同于以往单一收入维度识别，该指标体系内容涵盖家庭结构、住房情况、生产资料、生活资料、主观贫困程度（社区干部的评分）等维度。由于城镇贫困人口和农村贫困人口具有不同的贫困特征，在生产资料和生活资料的贫困维度上体现得尤为突出，因此，该低保对象识别指标体系在设计时针对城镇和农村的不同贫困特征，分别构建了广东省城镇居民低保对象识别指标体系和广东省农村居民低保对象识别指标体系。通过采用代理家计调查法，为低保对象进行打分，分

数越高，代表调查对象贫困程度越严重。运用 OLS 模型和使用社区干部评分作为因变量对广东省城乡居民低保对象识别指标体系进行统计学检验，通过对能够体现政策目标群体贫困状况的代理指标进行分析，能够更加客观科学地识别出低保户和潜在低保户[①]。

经过 1 年的实践，发现 2017 年广东省首次构建的城乡居民低保对象识别指标体系能相对客观和科学地识别出低保户和潜在低保户群体，有效提高了低保目标瞄准率，更好地为低保对象提供社会保障。与此同时，也发现了指标体系存在的一些问题，设计的主观贫困程度这一维度由于采用的是社区干部的评分而不是人均收入或人均消费情况，会对识别贫困的代理变量选择的准确性产生影响。

2018 年，广东省在 2017 年设计的城乡居民低保对象识别指标体系的基础上，进一步完善了指标体系设计，加入了家庭收支维度，增加了对调查对象可支配收入、工资性收入、经营性收入、财产性收入、转移性收入及具体消费支出情况的调查，更新了广东省城乡居民低保对象识别指标体系[②]，指标体系内容涵盖家庭结构、住房情况、生产资料、生活资料、主观贫困程度（社区干部的评分）和家庭收支维度。采用代理家计调查法，运用 OLS 模型和使用家庭人均收入和社区干部评分作为因变量对广东省城乡居民低保对象识别指标体系进行统计学检验，更好地识别低保对象的致贫原因。

随着广东省最低生活保障制度的不断发展，保障标准的不断提高，在保障低保对象的基本生活外，各地政府还相继出台了医疗救助、教育救助、住房救助等相关的专项救助政策，使低保对象的生活有了很大的改善和提高。但在城乡最低生活保障制度取得成效的同时，也有一些地区出现了一个比较特殊的贫困群体。他们的收入略高于低保标准，多数地区将其称为低保边缘户，他们被排除在社会救助制度之外。该群体面临的最大困难不在于收入过低，而是在遇到疾病治疗、子女上学、遭遇突发事件等问题时支出过大，但未能得到有效及时的救助。

---

① 广东省城乡居民低保对象识别指标体系会在第五章做具体解析，在此不再赘述。
② 同上。

第四章 推陈出新：广东低保家庭目标瞄准的改革

2019年，广东省低保目标瞄准的指标体系再次创新。崭新的指标体系涵盖了家庭结构、住房情况、生产资料、生活资料和家庭收支等维度，在内容上更加完善，能够更加精准地识别调查对象贫困的原因。例如，在家庭结构维度上，增加家庭个人自付的住院费用总和的指标，了解调查对象的医疗负担情况；在住房情况维度上，加入自有住房是否存在危房的指标，了解调查对象的住房安全问题；在生活资料维度上，增加更具有操作性的指标，如做饭燃料类型和洗衣机、微波炉、电脑、宽带等拥有情况的指标；在家庭收支维度上，根据2018年的识别指标体系，调查对象在回答具体消费支出时随意性较大，因此删除消费支出情况这一指标；在主观贫困程度维度上，删去邻居对被调查者的贫困程度评分指标。

2019年完善的广东城乡居民低保对象识别指标体系从收入差额、家庭结构、住房情况、生产资料、生活资料和家庭收入等维度进行综合评定，采用代理家计调查法，为低保对象进行打分，并按照分数从高到低进行排序，分数越高，代表调查对象贫困程度越严重。按照实际情况假定淘汰率，即排名在淘汰率前的调查对象被纳入救助范围，排名在淘汰率后的调查对象不符合救助的标准，以此来考察低保对象和边缘群体纳入救助范围的情况，从而验证代理家计调查对识别边缘群体的敏感性和有效性。假定以20%作为淘汰率，即排名在前80%的调查对象将被纳入救助范围，排名在后20%的调查对象将不符合救助的标准，通过对调查样本中城镇和农村边缘群体排名进行分析，有效验证了该指标体系既能够识别低保对象，也能识别出收入略高于低保线的边缘群体。

二、指标体系采纳：广东省民政厅综合评估指标体系的出台

2019年更新的广东省城乡居民低保对象识别指标体系，通过若干维度进行综合评定，采用代理家计调查法为低保对象进行打分，并按照分数从高到低进行排序，以一定比例作为淘汰率筛选符合条件的低保对象。根据相关数据的分析验证，该套代理指标体系不仅能相对客观和科学地识别出低保户和低保边缘贫困群体，还可以识别其致贫原因；同时，借助该指标

体系，在实现精准识别和精准帮扶边缘贫困群体的基础上，也将有助于探索和建立健全解决相对贫困问题的长效机制，以及更好地发挥社会救助的兜底保障功能。

2019年10月18日，广东省民政厅印发《广东省最低生活保障家庭经济状况核对和生活状况评估认定办法》（以下简称《认定办法》）。《认定办法》明确，采用"信息化核对＋生活状况综合评估"的双重核查机制，即对家庭存款和有价证券等金融资产、车辆信息、不动产、工资等较易客观取得和认定的数据采用信息化直接调查，而对救助申请家庭人口状况（如子女入学、重度残疾人、重病患者、劳动人口情况等）、居住条件（如房屋数量、房屋类型、人均居住面积、房屋状况等）、生产资料和生活资料等需要实地调查了解的科目，通过相对标准化的设置，使入户评估生活状况的工作进一步规范化。由此可见，在关于低保对象识别手段的运用上，广东省除了保留传统的家计调查的手段，还新增了代理家计的指标，从而为低保对象识别的准确性保驾护航，也将有助于提升低保识别过程的公平与公正。

可以发现，广东民政厅在《认定办法》中运用的家庭生活状况综合评估指标以2019年研究团队提出的广东省城乡低保对象识别指标体系为原型。区别在于，《认定办法》中采纳的指标数量比研究团队中建立的代理指标数量少，重点选取了对致贫原因具有更加显著影响的代理指标。在具体操作上，《认定办法》规定，家庭生活状况综合评估指标以申请家庭前6个月平均收入为基础，根据家庭结构和生活状况对家庭月平均收入，按照评估指标（以"当地1个月最低生活保障标准"为各指标计量单位，为"1D"）进行增加或扣减，将增减后的家庭月收入除以共同生活家庭成员人数，计算出综合评估后家庭月人均收入，将其作为认定申请家庭是否纳入最低生活保障的依据。经信息化核对与综合评估，共同生活的家庭成员财产状况符合规定，综合评估后家庭月人均收入低于当地月低保标准的，以家庭为单位纳入最低生活保障。根据申请家庭的困难程度，按照当地低保标准与综合评估后家庭月人均收入的差额确定人均保障金额，发放最低生活保障证，自批准之日的次月起按月发放最低生活保障金。具体如何进行最低生活保障评估和计算呢？下面的2个案例有助于更好地理解这套识别体系的内

第四章 推陈出新：广东低保家庭目标瞄准的改革

容和具体操作。

申请家庭生活状况综合评估指标：

➢ 综合评估指标以"当地1个月最低生活保障标准"为各指标计量单位，记为"1D"。

➢ 综合评估后，家庭月人均收入低于当地1个月低保标准（1D）的，以家庭为单位纳入最低生活保障。

➢ 综合评估后，家庭月人均收入低于0元的，月人均收入按0元计算。

假设广东省某市低保标准为600元/(月·人)

案例 4-2-1

基本情况：

某家庭一家三口，户主32岁，患重病；妻子31岁，务工的收入为2400元/月；女儿8岁，上小学三年级；家中有2台摩托车、1台冰箱和1台空调。

评估过程：

在家庭月收入的基础上，根据入户了解到的信息进行增减收入，计算出综合评估后家庭月人均收入。根据综合评估指标，有：

◆ 重病×1 = -2D

◆ 家庭月收入2400元 = 4D

◆ 义务教育学生×1 = 0D

◆ 2台摩托车 = +0.5D

◆ 评估后家庭总收入 = 2.5D，家庭人均收入 = 2.5D/3 = 0.83D

评估结果：

该家庭月人均收入 0.83D < 1D，低于当地低保标准，应当纳入救助。

人均保障金 = 1D - 0.83D = 0.17×600元 = 102元

> **案例 4-2-2**
>
> 基本情况：
>
> 某家庭一家三口，户主为25岁的单亲妈妈，丈夫去世，抚养2个学龄前儿童，务工收入2100元，目前无自有住房，住所有1台空调、1台电视和1台冰箱。
>
> 评估过程：
>
> 在家庭月收入的基础上，根据入户了解到的信息进行增减收入，计算出综合评估后家庭月人均收入。根据综合评估指标，有：
>
> - 学龄前儿童×2 = -1D
> - 家庭月收入2100元 = 3.5D
> - 无自有住房 = -1D
> - 评估后家庭总收入 = 1.5D，家庭人均收入 = 1.5D/3 = 0.5D
>
> 评估结果：
>
> 该家庭月人均收入 0.5D < 1D，低于当地低保标准，应当纳入救助。
>
> 人均保障金 = 1D - 0.5D = 0.5×600元 = 300元

作为《广东省最低生活保障制度实施办法》的配套措施，《认定办法》制定了最低生活保障认定的具体指导标准，完善了低保对象贫困状况评估指标体系，将低保覆盖面范围从收入型贫困家庭向因病、因残、因学、因老等因刚性支出负担过重、影响基本生活的支出型贫困家庭扩展，这标志着广东省低保制度迈上了新台阶，将有助于更好地发挥制度的兜底保障作用。

第三节 低保目标"双重核查"机制的亮点呈现

进入新时代以来，广东省相继出台各项低保政策，同时不断创新低保目标瞄准手段，政策理念从过去的单一贫困、绝对贫困逐渐转向对多维贫

第四章　推陈出新：广东低保家庭目标瞄准的改革

困、相对贫困的关注，低保目标识别方法也从过去的单一收入指标核查转向"双重核查"机制。2016 年 7 月，习近平总书记在东西部扶贫协作座谈会上提到："抓工作，要有雄心壮志，更要有科学态度……攻坚战就要用攻坚战的办法打，关键在准、实两个字。只有打得准，发出的力才能到位；只有干得实，打得准才能有力有效。"① 作为中国脱贫攻坚事业的重要组成部分，低保目标瞄准改革的实践正是寻求"通过打得准，从而发好力"的体现。广东省出台的"双重核查"机制，将代理家计指标引入低保目标的识别中，将有效提升低保目标瞄准的精确度；在有效识别低保对象致贫原因的基础上，通过精准发力，能更好地发挥低保制度的减贫作用。

一、致贫原因识别：从单一贫困向综合贫困的过渡

贫困不是固定的社会现象，随着时代的变迁，贫困的内涵和形式也会发生变化。与此同时，人类对贫困问题的认知也因所处的时代和社会而呈现出差异化的特征，进而反贫困的治理实践在不同的时间、地域中也不尽相同。消除贫困业已成为全球范围内的共识，从理论研究到实践经验，不同领域的学者、不同地域的政策主体都努力尝试对贫困治理的议题进行回应。特别是 20 世纪 90 年代以来，以詹姆斯·梅志里（James Midgley）提出的发展型社会政策为契机，经历了从以单一救助、救急为目的的"收入型贫困"救助理念转变到以可持续发展为导向的"支出型贫困"救助理念②。

我国社会救助制度建设起步晚，社会救助体制尚不健全，在对社会救助目标的选择时比较保守，仅聚焦于月人均家庭收入低于国家最低生活保障标准线之下的贫困人群③，识别"收入型贫困"家庭，为其提供维持其基本生活水平的收入救助，救助目标的施策取向也仅聚焦于最低生活保障对

---

① 参见习近平：《在东西部扶贫协作座谈会上的讲话》，http://theory.people.com.cn/n1/2018/0925/c421125 - 30311398.html。
② 谢宇、谢建社：《发展型社会政策视角下的支出型贫困问题研究》，《学习与探索》2017 年第 3 期。
③ 刘芳、徐兴文：《迈向发展型社会救助：新时代我国社会救助的困境与出路》，《贵州师范大学学报》2019 年第 3 期。

象的收入补差，发放最低生活保障金。然而对于月人均家庭收入略高于国家最低生活保障标准线的贫困人群，他们可能因疾病治疗、子女教育、重大事故等刚性支出过大而造成生活困难，无法保障自己的基本生活，却无法获得政府的社会救助。换言之，单一收入识别的方法即便能够有效地识别出低保对象，也无法在政策帮扶上实现精准发力。由于无法知晓低保对象陷入贫困的原因，仅仅采用"补差式"现金救助的方式，因此难以有效发挥有限低保资金的最大效益。

新时代以来，随着我国社会政策的不断发展，社会制度的不断完善，社会救助政策的目标取向和目标瞄准群体发生了变化。学者和政策制定者逐渐意识到，贫困人口不再是简单的"收入型贫困"，更多的是收入之外的其他主要生活需要与消费支出压力。为了能够准确识别低保对象和低保边缘群体，克服单一收入识别方法在低保目标瞄准方面的缺陷，广东省构建了综合贫困指标体系，不仅能够精准定位受益对象，还能有效识别出贫困对象的致贫原因，有利于精准帮扶低保救助对象。与以往基于单一收入维度构建的指标识别体系不同，低保目标"双重核查"机制进一步将低保覆盖面从收入型贫困家庭扩大到因病、因残、因学、因老等因刚性支出负担过重的边缘贫困家庭，构建从家庭结构、住房情况、就业情况、人力资本水平、耐用品状况等多个维度综合识别贫困群体的指标体系，不仅囊括原有的收入型贫困家庭，同时也能有效识别在子女教育、疾病治疗、重大灾难事故等问题上需要救助的支出型贫困家庭，能够实现致贫原因的精准识别，有效降低低保目标的瞄准偏误，避免瞄准过程中的"精英俘获"效应。

二、救助对象延伸：从绝对贫困向相对贫困的全面覆盖

新时代以来，广东省不断完善各项低保政策，构建并完善城乡居民低保目标识别指标体系，大幅度提高了城乡低保目标瞄准的精确度，有效地发挥了低保制度的减贫效应。低保制度很好地发挥了在脱贫攻坚中的基础性作用。2020年脱贫攻坚战胜利之后，绝对贫困将不再是中国反贫困事业的主要挑战，相对贫困、多维贫困、边缘贫困等问题将成为贫困治理的重

第四章　推陈出新：广东低保家庭目标瞄准的改革

点。就相对贫困而言，尽管概念界定尚未达成共识，但可以确定的是，收入将不会成为界定相对贫困的单一指标，也不再是维持基本生存的"吃、穿、住"需求，能力、机会、权利等多元要素将被考虑在内。此外，与绝对贫困不同，边缘贫困群体最大的困难往往并不在于收入，而在于支出，尤其是用于疾病治疗、住房、子女教育等的刚性支出。在人民生活水平不断提高和低保人数逐年减少的背景下，社会救助对象应实现从绝对贫困向边缘贫困、相对贫困的全面覆盖。

从发达国家的经验看，由于其工业化程度高，非农就业和正规就业比例高，再加上完善且严格的收入申报制度，因此通过家计调查能较为准确地掌握家庭收入或财产。而在广大发展中国家，贫困人口主要集中在农村地区，多数从事农业劳动，以灵活就业为主，且没有建立健全的收入申报制度，在实施家计调查时，只能通过入户调查、邻里访问等方法采集数据①，往往采集的数据无法核实其真实性，造成低保目标核查瞄准偏差。因此，相比传统单一收入维度的识别方法，代理家计调查指标体系能帮助民政部门识别并纳入新增的边缘贫困群体，也有利于民政部门的工作理念从关注"绝对贫困"向关注"边缘贫困""相对贫困"转变。

三、救助理念革新：从收入补差到多维支持的转变

长期以来，国内通用的识别低保对象及边缘群体的方法，主要依赖传统的收入维度。然而，低保边缘对象最大的困难往往并不在于收入，而在医疗、住房、教育等方面。广东在低保制度改革的过程中探索出的"双重核查"体系，不仅引入了"收入＋财产"的理念来识别低保户，而且对生产资料和生活资料进行了进一步的明确，更明晰地将收入和其他经济条件一起加以考虑，进而计算出贫困户和边缘人群的综合贫困指数，这有利于纳入更多的边缘贫困群体。与以往单一的收入支持相比，广东的社会救助支持也更加多维，各类专项救助计划的实施有效地缓解了低保贫困群体的

---

① 杨立雄：《采用代理家计调查方法，精准识贫、精准扶贫》，《中国社会报》2016年1月7日第3版。

实际需要。

与此同时,广东的低保认定识别指标体系还融入了从"消极救助"向"积极救助"转变的理念。由于现行社会救助的理念和目标仍然停留在维持受助者的基本生存上,这是一种消极的、被动的、单向式的救助,受助者无法实现助人自助,且不利于社会救助制度的健康可持续发展,因此,政府救助部门须转变救助观念,以积极的眼光看待受助者。需要帮扶的人群是基于各种不可抗拒的原因而暂时陷入贫困的贫困者,并非单纯地等待和依靠政府、社会及他人救助过活的社会累赘,他们也是宝贵的人力资源,也有提升自我发展能力及摆脱自身困境的愿望与诉求。因此,救助部门应当把改善受助者的贫困状况和发展机会的平等有机结合,促使他们改变自身境遇[1]。广东省新出台的低保认定标准就体现了这种理念的转变。与以往有所不同,广东民政部门在贫困户的动态退出管理中,明确了退出的基本条件:"即使达到了低保线,也需要保障原低保户有了稳定收入半年后再退出。"从这个意义上讲,贫困户的脱贫脆弱性和返贫风险得到了充分考虑,克服了基层政府过去所秉承的"害怕穷人有钱,到线即退"的消极救助观念。

---

[1] 谢勇才、丁建定:《从生存型救助到发展型救助:我国社会救助制度的发展困境与完善路径》,《中国软科学》2015年第11期。

第五章 准家计模型：广东低保家庭识别指标体系解析

家计调查作为中国城乡低保对象识别的主要方法，在贫困人口识别方面发挥了重要作用。自中国城乡低保制度建立以来，已经有数以千万计的贫困人口通过家计调查的方式被纳入城乡低保制度体系内，享受社会救助。但是，在具体实践中，由于中国的收入核查体系尚不完备，因此申请对象存在隐匿家庭收入的负向激励；且由于农业活动的季节性特征及非正规部门就业的偶发性因素，很难实现对申请对象家庭经济情况的准确衡量。加之制度执行过程中的政治、文化等因素影响，低保制度在执行过程中发生了政策走样的现象，不但导致社会救助资源的错位配置，还使社会不和谐、不稳定的因素增加。

针对家计调查在广大发展中国家的适用性问题，多维度的准家计调查作为一种替代方案被广泛采用。准家计调查运用多维度、可观测的指标体系，通过特定的换算方式将申请对象家中所拥有的各种要素进行不同权重的赋值，最终得到一个综合性的得分，从而能够精准辨识出申请对象是否符合社会救助的条件。全球范围内，从拉美到非洲，从南亚到东欧，代理家计调查正以其良好的贫困识别优势被各国政府运用在社会转移支付项目中，并取得了较好的政策绩效。在中国，针对低保瞄准的偏差问题，学术界也从理论层面论证了多维度准家计调查的科学性与合理性。

作为改革前沿阵地的广东，自2017年开始实施城乡低保目标瞄准的创新改革。2017—2019年，广东省民政厅和中山大学研究团队开展合作，进行低保目标瞄准体系的创新，从初创到不断优化，最终形成了一套涵盖收入、家庭结构、生产资料和生活资料的多维度贫困识别体系，每一维度下还包含不同数量的二级指标，通过微观数据的测算，这些指标被证明能够有效代表救助对象家庭的生活状况。此外，指标体系还充分考虑到城乡低保对象的差异，相应指标的赋值权重也进行了针对性的调整，从而使整套指标体系的适用性大大提升。

第一节　海内外多维度准家计方法的运用与启示

在面向贫困群体的社会救助项目中，如果能够对申请对象的家庭经济状况做出准确的判断，就可以做出将申请对象纳入或者拒绝的政策决定。因此，从理论上讲，进行家计调查是判定申请对象资格的最佳方法。但是，在实践中，家计调查的过程存在申请对象隐瞒或者低估自己收入水平以获得社会福利的激励，尤其是在发展中国家，收入申报制度的缺位可能会加大社会救助资源错位配置的风险。因此，家计调查在发展中国家的适用性遭遇挑战。作为替代，代理家计调查以其低成本、真实性强、准确性高等优势成为发展中国家社会救助项目实施的重要工具，从拉美地区走向全球的代理家计调查，精准定位到不同国度中陷入贫困泥淖的弱势群体。这一政策工具，不仅为政府的政策执行提供了重要的参考依据，还有力地提升了贫困治理资源的配置效率，为全球减贫事业的推进做出了重要贡献。

一、探索：代理家计调查的缘起

尽管家计调查从理论层面来讲是精确度最高的贫困瞄准方法，但是其所要求的条件在实践中往往并不或者难以全部具备，导致家计调查在适用性上出现挑战。尤其在欠发达经济体中，即便被加以运用，也是简化后的实施，从而降低了甄别的准确性。考虑到复杂家计调查在行政层面的困难，以及简单家计审查的不准确性，利用其他家庭特征来代替收入的想法就变得有吸引力。作为家计调查方法的替代，代理家计调查逐步引起学术界和政府的关注，成为贫困目标瞄准的新工具。

1980年，智利推出了 Ficha CAS 的社会救助项目，在该项目的审核机制中首次引入了代理家计审查。Ficha CAS 项目的核心思想是通过收集关于家庭特征的信息，并基于对不同问题的回答进行分数的计算，以此来判定申

第五章　准家计模型：广东低保家庭识别指标体系解析

请对象是否有享受社会福利的资格[1]。具体来说，Ficha CAS 是由社会工作者填写的表格，它用于收集关于住户特征的信息，如地理位置、住房质量、住户组成和教育程度，以及家庭成员所做的工作。分数是根据每个问题的答案来评定的。然后，这些分数被用来确定这个家庭是否有资格获得两项大额现金转移项目，以及获得水和住房补贴；如果申请对象有资格，进而确定将会获得何种水平的补贴[2]。在以往家计调查的过程中，虽然也会收集有关收入以外的家庭特征资料，但是更多地将其作为基本的人口统计学信息对待，未能深入挖掘这些指标和家庭经济情况存在的转换关系。实践证明，应用基于家庭特征而非收入的代理指标来判定家庭的经济状况是相当容易的，工作人员可以更系统地使用已经收集到的信息，从而改善项目瞄准的结果，并增加项目的公平性和透明度。自智利开始采纳代理家计调查的方式以来，其 Ficha CAS 系统业已经历了两个阶段——CAS-I（1980—1987 年）和 CAS-II（1987 年以后），两个阶段的主要差异在于表格的复杂性、代理指标在反映家庭经济状况方面的有效性及技术的运用。

通常，代理家计调查会从家庭结构、人力资本水平、就业状况、耐用品状况等维度出发，每个维度下又包含不同数量的子指标，如就业人口、教育水平、健康状况、地理位置、房屋的数量与质量、拥有的耐用品种类与数量等来预测家庭收入或消费，然后将其与贫困线进行比较来确定家庭的贫困状况。代理家计调查指标的选取严格遵循两个基本原则：一是代理指标与家庭收入水平必须高度相关，以便确保代理指标的解释能力和贫困模型的预测能力；二是代理指标必须具备可验证性，因为只有当代理指标是可观测和可验证的，调查审核人员才能方便、准确地确定代理指标的有无，所获数据才是真实可靠的[3]。基于以上两个基本原则，在具体的实施过程中，代理家计调查一般又分为四个步骤。首先，确定影响贫困家庭收入

---

[1] Coady D., Grosh M., Hoddinott J., "Targeting of Transfers in developing countries: Review of Lessons and Experience", World Bank, 2004.

[2] Grosh E. M., Baker J. L., "Proxy Means Tests for Targeting Social Programs: Simulations and Speculation", LSMS Working Paper, 1995.

[3] Narayan A., Vishwanath T., Yoshida N., "Sri Lanka Welfare Reform. Poverty and Social Impact Analysis", World Bank, 2006.

或消费的主要变量（即代理变量）。如依据从申请家庭收集来的与家庭收入消费相关的几个核心指标，比如就业、文化程度、健康状况、家庭结构、地理位置、住房质量、拥有的耐用品数量等①，并将这些代理变量或指标引入 OLS 回归模型。其次，根据回归模型的结果确定每个变量的权重，然后通过计算可以获得每个样本家庭的累计分数（或 PMT 分数），用来反映预测的家庭收入。一般来讲，分数越低，家庭越贫困，以此确定申请对象是否处于贫困线以下及是否应该获得社会救助。再次，确定每个样本的 PMT 分数之后，下一步需要认定家庭是贫困的，而且其有资格获得社会救助。普遍的做法是依据家庭实际年人均纯收入的分布设置相应的门槛线（cut-off line）。门槛线的设置是以百分位数表示，例如第 15、20、25 百分位数等，计算该百分位数所对应的门槛线分数，进而判定某样本家庭是否具有被纳入社会救助项目中的资格。若该家庭的预测结果小于门槛线分数（瞄准线），则其为贫困家庭，并且分数越低，贫困状况越严重。最后，通过设置门槛线来确定门槛线分数，研究者可以计算社会救助项目的精确瞄准和错误瞄准的比率；政策制定者通常依据可行的政府预算所能承载的最大贫困家庭数量划定门槛线，同时，门槛线的选择会对瞄准效率的水平产生较大影响。在获得门槛线分数并将其作为判定贫困和资格的标准之后，就可以对模型的瞄准效率进行评估，并与已有瞄准情况进行比较②。

代理家计调查的优势也很明显。与家计调查相比，代理家计调查的信息收集成本低，对家庭收入申报的依赖性较低，政策执行的成本也更合理；操作过程简单透明，易于理解，从而对行政能力的要求也相对较低，而且不易对受调查的家庭产生负向行为激励③。与社区瞄准相比，代理家计调查的贫困识别标准更客观，能够有效避免瞄准过程中的"精英俘获"效应④。

---

① 参见世界银行：《世界银行国别报告——中国战胜农村贫困》，中国财政经济出版社，2000 年。

② 刘伟、李树茁、任林静：《西部农村扶贫项目目标瞄准方法研究——基于陕西安康贫困山区的调查》，《西安交大学学报》2017 年第 1 期。

③ 韩华为、高琴：《代理家计调查与农村低保瞄准效果——基于 CHIP 数据的分析》，《中国人口科学》2018 年第 3 期。

④ Brown C., Ravallion M., Walle D., "A Poor Means Test? Econometric Targeting in Africa", NBER Working Paper, 2016.

第五章 准家计模型：广东低保家庭识别指标体系解析

二、发展：代理家计调查应用的全球画像

拉美地区的政策实践成为代理家计调查方法的滥觞。自1980年以来，智利一直使用 Ficha CAS 系统来确定申请对象参加社会转移支付项目的资格。借着全球化的浪潮，智利在代理家计调查方面的良好政策实践开始产生政策扩散效应。以智利为起点，代理家计机制不断修正完善，并扩散至拉美其他地区，被哥伦比亚和墨西哥全面采纳；阿根廷、哥斯达黎加、洪都拉斯、尼加拉瓜等国也逐步建立了本国的代理家计审查机制[①]。当然，代理家计调查的运用并非局限于拉美国家。1994年，亚美尼亚在人道主义援助和现金转移支付项目中开始采用代理家计调查；2002年，土耳其为了应对财政危机也使用了代理家计调查；其他一些国家，例如俄罗斯、埃及、尼日尔、津巴布韦等，也正在不同程度地采纳这种识别方法[②]。可以说，在广大发展中国家的社会转移支付项目中，代理家计调查正在被广泛运用。

政策实践的有效性也引起了学术界的关注。按照瞄准结果衡量，代理家计调查目标瞄准体系均表现良好。在一项拉美地区社会转移支付项目瞄准机制的比较研究中，代理家计调查被证明能够产生最优的瞄准结果[③]。在智利和墨西哥，最穷的40%的家庭获得了80%～90%的代理家计调查项目的给付[④]；在哥伦比亚，Elkin 的研究表明，在难以对申请对象收入和消费进行准确测量的情况下，利用定性的主成分分析来建构代理家计测试是合适的[⑤]；此外，代理家计调查擅长发现长期处于贫困状态的家庭，尤其适合

---

① Castaneda T., Linder T. K., "Designing and Implementing Household Targeting Systems: Lessons from Latin America and the United States", Social Protection Discussion Paper Series, World Bank, 2005.

② 李艳军：《农村最低生活保障目标瞄准研究——基于代理财富审查（PMT）的方法》，《经济问题》2013年第2期。

③ Grosh M. E., "Administering Targeted Social Programs in Latin America: From Platitudes to Practice", Regional and Sectoral Studies, World Bank, Washington, D. C. 1994.

④ Castaneda T. K., Lindert, "Designing and Implementing Household Targeting Systems: Lessons from Latin America and the United States", Social Protection Discussion Paper Series, no. 0526, World Bank, 2005.

⑤ Castano E., "Proxy Means Test Index for Targeting Social Programs: Two Methodologies and Empirical Evidence", Lecturas de Economia-Lect. Econ, no. 56, 2002, pp. 135–144.

于贫困程度较为严重的发展中国家采用。这一观点同样被 Del Ninno 和 Mills 证实。他们基于撒哈拉以南非洲多个国家的案例研究得出结论,使用代理家计调查可以有效地识别出长期处于贫困的家庭①。Glewwe 和 Kanaan 使用来自科特迪瓦的数据,并基于几个比较容易测量的变量组合,使用回归分析来预测福利水平,他们的研究表明简单的回归预测可以显著改善瞄准状况②。基于肯尼亚的一项现金转移方案,Devereux 比较了不同的瞄准机制,结果发现代理家计测试也被证明有着良好的瞄准效果,在该方法下,受益贫困人口可以达到约非受益人口的 3 倍(分别为 76% 和 26%)③。Grosh 和 Baker 对来自牙买加、玻利维亚和秘鲁的生活水平测量调查数据集进行了模拟,以探索什么类型的信息最适用于代理生活水平测试及测试的准确性如何。他们的结果表明,对于一种瞄准方案来说,更多的信息通常比更少的信息要好。尽管代理体系可能存在明显的"弃真"(undercoverage)风险,但是它们大大减少了"纳伪"(leakage)的可能性;相对而言,"纳伪"比"弃真"对贫困识别的影响更大④。Coady 等人使用 Meta 研究发现 PMT 在瞄准结果方面优于其他方法⑤。印度尼西亚的一个大型实验比较了代理家计调查、社区瞄准和两者结合的混合方法的有效性和可接受性,研究发现代理家计调查的效率高于其他方法⑥;基于孟加拉国的研究同样表明,代理家计调查体系在贫困目标瞄准方面具备高度的累进性和准确性,而且制度公开

---

① Bradford M., Mills C. D. N., "Safety Nets in Africa: Effective Mechanisms to Reach the Poor and Most Vulnerable", World Bank, 2015.

② Glewwe P., Kanaan O., "Targeting Assistance to the Poor: A Multivariate Approach Using Household Survey Data", Policy, Planning and Research Working Paper, no. 225, World Bank, 1989.

③ Devereux S. et al., "Targeting Social transfer Programmes: Comparing Design and Implementation Errors across Alternative Mechanism", Journal of International Development, no. 27, 2015, pp. 1521 – 1545.

④ Grosh M., Baker J., "Proxy Means Tests for Targeting Social Programs: Simulations and Speculation", Working Paper, no. 118. Living Standards Measurement Study, World Bank, 1995.

⑤ Coady D., Grosh M., Hoddinott J., "Targeting outcomes redux", World Bank Research Observer, vol. 19, no. 1, 2004, pp. 61 – 85.

⑥ Alatas V. et al., "Targeting the Poor: Evidence from a Field Experiment in Indonesia", The American Economic Review, vol. 102, no. 4, 2012, pp. 1206 – 1240.

第五章 准家计模型：广东低保家庭识别指标体系解析

透明、审核标准客观，管理也简单方便[①]。

近年来，代理家计调查方法在国内的运用逐渐引起学者的关注。李艳军较早对该方法进行了介绍和运用，他采用代理家计调查的方法，建立了涵盖户主特征、家庭特征、住房特征和家庭耐用品特征四个维度的低保目标瞄准体系，研究发现该体系对农村住户经济状况具备较好的识别能力和较高的累进性，从而为地方政府确定最低生活保障资格提供了一套量化的、可操作的方法体系[②]。刘伟构建了基于代理家计调查法的安康市农村扶贫项目目标瞄准的指标体系，预测结果显示，当门槛线设置为第25百分位数时，模型的遗漏率和渗漏率相较当前样本调查地农村扶贫项目的目标瞄准情况有显著的提升，这表明模型对调查地农户的经济收入情况具有较好的识别和判断能力[③]。韩华为和高琴从个体、家庭和社区三个层面出发，构建了代理家计调查的框架，两位学者的研究结论均肯定了代理家计调查测量尺度科学、操作简便、成本较低且具有良好的区分作用[④]。边恕的研究也证实这一结论，即在瞄准精度上，代理家计调查机制对农村地区的贫困与非贫困样本具有良好的区分作用[⑤]。解垩使用中国家庭动态跟踪调查数据，基于代理家计调查模型并结合 ROC（receiver operating characteristics）方法研究低保制度执行中的反贫困瞄准问题，指出城乡低保对象在代理指标选取上的差异[⑥]。

当然，代理家计调查的方法也并不总是有效，甚至可能出现误差。McBride 利用在尼日尔一个试点现金转移项目中收集的数据，对代理家计调查

[①] Shariff I. A., "Can Proxy Means Testing Improve the Targeting Performance of Social Safety Nets in Bangladesh?", *Bangladesh Development Studies*, vol. 35, no. 2, 2012, pp. 1–43.

[②] 李艳军:《农村最低生活保障目标瞄准研究——基于代理财富审查（PMT）的方法》,《经济问题》2013年第2期。

[③] 刘伟、李树茁、任林静:《西部农村扶贫项目目标瞄准方法研究——基于陕西安康贫困山区的调查》,《西安交通大学学报》2017年第1期。

[④] 韩华为、高琴:《代理家计调查与农村低保瞄准效果——基于CHIP数据的分析》,《中国人口科学》2018年第3期。

[⑤] 边恕、张铭志、孙雅娜:《农村贫困补助的瞄准精度、瞄准成本与减贫方案分析》,《人口与经济》2019年第9期。

[⑥] 解垩:《公共预算转移支付反贫困瞄准：以低保为例的ROC方法分析》,《统计研究》2019年第10期。

的绩效进行了评估,研究结果喜忧参半:对于一些食品不安全指标,研究发现与 PMT 的相关性相对较弱;对于其他指标,如食品消费得分,也没有发现明显的相关性①。与发达国家普遍采用的家计审查相比,采用代理指标预测贫困存在一定的误差,尤其对最贫困家庭的瞄准精度不高。Kidd 和 Wylde 的研究表明:当只有总人口的一小部分被瞄准且假定其为贫穷时,代理家计调查方法会产生较大误差,因为其评分倾向于高估最贫困人群的支出而低估最富裕的支出②。Grosh 和 Baker 发现,当面对收入最低的 10%~20%人口时,代理目标瞄准存在显著的弃真错误③,而来自巴基斯坦的证据也证实了这一结论④。此外,如果管理能力有限或者代理指标及数据难以收集和验证,代理家计调查的方式可能会受到操纵,如果申请人了解代理家计方法的工作原理,那么这一瞄准方法就会产生不良的行为反应。Coady 等人在针对 48 个国家的 122 项公共预算转移支付的瞄准研究中发现,转移支付反贫困瞄准绩效差异非常显著:中位数数量的转移支付给予贫困人口的资源只比随机分配资金多 25%,有 21 种公共预算转移支付是累退的,这意味着其表现比随机分配更差⑤。因此,代理家计调查的瞄准方法是否能识别出真正的贫困人口在很大程度上是一个实证问题,取决于基础模型的形式、数据质量、瞄准变量和代理变量的联合分布、贫困及瞄准人口的比率等因素。针对代理家计调查的缺点,有学者提出,为了提高目标瞄准精度,可以考虑把代理目标瞄准与区域或者社区层面的验证结合起来;或者将代理家计调查与其他靶向方法相结合,以此提高瞄准的性能⑥。此外,代理家计

---

① Mc Bride L., "Evaluation of Targeting Methods and Impact of the Cash Transfer Pilot in Niger", 2015, pp. 179 – 212.

② Kidd S., Wylde E., "Targeting the Poorest: An Assessment of the Proxy Means Test Methodology", Working Paper, 2011.

③ Grosh M. E., Baker J. L., "Proxy Means Tests for Targeting Social Programs: Simulations and Speculation", LSMS Working Paper, 1995.

④ Hou X., "Challenges of Targeting the Bottom ten Percent: Evidence from Pakistan", World Bank, 2008.

⑤ Coady D., Grosh M. E., Hoddinott J., "Targeting of Transfers in Developing Countries: Review of Lessons and Experience", World Bank, 2003.

⑥ Bradford M., Mills C. D. N., "Safety Nets in Africa: Effective Mechanisms to Reach the Poor and Most Vulnerable", World Bank, 2015.

第五章 准家计模型：广东低保家庭识别指标体系解析

调查需要较长时间的设计、试点和实施，制度建设与指标确定同样重要，因此恰当的数据收集和严格的管理必不可少[①]。

作为对家计调查方法的替代，代理家计调查利用易观测、可证实的指标来反映家庭经济情况。它能有效克服家计调查中对申请对象可能出现的负向激励问题，减少家庭收入被扭曲的可能性，提升社会转移支付项目瞄准的精确性。对于广大发展中国家而言，由于单纯收入衡量的困难，从政府机构本身的管理到申请对象的收入不确定性都极大地影响到家计调查在其社会救助项目中的适用性。相对而言，代理家计调查是一种更为合理的选择，尽管它并不是完美无缺，尤其是政府往往需要在投入的资源多寡与瞄准的精确性之间进行衡量。中国目前依旧是世界上最大的发展中国家，城乡低保制度作为兜底性的社会政策，在保障低收入群体的基本生活方面扮演了不可或缺的角色。由于在广大农村地区，核查低保申请对象收入和家庭财产的难度较大，尤其是农村中的实物性收入、隐性收入难以测定，行政成本也较高。现有低保政策执行过程中普遍存在的瞄准偏差现象，极大地损害了将低保的制度优势转化为治理效能的有效性。因此，如何更加精准地定位目标群体，成为新时代政策制定和执行者面临的重大现实挑战。

第二节　广东多维度准家计的整体模型设计

从多个维度定义和识别贫困，越来越成为确定低保对象的基础。一方面，这与人类对贫困的认知和贫困理论的发展有关；另一方面，也是因为家计调查的方式难以准确测量政策目标群体的收入。因此，尽管从理论上讲，地方政府应该按照中央政府的政策要求实施"收入瞄准"，但是低保对象贫困的多维特征和大部分地区缺乏科学的家计调查体系或缺少有关收入的统计数据系统，导致地方政府难以完全按照中央政府的要求执行政策。自 2017 年始，广东省民政部门联合中山大学课题组开展关于低保对象和潜

---

① 李艳军：《农村最低生活保障目标瞄准研究——基于代理财富审查（PMT）的方法》，《经济问题》2013 年第 2 期。

在低保对象的家计调查,调查频率为 1 年 1 次。本节将 2017—2019 年课题组在广东省进行低保对象调查过程中建立的城乡低保对象数据库作为经验材料,探索构建广东多维度准家计调查模型。

一、初始模型的建构

1. 数据采集:全省 30 余县(市、区)的入户调查

为了准确和全面了解广东省城乡贫困人口的真实状况,并以此为依据对准家计模型进行验证和动态调整,课题组于 2017—2019 年与广东省民政厅联合开展了关于低保家庭和潜在低保对象的入户家计调查。其中,2017 年、2018 年的调查对象为低保家庭与普通家庭,2019 年的调查对象为低收入家庭、低保家庭和部分接受临时救助及医疗救助的家庭。调查采取多阶段整群抽样方法,首先从低保一类、二类、三类和四类地区按照比例随机抽取地级市,接着从上述抽样的市中各随机抽取 1 个县区(东莞、中山为镇街),表 5-2-1 为 2017—2019 年最终的抽样地区。

表 5-2-1 2017—2019 年调查抽样地区

类别	适用地区	2017 年抽样地区		2018 年抽样地区		2019 年抽样地区	
一类	广州市 深圳市	广州市	越秀区	广州市	从化区	广州市	越秀区
		深圳市	罗湖区				
二类	珠海市 佛山市(含顺德区) 东莞市 中山市	东莞市	清溪镇	东莞市	虎门镇	珠海市	斗门区
		中山市	小榄镇	中山市	坦洲镇		
三类	惠州市 江门市(不含台山、开平、恩平市) 肇庆市(不含所辖县)	江门市	新会区	惠州市	惠东县	惠州市	惠城区
		肇庆市	高要区				

第五章 准家计模型：广东低保家庭识别指标体系解析

续上表

类别	适用地区	2017年抽样地区		2018年抽样地区		2019年抽样地区	
四类	汕头市 韶关市 河源市 梅州市 汕尾市 阳江市 湛江市 茂名市 清远市 潮州市 揭阳市 云浮市	韶关市	南雄市	汕头市	潮阳区	河源市	源城区
		梅州市	五华县	韶关市	翁源县	汕尾市	陆丰市
		揭阳市	揭西区	梅州市	五华县	湛江市	廉江市
		茂名市	电白区	汕尾市	陆丰市	茂名市	化州市
		—	—	湛江市	廉江市	清远市	清城区
		—	—	云浮市	罗定市	云浮市	罗定市
	江门列入三类地区以外的市肇庆市所辖县	—	—	肇庆市所辖县	怀集县	江门市	恩平市

课题组通过与广东省民政工作人员深度访谈，讨论能够更好呈现贫困人口特征的指标；深入实地调研获得研究资料，提取表征贫困的代理变量；广泛搜集关于代理家计方法的研究文献。借助以上三种方法，初步设计出一套相对客观和科学的城乡居民家庭识别指标体系，并设计出结构化的2017年《广东省城市居民家庭识别问卷》和《广东省农村居民家庭识别问卷》，包含家庭结构、房屋情况、生产资料、生活资料、主观贫困程度等部分，相比以往仅采用收入的单一维度能够更加客观和科学地识别出低保户和潜在低保户群体。2018年和2019年，课题组依据上一年度实地调查过程和结果，组织多方共同分析、研讨，在总体框架稳定的基础上对调查问卷进行优化。

调查所获取的有效样本量见表5-2-2。2017年，调查共回收问卷1668份，最终用于分析的有效样本总计1619个，农村家庭样本为905个，城市家庭样本为714个。2018年，调查共回收问卷3015份，最终用于分析的有效样本总计 2845 个,其中,农村家庭样本为 1865 个,城市家庭样本为 980 个。2019 年,调查问卷最终用于分析的有效样本总计 3213 个,其中,农村家庭样本为 1839 个,城市家庭样本为 1374 个。

表 5-2-2　2017—2019 年调查所获有效样本数量

类别	2017 年	2018 年	2019 年
农村家庭/个	905	1865	1839
城市家庭/个	714	980	1374
总计/个	1619	2845	3213

2. 2017 年与 2018 年准家计模型的构建

采用代理家计调查方法的核心在于找出能够较好反映家庭经济状况的代理指标,并通过回归模型确定每个指标的权重,继而再计算出每个申请对象的综合分数,将其作为判断其是否可以被纳入低保救助体系的依据。通过对海内外代理家计调查方法的实践和理论研究进行梳理,可以发现,在预测申请对象家庭经济状况时,OLS 模型是最可取的选择。采用 OLS 模型确定家计调查的代理指标并对其权重做出估计的优点在于,它计算起来方便,当有很多解释变量且变量为连续变量时,OLS 法也被认为是最方便可行的;并且 OLS 模型估计的参数就是家计调查代理指标的权重,容易被接受和理解①。基于此,广东低保目标改革中的代理家计调查法同样使用了 OLS 模型,模型的因变量为主观贫困程度,这里使用 3 名社区干部对贫困人口贫困程度评分的平均值。模型中的自变量包括家庭结构、住房情况、生产资料、生活资料等。此外,因为城市贫困人口和农村贫困人口的基本特征并不完全一致,选取的自变量也有所不同,所以在运用 OLS 模型时,本研究分别对城市和农村进行了回归分析。

---

① 刘伟、李树茁、任林静:《西部农村扶贫项目目标瞄准方法研究——基于陕西安康贫困山区的调查》,《西安交大学报》2017 年第 1 期。

第五章 准家计模型:广东低保家庭识别指标体系解析

(1) 2017年度城乡受访家庭情况。

表5-2-3为2017年城市调查对象各指标描述性统计,表5-2-4为2017年农村调查对象各指标描述性统计,同时结合每个指标的微观数据,将从家庭结构、家庭成员的重度残疾、失能、患重病情况、住房情况、生活资料、生产资料方面进行描述。

在家庭结构上,城市受访家庭的共同生活成员集中在1~4名,占比约为80%。城市受访家庭具备劳动能力人数的平均值为0.96,大部分的城市受访家庭没有需要赡养、抚养、扶养的人。在子女就读情况上,73%的城市受访家庭无学前儿童及小学生,82%的城市受访家庭无初中生,91%的城市受访家庭无中专生、高职生,92%的城市受访家庭无普通高中生,93%的城市受访家庭无大专生、本科生。在农村的受访对象中,农村受访家庭的共同生活成员集中在1~6名,占比约为85%,农村受访家庭具备劳动能力人数的平均值为1.8,大部分的农村受访家庭对外没有需要赡养、抚养、扶养的人。在子女就读情况上,61%的农村受访家庭无学前儿童及小学生,约20%的农村受访家庭有1名在读学前儿童及小学生,13%的农村受访家庭有2名在读学前儿童及小学生,84%的农村受访家庭无在读初中生,12%的农村受访家庭有1名初中生,94%的农村受访家庭无中专生、高职生,93%的农村受访家庭无普通高中生,92%的农村受访家庭无大专生、本科生。

在家庭成员的重度残疾、失能、患重病情况上,约39%的城市受访家庭有1名重度残疾人,约3%的城市受访家庭有2名及以上重度残疾人。约27%的城市受访家庭有1名失能人员,3%的城市受访家庭有2名及以上失能人员。约44%的城市受访家庭有1名慢性病且长期药物依赖的患者,约10%的城市受访家庭有2名及以上慢性病且长期药物依赖的患者。约15%的城市受访家庭有1名重病患者,约2%的城市受访家庭有2名及以上重病患者。约23%的农村受访家庭有1名重度残疾人,约5%的农村受访家庭有2名及以上的重度残疾人。约15%的农村受访家庭有1名失能人员,约2%的农村受访家庭有2名及以上失能人员。约44%的农村受访家庭有1名慢性病且长期药物依赖的患者,约8%的农村受访家庭有2名及以上慢性病且长期药物依赖的患者。约18%的农村受访家庭有1名重病患者,约1%的农村受访家庭有2名及以上重病患者。城市与农村有慢性病且长期药物依赖患者的受访家庭比例较高，皆超过50%。

在住房情况上，城市受访家庭住房类型占比最高的为平房，往下依次为单栋楼房、单元房、自建房、商品房、筒子楼。城市家庭人均房间数的均值为1.02。在客厅地板类型上，城市受访家庭地板类型为瓷砖和水泥的比例各占近一半。墙壁类型上，超过一半的城市受访家庭为简装，近一半的城市受访家庭未装修。在厕所使用类型上，约85%的城市受访家庭为独用。农村受访家庭房屋类型占比最高的为砖瓦房，以下依次是楼房、一层钢筋水泥房、土坯房或简易房。外墙未装修的农村受访家庭约占45%，抹灰约占37%，瓷砖约占18%。农村受访家庭人均房间数的均值为0.82，少于城市受访家庭。农村受访家庭的大门类型超过半数为木门，余下占比从高到低为铁门、不锈钢门。农村受访家庭的客厅地板类型大多数为水泥，其次是瓷砖、土、石板。大部分农村受访家庭的墙壁未装修。在农村受访家庭的厕所冲水类型上，近80%为手动冲水，近17%没有冲水。

表5-2-3 2017年城市代理家计调查的变量及其描述性统计

变量名称	观测值	平均值	最小值	最大值	标准差
贫困程度评分	714	89.53	43.33	100	10.84
家庭结构					
学前儿童及小学生数	714	0.38	0	5	0.71
初中生数	714	0.21	0	2	0.49
中专生、高职生数	714	0.10	0	2	0.36
普通高中生数	714	0.09	0	2	0.31
大专生、本科生数	714	0.09	0	3	0.32
重度残疾人（包括失能人员）比例	702	0.27	0	1	0.33
慢性病且长期药物依赖患者数	714	0.70	0	3	0.72
重病患者数	714	0.19	0	3	0.45
不共同生活但家庭成员对其有赡养、抚育、扶养义务的人数	714	0.25	0	5	0.64
具备劳动能力的人数	714	0.96	0	6	0.99

第五章 准家计模型：广东低保家庭识别指标体系解析

续上表

变量名称	观测值	平均值	最小值	最大值	标准差
住房情况					
是否自有住房（是＝1，否＝0）	714	0.68	0	1	0.47
房屋产权（完全自有＝1，租住＝2，借住＝3）	714	1.60	1	3	0.83
房屋类型（平房＝1，筒子楼＝2，单元房＝3，自建房＝4，商品房＝5，单栋楼房＝6）	712	3.29	1	6	1.89
人均房间数量	712	1.02	0.17	5	0.77
客厅地板类型（木地板＝1，瓷砖＝2，水泥＝3）	712	2.46	1	3	0.54
墙壁类型（精装＝1，简装＝2，未装修＝3）	712	2.45	1	3	0.53
厕所使用类型（独用＝1，几户合用＝2，公用厕所＝3）	708	1.28	1	3	0.67
生产资料和生活资料					
摩托车数量	714	0.40	0	4	0.60
是否有国外品牌热水器（是＝1，否＝0）	714	0.04	0	1	0.19
电视尺寸和（家中所有电视的尺寸和）	713	17.87	0	64	16.55
空调台数和（家中所有空调的台数和）	714	0.28	0	6	0.66
冰箱容积和（家中所有冰箱的容积和）	714	67.33	0	574	94.7
是否有洗碗机（是＝1，否＝0）	714	0.002	0	1	0.05
是否有高档乐器（是＝1，否＝0）	714	0.007	0	1	0.08
是否有组合音响（是＝1，否＝0）	714	0.008	0	1	0.09

在城市受访家庭的生活资料上，城市受访家庭近65%无摩托车，31%有1辆摩托车。约96%的城市受访家庭无国外品牌的热水器。近60%的城市受访家庭有1台电视，近40%无电视。城市受访家庭无空调的约占81%，有1台空调的约占14%。城市受访家庭无冰箱的约占59%，有1台冰箱的约占40%。近乎全部城市受访家庭无洗碗机、高档乐器和组合音响。

在农村受访家庭的生产资料方面，农村受访家庭农作物（果树）种植面积为0亩的约占82%，约92%的农村受访家庭农作物（果树）种植面积小于1亩。农村受访家庭无林地的约占84%，约92%的农村受访家庭林地面积小于1亩。98%的农村受访家庭没有水产养殖。96%的农村受访家庭无牲畜。49%的农村受访家庭无家禽存栏，有10只家禽的农村受访家庭占比约为10%，有20只家禽的农村受访家庭占比约为6%，约91%的农村受访家庭家禽数小于20。约95%的农村受访家庭无机械设备。

表5-2-4　2017年农村代理家计调查的变量及其描述性统计

变量名称	观测值	平均值	最小值	最大值	标准差
贫困程度评分	905	89.51	40	100	8.35
家庭结构					
学前儿童及小学生数	904	0.67	0	9	1.04
初中生数	902	0.19	0	3	0.48
中专生、高职生数	903	0.07	0	2	0.30
普通高中生数	903	0.08	0	2	0.31
大专生、本科生数	903	0.09	0	3	0.33
重度残疾人（包括失能人员）比例	896	0.14	0	1	0.24
慢性病且长期药物依赖患者数	902	0.62	0	4	0.67
重病患者数	902	0.20	0	4	0.44
不共同生活但家庭成员对其有赡养、抚养、扶养义务的人数	903	0.18	0	7	0.59
具备劳动能力的人数	905	1.80	0	9	1.54

第五章 准家计模型:广东低保家庭识别指标体系解析

续上表

变量名称	观测值	平均值	最小值	最大值	标准差
住房情况					
是否自有住房(是=1,否=0)	894	0.94	0	1	0.25
房屋产权(完全自有=1,租住=2,借住=3)	903	1.19	1	3	0.57
房屋类型(楼房=1,一层钢筋水泥房=2,砖瓦房=3,土坯房或简易房=4)	905	2.31	1	4	1.04
外墙类型(瓷砖=1,抹灰=2,未装修=3)	905	2.27	1	3	0.74
人均房间数量	905	0.82	0	6	0.59
大门类型(不锈钢=1,铁门=2,木门=3)	904	2.39	1	3	0.71
客厅地板类型(木地板=1,瓷砖=2,水泥=3,土、石板=4)	905	2.95	1	4	0.51
墙壁类型(精装=1,简装=2,未装修=3)	905	1.78	1	3	0.41
厕所冲水类型(自动冲水=1,手动冲水=2,没有冲水=3)	905	2.14	1	3	0.42
生产资料					
人均农作物(果树)种植面积是否大于5亩(是=1,否=0)	904	0	0	0	0
人均林地面积是否大于10亩(是=1,否=0)	904	0.001	0	1	0.03
人均耕地面积是否大于5亩(是=1,否=0)	904	0.001	0	1	0.03
人均水产养殖面积是否大于0.5亩(是=1,否=0)	904	0.004	0	1	0.07

续上表

变量名称	观测值	平均值	最小值	最大值	标准差
牲畜数是否大于10（是=1，否=0）	904	0	0	0	0
家禽存栏数是否大于100（是=1，否=0）	904	0.002	0	1	0.04
机械动力是否大于25马力（是=1，否=0）	904	0	0	0	0
生活资料					
是否有固定生活用水水源（是=1，否=0）	903	0.96	0	1	0.21
做饭燃料类型［煤气（液化气、天然气）、太阳能、电=1，沼气、煤炭=2，柴草=3］	904	1.83	1	3	0.98
是否有国外品牌热水器（是=1，否=0）	901	0.04	0	1	0.20
摩托车数量	901	0.64	0	4	0.69
是否有洗衣机（是=1，否=0）	904	0.22	0	1	0.41
是否有微波炉（是=1，否=0）	905	0.03	0	1	0.17
是否有饮水机（是=1，否=0）	905	0.06	0	1	0.22
空调台数和（家中所有空调的匹数和）	904	0.11	0	5	0.42
是否接入互联网（是=1，否=0）	903	0.09	0	1	2.67
是否有家用电脑（是=1，否=0）	902	0.05	0	1	0.22

在农村受访家庭的生活资料上，约95%的农村受访家庭有固定生活用水水源。约58%的农村受访家庭做饭的主要燃料是煤气（液化气、天然气）、太阳能、电，约41%的受访家庭将柴草作为主要做饭燃料。近96%的农村受访家庭无国外品牌的热水器。农村受访家庭无摩托车的约占46%，有1辆摩托车的农村受访家庭约占43%，有2辆摩托车的农村受访家庭约

第五章　准家计模型：广东低保家庭识别指标体系解析

占9%。近78%的农村受访家庭无洗衣机，约22%的农村受访家庭拥有1台洗衣机。近97%的农村受访家庭无微波炉，近95%的农村受访家庭无饮水机。近90%的农村受访家庭无空调，约8%的农村受访家庭有1台空调。农村受访家庭已接入互联网的占比约为91%。约95%的农村受访家庭无家用电脑。从受访的农村和城市家庭来看，城市受访贫困人口和农村受访贫困人口具有不同的贫困特征，在生产资料和生活资料的贫困维度体现得尤为突出。因此，设计家庭识别指标时必须对城市和农村加以区分。

（2）2017年度城乡样本的回归结果。

表5-2-5为城市样本的回归结果，显示重病患者人数、具备劳动能力人数、厕所使用类型对贫困程度评分有显著正向影响。中专生、高职生数，有国外品牌热水器、电视尺寸和、空调台数和、冰箱容积和对贫困程度评分有显著的负向影响。在99%的置信水平上显著的变量有重病患者人数、空调台数和、冰箱容积和。重病患者人数越多，社区干部对其家庭的贫困程度评分越高。空调台数和越高，贫困程度评分越低；冰箱容积和越大，贫困程度评分越低。在95%的置信水平上，有国外品牌的热水器的家庭，社区干部对其贫困程度评分较低。

具备劳动能力的人数与贫困程度评分呈正相关，似乎和预设相反，对此的解释是，在2017年的调查中，对于是否具备劳动能力的人这一指标按法定劳动年龄进行划分，可能包括就读学生和失能、残疾人员，造成正相关的结果。在2019年的调查中，为了获取更准确的结果，课题组在此题上添加了关于劳动能力注意事项的说明，若能出具就读证明、医疗诊断、残疾证，则不视为具备劳动能力。

表5-2-6为2017年农村样本OLS模型回归结果，显示重度残疾（包括失能人员）比例、慢性病且长期药物依赖患者数、重病患者数、客厅地板类型、做饭燃料类型对贫困程度评分有显著正向影响。重度残疾人（包括失能人员）的比例越高，贫困程度评分越高；慢性病长期药物依赖患者数越多，贫困程度评分越高；重病患者数越多，贫困程度评分越高。客厅地板类型材质越差，贫困程度评分越高；做饭燃料越原始，贫困程度评分越高。

表5-2-5 2017年城市样本OLS模型估计结果

变量名称	贫困程度评分	变量名称	贫困程度评分
家庭结构		11. 是否自有住房（是=1，否=0）	-0.418 (1.221)
1. 学前儿童及小学生数	0.650 (0.535)	12. 房屋产权（完全自有=1，租住=2，借住=3）	0.343 (0.684)
2. 初中生数	-0.0513 (0.751)	13. 房屋类型（平房=1，筒子楼=2，单元房=3，自建房=4，商品房=5，单栋楼房=6）	0.243 (0.218)
3. 中专生、高职生数	-2.318** (1.019)	14. 人均房间数量	0.799 (0.543)
4. 普通高中生数	0.320 (1.179)	15. 客厅地板类型（木地板=1，瓷砖=2，水泥=3）	1.053 (0.835)
5. 大专生、本科生数	-0.851 (1.129)	16. 墙壁类型（精装=1，简装=2，未装修=3）	0.697 (0.863)
6. 重度残疾人（包括失能人员）比例	1.181 (1.144)	17. 厕所使用类型（独用=1，几户合用=2，公用厕所=3）	1.056* (0.579)
7. 慢性病且长期药物依赖患者数	0.0986 (0.532)	18. 摩托车数量	0.793 (0.678)
8. 重病患者数	3.133*** (0.804)	19. 是否有国外品牌热水器（是=1，否=0）	-4.396** (1.766)
9. 不共同生活但家庭成员对其有赡养、抚养、扶养义务的人数	-0.206 (0.591)	20. 电视尺寸和（家中所有电视的尺寸和）	-0.0520* (0.0274)
10. 具备劳动能力的人数	0.975** (0.422)	21. 空调台数和（家中所有空调的台数和）	-4.254*** (0.642)
住房情况		22. 冰箱容积和（家中所有冰箱的容积和）	-0.0249*** (0.00510)

第五章 准家计模型：广东低保家庭识别指标体系解析

续上表

变量名称	贫困程度评分	变量名称	贫困程度评分
23. 是否有洗碗机（是=1，否=0）	6.118 (9.561)	常数项	83.77*** (3.331)
24. 是否有高档乐器（是=1，否=0）	-5.623 (6.795)	观测值	695
25. 是否有组合音响（是=1，否=0）	-2.066 (3.847)	R_{sq}	0.312

注：括号内为标准误，*$p<0.1$，**$p<0.05$，***$p<0.01$。

表5-2-6　2017年农村样本OLS模型回归结果

变量名称	贫困程度评分	变量名称	贫困程度评分
家庭结构		8. 重病患者数	1.321** (0.608)
1. 学前儿童及小学生数	-0.0411 (0.266)	9. 不共同生活但家庭成员对其有赡养、抚养、扶养义务的人数	-0.816* (0.442)
2. 初中生数	0.559 (0.558)	10. 具备劳动能力的人数	-0.648*** (0.193)
3. 中专生、高职生数	-0.105 (0.900)	住房情况	
4. 普通高中生数	0.517 (0.819)	11. 是否自有住房（是=1，否=0）	-2.103 (1.537)
5. 大专生、本科生数	-0.359 (0.766)	12. 房屋产权（完全自有=1，租住=2，借住=3）	0.515 (0.656)
6. 重度残疾人（包括失能人员）比例	4.297*** (1.104)	13. 是否房屋类型（楼房=1，一层钢筋水泥房=2，砖瓦房=3，土坯房或简易房=4）	-1.064*** (0.310)
7. 慢性病且长期药物依赖患者数	0.833** (0.397)	14. 外墙类型（瓷砖=1，抹灰=2，未装修=3）	0.250 (0.433)

续上表

变量名称	贫困程度评分	变量名称	贫困程度评分
15. 人均房间数量	0.378 (0.493)	25. 家禽存栏数是否大于100（是=1，否=0）	4.252 (5.318)
16. 大门类型（不锈钢=1，铁门=2，木门=3）	-0.0598 (0.393)	26. 机械动力是否大于25马力（是=1，否=0）	—
17. 客厅地板类型（木地板=1，瓷砖=2，水泥=3，土、石板=4）	1.676*** (0.579)	生活资料	
18. 墙壁类型（精装=1，简装=2，未装修=3）	1.091 (0.708)	27. 是否有固定生活用水水源（是=1，否=0）	-1.980 (1.219)
19. 厕所冲水类型（自动冲水=1，手动冲水=2，没有冲水=3）	-0.976 (0.663)	28. 做饭燃料类型［煤气（液化气、天然气）、太阳能、电=1，沼气、煤炭=2，柴草=3］	0.780*** (0.280)
生产资料		29. 是否有国外品牌热水器（是=1，否=0）	-0.385 (1.215)
20. 人均农作物（果树）种植面积是否大于5亩（是=1，否=0）	—	30. 摩托车数量	-1.417*** (0.430)
21. 人均林地面积是否大于10亩（是=1，否=0）	8.663 (7.495)	31. 是否有洗衣机（是=1，否=0）	-2.641*** (0.723)
22. 人均耕地面积是否大于5亩（是=1，否=0）	-2.138 (7.601)	32. 是否有微波炉（是=1，否=0）	1.324 (1.645)
23. 人均水产养殖面积是否大于0.5亩（是=1，否=0）	2.170 (3.836)	33. 是否有饮水机（是=1，否=0）	-0.840 (1.222)
24. 牲畜数是否大于10（是=1，否=0）	—	34. 空调台数和（家中所有空调的台数和）	-2.023*** (0.656)

第五章 准家计模型：广东低保家庭识别指标体系解析

续上表

变量名称	贫困程度评分	变量名称	贫困程度评分
35. 是否接入互联网（是=1，否=0）	-1.663 (1.198)	观测值	873
36. 是否有家用电脑（是=1，否=0）	1.638 (1.366)	R_{sq}	0.242
常数项	89.94*** (3.302)		

注：括号内为标准误，$^*p<0.1$，$^{**}p<0.05$，$^{***}p<0.01$。

与其相对，不共同生活但家庭成员对其有赡养、抚养、扶养义务的人数，具备劳动能力的人数，房屋类型，摩托车数量，有洗衣机，空调台数和对贫困程度评分有显著负向影响。具备劳动能力的人数越多，贫困程度评分越低；摩托车数量越多，贫困程度评分越低；有洗衣机的家庭贫困程度评分低；空调台数和越高的家庭贫困评分越低。对外具有赡养、抚养、扶养义务的人数越多，家庭贫困程度评分越低，与预设相反，推测是由于对外具有赡养、抚养、扶养义务的家庭可能青壮年劳动力人数更多。

当然，由于2017年是广东低保目标瞄准改革的启动之年，无论在理论层面对代理家计指标方法的认知，还是在实践层面对城乡低保对象家计情况的具体了解方面，都存在一些偏差，如在抽样中存在一定的误差。由于时间关系，对广东省低保治理实践的了解不够全面。再者，在设计广东省城乡居民低保对象识别指标体系过程中，虽然本书基于文献、访谈和实地调研得到的结果有一定的科学性，但仍可能会与实际情况有一定偏离，需要在后续研究中在县级层面应用这套指标体系，并根据各地实际情况及时修正。

（3）2018年度城乡受访家庭情况。

表5-2-7为2018年度城市代理家计调查变量的描述性统计，表5-2-8为2018年度农村代理家计调查变量的描述性统计。同时结合每个指标的微观数据，将从家庭结构、家庭成员的重度残疾、失能、患重病情况、住房情况、生活资料、生产资料方面进行描述。

在家庭结构上，大多城市受访家庭的共同生活成员有 2～4 人，约 20% 的城市受访家庭的共同生活成员超过 4 人。城市受访家庭平均有 1.61 个具备劳动能力的人，家中无具备劳动能力的人的城市受访家庭约占 26%。大部分城市受访家庭对外没有需要赡养、抚养、扶养的人员。在就读情况上，近 70% 的城市受访家庭无学前儿童及小学生，超 80% 的城市受访家庭无初中生，超 90% 的城市受访家庭无中专生、高职生，约 88% 的城市受访家庭无普通高中生，约 89% 的城市受访家庭无大专生、本科生。在农村受访家庭中，大多家庭共同生活的成员有 3～5 人，19.1% 的农村受访家庭的共同生活家庭成员超过 5 人。农村受访家庭平均有 1.95 个具备劳动能力的人，无具备劳动能力的人的农村受访家庭约占 22%。76% 的受访农村家庭对外没有需要赡养、抚养、扶养的人员。在就读情况上，近 63% 的农村受访家庭无学前儿童及小学生，约 80% 的农村受访家庭无初中生，超 93% 的农村受访家庭无中专生、高职生，超 90% 的农村受访家庭无普通高中生，约 89% 的农村受访家庭无大专生、本科生。

在家庭成员重度残疾、失能和患病情况上，大部分城市受访家庭无重度残疾人，约 30% 的城市受访家庭有 1 名重度残疾人。大部分城市受访家庭无失能人员，约 10% 的城市受访家庭有 1 名及以上失能人员。在患慢性病上，近一半的城市受访家庭有 1 名及以上慢性病患者，其中，有 1 名慢性病患者的城市受访家庭占 37%。约 89% 的城市受访家庭无重病患者，10% 的城市受访家庭有 1 名重病患者。在农村受访者中，约 76% 的农村受访家庭无重度残疾人，20% 的农村受访家庭有 1 名重度残疾人。超 91% 的农村受访家庭无失能人员，约 8% 的农村受访家庭有 1 名及以上失能人员。在患慢性病上，54% 的农村受访家庭无慢性病患者，36% 的农村受访家庭有 1 名慢性病患者，8% 的农村受访家庭有 2 名慢性病患者。绝大多数农村受访家庭无重病患者，约 7% 的农村受访家庭有 1 名重病患者。

第五章 准家计模型：广东低保家庭识别指标体系解析

表 5-2-7 2018 年城市代理家计调查变量的描述性统计

变量名称	观测值	平均值	最小值	最大值	标准差
贫困程度评分	968	6.94	0	10	3.39
家庭结构					
学前儿童及小学生数	979	0.49	0	11	0.90
初中生数	976	0.24	0	4	0.53
中专生、高职生数	978	0.11	0	2	0.35
普通高中生数	977	0.13	0	2	0.39
大专生、本科生数	980	0.14	0	3	0.14
重度残疾人（包括失能人员）比例	977	0.15	0	1	0.24
慢性病且长期药物依赖患者数	979	0.54	0	4	0.66
重病患者数	979	0.11	0	2	0.32
不共同生活但家庭成员对其有赡养、抚养、扶养义务的人数	978	0.48	0	6	0.90
具备劳动能力的人数	979	1.61	0	14	1.50
住房情况					
是否自有住房（是=1，否=0）	980	0.78	0	1	0.41
房屋产权（借住=1，租住=2，完全自有=3）	980	2.41	1	3	0.79
房屋类型［平房=1，筒子楼=2，单元房=3，自建房（不含单栋楼房）=4，商品房=5，单栋楼房=6］	980	3.01	1	6	1.70
人均房间数量	980	0.82	0.16	16	0.78
客厅地板类型（泥土或水泥=1，瓷砖=2，木地板=3）	979	1.66	1	3	0.56
墙壁类型（未装修=1，装修=2）	980	1.50	1	2	0.50
厕所使用类型（公用厕所=1，几户合用=2，独用=3）	978	2.84	1	3	0.44

续上表

变量名称	观测值	平均值	最小值	最大值	标准差
生产资料和生活资料					
摩托车数量	978	0.81	0	4	0.82
国外品牌热水器数量	978	0.16	0	5	0.41
电视尺寸和（家中所有电视的尺寸和）	980	29.17	0	180	18.07
空调台数和（家中所有空调的台数和）	980	0.58	0	10	1.26
冰箱容积和（家中所有冰箱的容积和）	980	85.92	0	2000	127.40
是否有洗碗机（是=1，否=0）	978	0.01	0	1	0.10
是否有高档乐器（是=1，否=0）	978	0.007	0	1	0.08
是否有组合音响（是=1，否=0）	976	0.02	0	1	0.15

在住房情况上，城市受访家庭中78%有自有住房，22%无自有住房。在房屋产权上，60%的城市受访家庭为完全自有，20%的城市受访家庭为租住，20%的城市受访家庭为借住。在房屋类型上，城市受访家庭为平房的占比最多，为35%，往下依次为自建房、单元房、商品房、单栋楼房、筒子楼，占比分别约为25%、16%、14%、7%、3%。城市受访家庭人均房间数为0.82，人均房间小于1间的城市受访家庭的占比约为66%。在客厅地板材质上，近57%的城市受访家庭的客厅地板为瓷砖，39%的城市受访家庭的客厅地板为泥土或水泥。在墙壁类型上，城市受访家庭墙壁类型为装修与未装修的比例各占一半。在厕所使用类型上，88%的城市受访家庭为独用，约9%的城市受访家庭为几户并用。在农村受访者中，超90%的农村受访家庭有自有住房。在房屋产权上，约86%的农村受访家庭房屋为完全自有，11%的农村受访家庭为借住，近3%的农村受访家庭为租住。在农村受访家庭的房屋类型上，占比由高到低依次是楼房、一层钢筋水泥房、砖瓦房、土坯房或简易房，占比分别为46%、22%、20%、12%。农村受访家庭人均房间数为0.9，人均房间少于1间的农村受访家庭的占比约为61%。

第五章 准家计模型：广东低保家庭识别指标体系解析

在大门类型上，约37%的农村受访家庭为木门，约35%的农村受访家庭为铁门，近27%的农村受访家庭为不锈钢门。在客厅地板类型上，超过一半的农村受访家庭客厅地板为水泥材质，约34%的农村受访家庭客厅地板为瓷砖，约14%的农村受访家庭客厅地板为泥土、石板。在墙壁类型上，近56%的农村受访家庭的墙壁未装修，44%的农村受访家庭的墙壁已装修。在厕所使用类型方面，约77%的农村受访家庭的厕所为手动冲水，约16%的农村受访家庭的厕所没有冲水，约6%的农村受访家庭的厕所有自动冲水。

表5-2-8 2018年农村代理家计调查的变量及其描述性统计

变量名称	观测值	平均值	最小值	最大值	标准差
贫困程度评分	1861	6.70	0	10	3.05
家庭结构					
学前儿童及小学生数	1859	0.70	0	6	1.11
初中生数	1856	0.25	0	5	0.55
中专生、高职生数	1855	0.07	0	3	0.31
普通高中生数	1853	0.11	0	3	0.37
大专生、本科生数	1856	0.16	0	7	0.54
重度残疾人（包括失能人员）比例	1850	0.11	0	1	0.22
慢性病且长期药物依赖患者数	1864	0.56	0	4	0.70
重病患者数	1863	0.08	0	2	0.29
不共同生活但家庭成员对其有赡养、抚养、扶养义务的人数	1863	0.46	0	7	1.00
具备劳动能力的人数	1864	1.95	0	13	1.70
住房情况					
是否自有住房（是=1，否=0）	1864	0.90	0	1	0.29
房屋产权（借住=1，租住=2，完全自有=3）	1864	2.76	1	3	0.63
房屋类型（土坯房或简易房=1，砖瓦房=2，一层钢筋水泥房=3，楼房=4）	1864	3.02	1	4	1.06

续上表

变量名称	观测值	平均值	最小值	最大值	标准差
外墙类型（未装修=1，抹灰=2，瓷砖=3）	1864	1.80	1	3	0.82
人均房间数量	1864	0.90	0.09	8	0.76
大门类型（木门=1，铁门=2，不锈钢=3）	1861	1.90	1	3	0.80
客厅地板类型（土、石板等=1，水泥=2，瓷砖=3，木地板=4）	1864	2.20	1	4	0.67
墙壁类型（未装修=1，装修=2）	1864	1.44	1	2	0.50
厕所冲水类型（没有冲水=1，手动冲水=2，自动冲水=3）	1864	1.90	1	3	0.47
生产资料					
人均农作物（果树）种植面积是否大于5亩（是=1，否=0）	1865	0.002	0	1	0.05
人均林地面积是否大于10亩（是=1，否=0）	1862	0.001	0	1	0.03
人均耕地面积是否大于5亩（是=1，否=0）	1865	0.001	0	1	0.03
人均水产养殖面积是否大于0.5亩（是=1，否=0）	1865	0.009	0	1	0.09
牲畜数是否大于10（是=1，否=0）	1865	0.003	0	1	0.06
家禽存栏数是否大于100（是=1，否=0）	1865	0.003	0	1	0.06
机械动力是否大于25马力（是=1，否=0）	1864	0.001	0	1	0.03
生活资料					
是否有固定生活用水水源（是=1，否=0）	1864	0.95	0	1	0.21

第五章 准家计模型：广东低保家庭识别指标体系解析

续上表

变量名称	观测值	平均值	最小值	最大值	标准差
做饭燃料类型［柴草＝1，沼气、煤炭＝2，煤气（液化气、天然气）、太阳能、电＝3］	1854	2.38	1	3	0.92
是否有国外品牌热水器（是＝1，否＝0）	1864	0.10	0	1	0.31
摩托车数量	1860	0.78	0	5	0.77
是否有洗衣机（是＝1，否＝0）	1864	0.42	0	1	0.49
是否有微波炉（是＝1，否＝0）	1864	0.13	0	1	0.34
是否有饮水机（是＝1，否＝0）	1864	0.12	0	1	0.32
空调台数和（家中所有空调的台数和）	1865	0.45	0	19.5	1.12
是否接入互联网（是＝1，否＝0）	1861	0.23	0	1	0.42
是否有家用电脑（是＝1，否＝0）	1859	0.14	0	1	0.35

在城市受访家庭的生活资料上，39%的城市受访家庭无摩托车，46%的城市受访家庭有1台摩托车，11%的城市受访家庭有2台摩托车。大部分的城市受访家庭无国外品牌热水器，13%的城市受访家庭有1台国外品牌热水器。城市受访家庭平均电视尺寸和为29.17英寸，平均空调台数和为0.58，平均冰箱容积和为85.92升。绝大多数城市受访家庭无洗碗机、高档乐器和组合音响。在农村受访家庭的生活资料上，绝大多数农村受访家庭有固定生活水源。在做饭燃料上，近69%的农村受访家庭使用煤气，31%的农村受访家庭使用柴草。近90%的农村受访家庭无国外品牌的热水器。约40%的农村受访家庭无摩托车，45%的农村受访家庭有1台摩托车，13%的农村受访家庭有2台摩托车。约57%的农村受访家庭无洗衣机，约87%的农村受访家庭无微波炉，约88%的农村受访家庭无饮水机，约77%的农村受访家庭无空调，约77%的农村受访家庭未接入互联网，约86%的农村受访家庭无家用电脑。

在农村受访家庭的生产资料上，99.73%的农村受访家庭人均农作物（果树）面积小于5亩，99.9%的农村受访家庭人均林地面积小于10亩，99.9%

的农村受访家庭人均耕地面积小于 5 亩，99% 的农村受访家庭人均水产养殖面积小于 0.5 亩，99.6% 的农村受访家庭牲畜数小于 10，99.8% 的农村受访家庭家禽存栏数小于 100，99.9% 的农村受访家庭机械动力小于 25 马力。

(4) 2018 年度城乡样本的回归结果。

表 5-2-9 为 2018 年度城市样本的回归结果，结果显示学前儿童及小学生数，重度残疾人（包括失能人员）比例，慢性病且长期药物依赖患者数，重病患者数，不共同生活但有赡养、抚养、扶养义务的人数，房屋类型，厕所使用类型对贫困程度评分有显著的正向影响，而具备劳动能力的人数、客厅地板类型、摩托车数量、空调台数和、冰箱容积和、有洗碗机对贫困程度评分有显著的负向影响。

表 5-2-10 为 2018 年农村样本的 OLS 回归结果，可见重度残疾人（包括失能人员）比例、慢性病且长期药物依赖患者、重病患者数、家禽存栏数大于 100 对贫困程度评分有显著的正向影响。而学前儿童及小学生数、房屋产权、人均房间数量、大门类型、墙壁类型、有国外品牌热水器、摩托车数量、有洗衣机、有微波炉、接入互联网、有家用电脑对贫困程度评分有显著的负向影响。

表 5-2-9　2018 年城市样本 OLS 模型估计结果

变量名称	贫困程度评分	变量名称	贫困程度评分
家庭结构		5. 大专生、本科生数	0.108 (0.173)
1. 学前儿童及小学生数	0.325*** (0.0801)	6. 重度残疾人（包括失能人员）比例	2.051*** (0.309)
2. 初中生数	-0.0807 (0.130)	7. 慢性病且长期药物依赖患者数	0.995*** (0.109)
3. 中专生、高职生数	0.0156 (0.197)	8. 重病患者数	1.218*** (0.226)
4. 普通高中生数	-0.0695 (0.185)	9. 不共同生活但家庭成员对其有赡养、抚养、扶养义务的人数	0.563*** (0.0860)

第五章 准家计模型：广东低保家庭识别指标体系解析

续上表

变量名称	贫困程度评分	变量名称	贫困程度评分
10. 具备劳动能力的人数	-0.516*** (0.0578)	19. 国外品牌热水器数量	-0.0744 (0.217)
住房情况		20. 电视尺寸和（家中所有电视的尺寸和）	-0.00244 (0.00478)
11. 是否自有住房（是=1，否=0）	-0.0975 (0.266)	21. 空调台数和（家中所有空调的台数和）	-0.287*** (0.0752)
12. 房屋产权（借住=1，租住=2；完全自有=3）	-0.560*** (0.140)	22. 冰箱容积和（家中所有冰箱的容积和）	-0.00342*** (0.000742)
13. 房屋类型 [平房=1，筒子楼=2，单元房=3，自建房（不含单栋楼房）=4，商品房=5，单栋楼房=6]	0.0883* (0.0483)	23. 是否有洗碗机（是=1，否=0）	-1.225* (0.744)
14. 人均房间数量	0.00750 (0.0912)	24. 是否有高档乐器（是=1，否=0）	-0.908 (0.833)
15. 客厅地板类型（泥土或水泥=1，瓷砖=2，木地板=3）	-1.019*** (0.160)	25. 是否有组合音响（是=1，否=0）	-0.146 (0.460)
16. 墙壁类型（未装修=1，装修=2）	-0.0799 (0.188)	常数项	9.121*** (0.560)
17. 厕所使用类型（公用厕所=1，几户合用=2，独用=3）	0.512*** (0.163)	观测值	949
生产资料和生活资料		R_{sq}	0.635
18. 摩托车数量	-0.834*** (0.104)		

注：括号内为标准误，$*p<0.1$，$**p<0.05$，$***p<0.01$。

表5-2-10 2018年农村样本OLS模型估计结果

变量名称	贫困程度评分	变量名称	贫困程度评分
家庭结构		住房情况	
1. 学前及小学生数	-0.0978** (0.0476)	11. 是否自有住房（是=1，否=0）	-0.0956 (0.277)
2. 初中生数	0.0400 (0.0889)	12. 房屋产权（借住=1，租住=2，完全自有=3）	-0.290** (0.128)
3. 中专生、高职生数	0.188 (0.158)	13. 房屋类型（土坯房或简易房=1，砖瓦房=2，一层钢筋水泥房=3，楼房=4）	-0.0639 (0.0580)
4. 普通高中生数	0.192 (0.135)	14. 外墙类型（未装修=1，抹灰=2，瓷砖=3）	0.0988 (0.0770)
5. 大专生、本科生数	0.0322 (0.0975)	15. 人均房间数量	-0.149** (0.0718)
6. 重度残疾人（包括失能人员）比例	1.765*** (0.235)	16. 大门类型（木门=1，铁门=2，不锈钢=3）	-0.157** (0.0701)
7. 慢性病且长期药物依赖患者数	0.406*** (0.0735)	17. 客厅地板类型（土、石板等=1，水泥=2，瓷砖=3，木地板=4）	0.0766 (0.0952)
8. 重病患者数	0.529*** (0.169)	18. 墙壁类型（未装修=1，装修=2）	-0.569*** (0.131)
9. 不共同生活但家庭成员对其有赡养、抚养、扶养义务的人数	0.0605 (0.0507)	19. 厕所冲水类型（没有冲水=1，手动冲水=2，自动冲水=3）	-0.100 (0.121)
10. 具备劳动能力的人数	-0.304*** (0.0377)		

第五章 准家计模型：广东低保家庭识别指标体系解析

续上表

变量名称	贫困程度评分	变量名称	贫困程度评分
生产资料		29. 是否有国外品牌热水器（是＝1，否＝0）	－1.566*** (0.169)
20. 人均农作物（果树）种植面积是否大于5亩（是＝1，否＝0）	－0.116 (1.062)	30. 摩托车数量（是＝1，否＝0）	－0.247*** (0.0788)
21. 人均林地面积是否大于10亩（是＝1，否＝0）	－1.192 (2.055)	31. 是否有洗衣机（是＝1，否＝0）	－0.801*** (0.124)
22. 人均耕地面积是否大于5亩（是＝1，否＝0）	－1.341 (2.058)	32. 是否有微波炉（是＝1，否＝0）	－1.038*** (0.177)
23. 人均水产养殖面积是否大于0.5亩（是＝1，否＝0）	－0.0516 (0.540)	33. 是否有饮水机（是＝1，否＝0）	0.0705 (0.165)
24. 牲畜数是否大于10（是＝1，否＝0）	0.182 (0.853)	34. 空调台数和（家中所有空调的台数和）	－0.269*** (0.0548)
25. 家禽存栏数是否大于100（是＝1，否＝0）	2.311* (1.193)	35. 是否接入互联网（是＝1，否＝0）	－0.629*** (0.163)
26. 机械动力是否大于25马力（是＝1，否＝0）	1.538 (1.458)	36. 是否有家用电脑（是＝1，否＝0）	－0.932*** (0.196)
生活资料		常数项	9.870*** (0.399)
27. 是否有固定生活用水水源（是＝1，否＝0）	0.201 (0.237)	观测值	1821
28. 做饭燃料类型［柴草＝1，沼气、煤炭＝2，煤气（液化气、天然气）、太阳能、电＝3］	0.0519 (0.0572)	R_{sq}	0.562

注：括号内为标准误，* $p<0.1$，** $p<0.05$，*** $p<0.01$。

二、代理家计模型的优化

2017年和2018年，20余市（县）的入户调查数据验证了准家计调查指标与贫困程度的关系，并提供一套相应指标的权重系数，为准家计调查计分体系的构建打下了基础。2018年最终确定的准家计模型评分体系充分结合了民政工作人员的经验和广东省城乡贫困家庭的实际情况，执行问卷调查中也增加了关于家庭收支维度的内容。2019年的准家计模型计分体系优化主要体现以下方面：首先，将收入差额（家庭人均可支配收入与当地低保标准的差额）和年度自付住院费用纳入体系之中，并赋予一定的权重，一定程度上避免了忽略收入和支出状况所带来的误差，使评分结果更贴近现实。其次，体系纳入个人年度自付住院费用，有助于识别出因病致贫的人口，从而将支出型贫困纳入低保。除此以外，在城乡生活资料等指标上的设计更统一，分类更合理。正是基于完善之后的2019年的准家计模型和计分体系，课题组展开后续的支出型贫困瞄准、多维贫困新进率、家计丰裕家庭淘汰率等指标的计算。

1. 2019年度城乡受访家庭情况

表5-2-11为2019年度城市代理家计调查变量的描述性统计，表5-2-12为2019年度农村代理家计调查变量的描述性统计。同时结合每个指标的微观数据，将从家庭结构、个人年度自付住院费用、家庭成员的重度残疾、失能、患重病情况、住房情况、生活资料、生产资料等方面进行描述。

在家庭结构上，城市受访家庭的共同生活成员集中在2～4名，占比约为66%，超过4名的约占4%。约47%的城市受访家庭无具备劳动能力的人，32%的城市受访家庭有1名具备劳动能力的人，15%的城市受访家庭有2名具备劳动能力的人。82%的城市受访家庭对外无赡养、抚养、扶养义务。在家庭成员的就读情况上，90%的城市受访家庭无学前儿童，77%的城市受访家庭无小学生，82%的城市受访家庭无初中生，93%的城市受访家庭无中专生、高职生，90%的城市受访家庭无普通高中生，89%的城市受访家庭无大专生、本科生。农村受访家庭的共同生活成员数集中在1～5名，占

第五章 准家计模型：广东低保家庭识别指标体系解析

比约为85%。约46%的农村受访家庭没有具备劳动能力的人，36%的农村受访家庭有1名具备劳动能力的人，14%的农村受访家庭有2名具备劳动能力的人。约87%的农村受访家庭对外无赡养、抚养、扶养义务。在家庭成员的就读情况上，88%的农村受访家庭无学前儿童，75%的农村受访家庭无小学生，14%的农村受访家庭有1名小学生，82%的农村受访家庭无初中生，14%的农村受访家庭有1名初中生，91%的农村受访家庭无中专生、高职生，92%的农村受访家庭无普通高中生，93%的农村受访家庭无大专生、本科生。

在个人年度自付住院费用总和上，45%的城市受访对象个人年度自付住院费用总和为0元，余下的城市受访对象的个人自付住院费用总和支出变化较大，均值为11092元；约76%的城市调查对象年度自付住院费用小于10000元，约10%的城市受访家庭此项支出超过23000元。对于农村受访对象，个人年度自付住院费用总和为0元的比例约占60%，此项变量标准差也很大，均值约为8759元；约85%的农村调查对象该项支出小于10000元，约7%的农村受访家庭该项支出大于20000元。

在家庭成员的重度残疾、失能和患病方面，约63%的城市受访家庭无重度残疾人，33%的城市受访家庭有1名重度残疾人。约86%的城市受访家庭无失能人员，约13%的城市受访家庭有1名失能人员。超过一半的城市受访家庭有慢性病患者，约42%的城市受访家庭有1名慢性病患者，12%的城市受访家庭有2名慢性病患者。近73%的受访城市家庭无重病患者，25%的城市受访家庭有1名重病患者。近67%的农村受访家庭无重度残疾人，约29%的农村受访家庭有1名重度残疾人。约87%的农村受访家庭无失能人员，约11%的农村受访家庭有1名失能人员。近52%的农村受访家庭无慢性病患者，37%的农村受访家庭有1名慢性病患者，约9%的农村受访家庭有2名慢性病患者。大部分农村受访家庭无重病患者，只有约15%的农村受访家庭有1名或2名重病患者。

表5-2-11 2019年城市代理家计调查的变量及其描述性统计

变量名称	观测值	平均值	最小值	最大值	标准差
贫困程度评分	1374	8.81	3	10	1.42
家庭结构					
具备劳动能力的人比例	1374	0.21	0	1	0.25
重度残疾人（包括失能人员）比例	1336	0.20	0	1	0.27
慢性病患者数	1374	0.71	0	4	0.73
重病患者数	1374	0.29	0	3	0.50
住院费用（个人自付部分）/元	1374	11092	0	700000	40410.41
赡养、抚养、扶养义务的人数	1374	0.29	0	5	0.69
学前儿童数量	1374	0.10	0	3	0.35
小学生数量	1374	0.30	0	3	0.60
初中生数量	1374	0.21	0	4	0.48
中专生、高职生数量	1374	0.07	0	2	0.27
普通高中生数量	1374	0.11	0	2	0.35
大专生、本科生数量	1374	0.12	0	3	0.37
住房情况					
房屋产权（借住=1，租住=2，完全自有=3，部分自有=4）	1374	2.40	1	4	1.00
房屋类型［自建泥砖房=1，简易房=2，筒子楼=3，自建砖混房=4，20世纪90年代前建成商品房=5，20世纪90年代后建成商品房=6，自建框架（钢筋混凝土）房（3层及以下）=7，自建框架（钢筋混凝土）房（4层及以上）=8］	761	4.35	1	8	1.99

第五章 准家计模型：广东低保家庭识别指标体系解析

续上表

变量名称	观测值	平均值	最小值	最大值	标准差
人均房间数量	758	1.03	0.14	5	0.74
客厅地板［木地板＝1，瓷砖＝2，（中高档）石材＝3，水泥＝4，青砖＝5，土、石＝6］	761	3.07	1	6	1.23
墙壁情况（装修且没有明显破损＝1，装修但破损严重＝2，未装修＝3）	760	1.91	1	3	0.92
厕所使用情况（独用＝1，几乎合用＝2，公用厕所＝3）	761	1.13	1	3	0.48
生活资料					
摩托车数	1374	0.44	0	2	0.53
是否使用煤气（液化气、天然气）、太阳能、电做饭（是＝1，否＝0）	1374	0.93	0	1	0.26
是否使用沼气、煤炭做饭（是＝1，否＝0）	1329	0.03	0	1	0.16
是否使用柴草做饭（是＝1，否＝0）	1329	0.11	0	1	0.31
电视尺寸和（家中所有电视的尺寸和）	1374	22.60	0	9	18.58
是否有国外品牌热水器（是＝1，否＝0）	1374	0.02	0	1	0.14
空调制冷量和（家中所有空调的制冷量总和）	1374	579.92	0	11900	1334.197
冰箱容积和（家中所有冰箱的容积总和）	1374	73.43	0	771	113.25
是否有洗衣机（是＝1，否＝0）	1374	0.42	0	1	0.49
是否有微波炉（是＝1，否＝0）	1374	0.09	0	1	0.28

续上表

变量名称	观测值	平均值	最小值	最大值	标准差
是否有饮水机（是=1，否=0）	1374	0.15	0	1	0.36
是否有家用电脑（是=1，否=0）	1374	0.10	0	1	0.30
是否接入宽带（是=1，否=0）	1374	0.17	0	1	0.37
是否有高档乐器（是=1，否=0）	1374	0.00	0	1	0.06
是否有组合音响（是=1，否=0）	1374	0.00	0	1	0.05

在住房情况上，44%的城市受访家庭房屋产权为完全自有，27%的城市受访家庭房屋产权为借住，房屋产权为租住和部分自有的城市受访家庭分别约占17%和12%。城市受访家庭的房屋类型占比由高到低依次为自建砖混房、20世纪90年代后建成商品房、自建泥砖房、3层及以下自建框架房、20世纪90年代前建成商品房、简易房，分别占比32.1%、14.72%、14.59%、14.32%、11.96%、7.23%。城市受访家庭人均房间数为1.03，人均房间少于1间的城市受访家庭的占比约为52%。在客厅地板类型上，近一半的城市受访家庭客厅地板为瓷砖，近40%的城市受访家庭客厅地板为水泥。在墙壁类型上，48%的城市受访家庭的墙壁类型为已装修且无明显破损，39%的城市受访家庭的墙壁类型为未装修，13%的城市受访家庭的墙壁类型为已装修但是破损严重。在厕所使用类型上，超过91%的城市受访家庭的厕所为独用，少数城市受访家庭的厕所为几户合用或者使用公厕。67%的农村受访家庭的房屋产权为完全自有，17%的农村受访家庭的房屋产权为部分自有，16%的农村受访家庭的房屋为借住。农村受访家庭的房屋类型占比由高到低依次为砖混房、一层框架房、泥砖房、框架楼房、简易房，分别约占50%、17.7%、17.6%、9.4%、4.8%。农村受访家庭人均房间数为1.15，人均房间数量小于1的农村受访家庭的占比约为50%。在房屋外墙类型上，近58%的农村受访家庭的外墙类型为未装修，外墙抹灰的占15%，瓷砖的占14%。在大门类型上，43%的农村受访家庭使用木门，约35%的农村受访家庭使用铁门，22%的农村受访家庭使用不锈钢门。在客厅地板类型上，农村受访家庭的客厅地板为水泥材质的占比约为57%，其次为瓷砖、土、石等。在墙壁类型上，58%

第五章 准家计模型：广东低保家庭识别指标体系解析

的农村受访家庭墙壁类型为未装修，14%的农村受访家庭墙壁类型为已装修但是破损严重，27%的农村受访家庭为已装修且无明显破损。在厕所冲水类型上，73%的农村受访家庭厕所冲水类型为手动冲水，6%的农村受访家庭厕所冲水类型为自动冲水，其余的农村受访家庭厕所冲水类型为无冲水或无厕所。

表5-2-12　2019年农村代理家计调查的变量及其描述性统计

变量名称	观测值	平均值	最小值	最大值	标准差
贫困程度评分	1839	8.43	2	10	1.60
家庭结构					
具备劳动能力的人比例	1838	0.19	0	1	0.23
重度残疾人（包括失能人员）比例	1821	0.17	0	1	0.28
慢性病患者数	1839	0.60	0	5	0.73
重病患者数	1839	0.16	0	2	0.40
住院费用（个人自付部分）/元	1839	8759.50	0	70000	40687.78
赡养、抚养、扶养义务的人数	1839	0.25	0	12	0.79
学前儿童数量	1839	0.15	0	4	0.45
小学生数量	1839	0.37	0	6	0.75
初中生数量	1839	0.23	0	3	0.54
中专生、高职生数量	1839	0.09	0	3	0.34
普通高中生数量	1839	0.10	0	3	0.35
大专生、本科生数量	1839	0.09	0	3	0.36
住房情况					
房屋产权（借住=1，租住=2，完全自有=3，部分自有=4）	1839	2.85	1	4	0.89
房屋类型［简易房=1，泥砖房=2，砖混房=3，1层框架（钢筋混凝土）房=4，框架（钢筋混凝土）楼房=5］	1839	3.09	1	5	0.96

续上表

变量名称	观测值	平均值	最小值	最大值	标准差
外墙［油漆/涂料（没有明显破损）＝1，瓷砖（没有明显破损）＝2，油漆/涂料（破损严重）＝3，瓷砖（破损严重）＝4，抹灰＝5，石米＝6，未装修＝7］	1839	5.50	1	7	2.02
大门（不锈钢＝1，铁门＝2，木门＝3）	1839	2.20	1	3	0.78
人均房间数量	1839	1.15	0	8	1.05
客厅地板［木地板＝1，瓷砖＝2，（中高档）石材＝3，水泥＝4，青砖＝5，土、石＝6］	1839	3.71	1	6	1.21
墙壁情况（装修且没有明显破损＝1，装修但破损严重＝2，未装修＝3）	1839	2.31	1	3	0.87
厕所冲水类型（自动冲水＝1，手动冲水＝2，没有冲水＝3，无厕所＝4）	1839	2.33	1	4	0.84
生产资料					
人均经济作物面积是否大于5亩（是＝1，否＝0）	1839	0	0	0	0
人均林地面积是否大于10亩（是＝1，否＝0）	1839	0	0	0	0
人均水产养殖面积是否大于0.5亩（是＝1，否＝0）	1839	0.01	0	1	0.03
拥有牲畜是否多于10头（是＝1，否＝0）	1839	0	0	0	0
家畜存栏是否多于100头（是＝1，否＝0）	1839	0.004	0	1	0.07

第五章 准家计模型：广东低保家庭识别指标体系解析

续上表

变量名称	观测值	平均值	最小值	最大值	标准差
机械设备是否大于25马力（是=1，否=0）	1839	0.0005	0	1	0.02
生活资料					
是否通自来水（是=1，否=0）	1839	0.64	0	1	0.48
摩托车数	1839	0.51	0	2	0.58
做饭用的主要燃料［煤气（液化气、天然气）、太阳能、电=1，沼气、煤炭=2，柴草/不做饭=3］	1839	2.32	1	3	0.92
电视尺寸和（家中所有电视的尺寸和）	1838	17.67	0	125	16.41
是否有国外品牌热水器（是=1，否=0）	1839	0.04	0	1	0.19
空调制冷量和（家中所有空调的制冷量总和）	1839	175.26	0	7800	801.25
冰箱容积和（家中所有冰箱的容积总和）	1838	39.84	0	750	90.10
是否有洗衣机（是=1，否=0）	1839	0.13	0	1	0.34
是否有微波炉（是=1，否=0）	1838	0.02	0	1	0.15
是否有饮水机（是=1，否=0）	1839	0.09	0	1	0.29
是否有家用电脑（是=1，否=0）	1839	0.02	0	1	0.13
是否接入宽带（是=1，否=0）	1839	0.05	0	1	0.22
是否有高档乐器（是=1，否=0）	1839	0.001	0	1	0.03
是否有组合音响（是=1，否=0）	1839	0.002	0	1	0.05

在城市受访家庭的生活资料上，约58%的城市受访家庭无摩托车，约41%的城市受访家庭有1辆摩托车。在做饭燃料方面（此项可多选），约93%的城市受访家庭使用煤气（液化气、天然气）、太阳能、电，2%的城

市受访家庭使用沼气、煤炭,11%的城市受访家庭使用柴草。在家电方面,70%的城市受访家庭拥有电视机,电视尺寸和的平均数为22.6英寸。几乎所有的城市受访家庭都无国外品牌的热水器。75%的城市受访家庭无空调,空调制冷量平均为579.92瓦。64%的城市受访家庭无冰箱,36%的城市受访家庭有1台冰箱,冰箱的容积平均为73.43升。58%的城市受访家庭无洗衣机,42%的城市受访家庭有1台洗衣机。超过91%的城市受访家庭无微波炉,超过85%的城市受访家庭无饮水机。约90%的城市受访家庭无家用电脑,83%的城市受访家庭未接入宽带。几乎所有的城市受访家庭无高档乐器和组合音响。

在农村受访家庭的生活资料上,64%的农村受访家庭接通了自来水,仍有36%的农村受访家庭未通自来水。在做饭的燃料上,约63%的农村受访家庭使用柴草,31%的农村受访家庭使用煤气(液化气、天然气)、太阳能、电。在家电拥有状况上,96%的农村受访家庭无国外品牌的热水器,94%的农村受访家庭无空调,农村受访家庭空调制冷量和平均为175.26瓦。约37%的农村受访家庭无电视机,61%的农村受访家庭有1台电视机,农村受访家庭电视尺寸和平均为17.67英寸。80%的农村受访家庭无冰箱,约20%的农村受访家庭有1台冰箱,农村受访家庭冰箱容积和平均为39.84升。约87%的农村受访家庭无洗衣机,约97%的农村受访家庭无微波炉,约91%的农村受访家庭无饮水机,98%的农村受访家庭无家用电脑,94%的农村受访家庭未接入宽带,几乎全部的农村受访家庭无高档乐器。

在农村受访家庭的生产资料上,无农村受访家庭的人均经济作物种植面积大于5亩,无农村受访家庭人均林地面积大于10亩,99.9%的农村受访家庭人均水产养殖面积小于0.5亩,无农村受访家庭的牲畜数大于10,99.6%的农村受访家庭家禽存栏数量小于100,99.9%的农村受访家庭机械动力小于25马力。

2. 2019年度城乡样本的回归结果

表5-2-13为2019年度城市样本的回归结果,可见重度残疾人(包括失能人员)比例,慢性病患者数,对外有赡养、抚养、扶养义务的人数,小学生数量,房屋产权,厕所使用情况,有饮水机对贫困程度评分有显著的正向影响,而具备劳动能力的人比例、学前儿童数量、普通高中生数、

第五章 准家计模型：广东低保家庭识别指标体系解析

客厅地板、空调制冷量和、冰箱容积和、有微波炉对贫困程度评分有显著的负向影响。

表 5-2-13　2019 年城市样本 OLS 模型估计结果

变量名称	贫困程度评分	变量名称	贫困程度评分
家庭结构		8. 小学生数量	0.171* (0.0958)
1. 具备劳动能力的人比例	-0.922*** (0.234)	9. 初中生数量	-0.0471 (0.105)
2. 重度残疾人（包括失能人员）比例	0.380* (0.209)	10. 中专生、高职生数量	-0.127 (0.181)
3. 慢性病患者数	0.145* (0.0743)	11. 普通高中生数量	-0.315** (0.151)
4. 重病患者数	0.167 (0.103)	12. 大专生、本科生数量	-0.0100 (0.150)
5. 年个人自付的住院费用总和	1.53×10^{-6} (1.22×10^{-6})	住房情况	
6. 赡养、抚养、扶养义务的人数	0.148* (0.0760)	13. 房屋产权（借住=1，租住=2，完全自有=3，部分自有=4）	0.327*** (0.118)
就读情况		14. 房屋类型［自建泥砖房=1，简易房=2，筒子楼=3，自建砖混房=4，20 世纪 90 年代前建成商品房=5，20 世纪 90 年代后建成商品房=6，自建框架（钢筋混凝土）房（3 层及以下）=7，自建框架（钢筋混凝土）房（4 层及以上）=8］	-0.0152 (0.0300)
7. 学前儿童数量	-0.488*** (0.151)	15. 人均房间数量	-0.0425 (0.0747)

续上表

变量名称	贫困程度评分	变量名称	贫困程度评分
16. 客厅地板 [木地板=1，瓷砖=2，（中高档）石材=3；，水泥=4，青砖=5，土、石=6]	-0.121** (0.0514)	26. 冰箱容积和（家中所有冰箱的容积总和）	-0.00220*** (0.000498)
17. 墙壁情况（装修且没有明显破损=1，装修但破损严重=2，未装修=3）	0.0455 (0.0744)	27. 是否有洗衣机（是=1，否=0）	-0.00150 (0.135)
18. 厕所使用情况（独用=1，几乎合用=2，公用厕所=3）		28. 是否有微波炉（是=1，否=0）	-0.375** (0.179)
生产资料和生活资料		29. 是否有饮水机（是=1，否=0）	0.316** (0.152)
19. 摩托车数	0.106 (0.105)	30. 是否有家用电脑（是=1，否=0）	-0.0779 (0.216)
20. 是否使用煤气（液化气、天然气）、太阳能、电做饭（是=1，否=0）	0.180 (0.268)	31. 是否接入宽带（是=1，否=0）	-0.0743 (0.191)
21. 是否使用沼气、煤炭做饭（是=1，否=0）	0.561 (0.393)	32. 是否有高档乐器（是=1，否=0）	0.916 (0.711)
22. 是否使用柴草做饭（是=1，否=0）	-0.0197 (0.195)	33. 是否有组合音响（是=1，否=0）	-0.0800 (0.815)
23. 电视尺寸和（家中所有电视的尺寸和）	-0.00486 (0.00325)	常数项	7.822*** (0.538)
24. 是否有国外品牌热水器（是=1，否=0）	-0.0145 (0.327)	样本量	749
25. 空调制冷量和（家中所有空调的制冷量总和）	-0.000139*** (4.19×10^{-5})	R_{sq}	0.211

注：括号内为标准误，$*p<0.1$，$**p<0.05$，$***p<0.01$。

第五章 准家计模型：广东低保家庭识别指标体系解析

表 5-2-14 为 2019 年农村样本回归结果，结果显示慢性病患者数，重病患者数，对外有赡养、抚养、扶养义务的人数，学前儿童数量，初中生数量，普通高中生数量，房屋产权，人均房间数，墙壁情况，厕所冲水类型，有饮水机对贫困程度有显著正向影响，而具备劳动能力的人、房屋类型、外墙墙壁、通自来水、摩托车数、电视尺寸和、有国外品牌热水器、空调制冷量和、有微波炉、有组合音响对贫困程度评分有显著的负向影响。

表 5-2-14 2019 年农村样本 OLS 模型估计结果

变量名称	贫困程度评分	变量名称	贫困程度评分
家庭结构		7. 学前儿童数量	0.158** (0.0805)
1. 具备劳动能力的人比例	-0.996*** (0.158)	8. 小学生数量	0.0331 (0.0489)
2. 重度残疾人（包括失能人员）比例	0.134 (0.130)	9. 初中生数量	0.139** (0.0684)
3. 慢性病患者数	0.280*** (0.0484)	10. 中专生、高职生数量	0.155 (0.106)
4. 重病患者数	0.321*** (0.0904)	11. 普通高中生数量	0.317*** (0.102)
5. 住院费用（个人自付部分）	-1.33×10^{-6} (8.64×10^{-7})	12. 大专生、本科生数量	0.0304 (0.0984)
6. 赡养、抚养、扶养义务的人数	0.192*** (0.0449)	住房情况	
就读情况		13. 房屋产权（借住=1，租住=2，完全自有=3，部分自有=4）	0.101** (0.0402)

续上表

变量名称	贫困程度评分	变量名称	贫困程度评分
14. 房屋类型［简易房=1，泥砖房=2，砖混房=3，1层框架（钢筋混凝土）房=4，框架（钢筋混凝土）楼房=5］	-0.103** (0.0405)	21. 人均经济作物面积是否大于5亩（是=1，否=0）	—
15. 外墙［油漆/涂料（没有明显破损）=1，瓷砖（没有明显破损）=2，油漆/涂料（破损严重）=3，瓷砖（破损严重）=4，抹灰=5，石米=6，未装修=7］	-0.0428* (0.0229)	22. 人均林地面积是否大于10亩（是=1，否=0）	—
16. 大门（不锈钢=1，铁门=2，木门=3）	0.00650 (0.0484)	23. 人均水产养殖面积是否大于0.5亩（是=1，否=0）	-0.422 (1.042)
17. 人均房间数量	0.168*** (0.0376)	24. 拥有牲畜是否多于10头（是=1，否=0）	—
18. 客厅地板［木地板=1，瓷砖=2，（中高档）石材=3，水泥=4，青砖=5，土、石=6］	0.000875 (0.0358)	25. 家畜存栏是否多于100头（是=1，否=0）	-0.518 (0.528)
19. 墙壁情况（装修且没有明显破损=1，装修但破损严重=2，未装修=3）	0.154*** (0.0513)	26. 机械设备动力是否大于25马力（是=1，否=0）	-0.178 (1.471)
20. 厕所冲水类型（自动冲水=1，手动冲水=2，没有冲水=3，无厕所=4）	0.101** (0.0436)	生活资料	
生产资料		27. 是否通自来水（是=1，否=0）	-0.353*** (0.0783)

第五章 准家计模型：广东低保家庭识别指标体系解析

续上表

变量名称	贫困程度评分	变量名称	贫困程度评分
28. 摩托车数	-0.230*** (0.0699)	36. 是否有饮水机（是=1，否=0）	0.445*** (0.136)
29. 做饭用的主要燃料[煤气（液化气、天然气）、太阳能、电=1，沼气、煤炭=2，柴草/不做饭=3]	0.0633 (0.0410)	37. 是否有家用电脑（是=1，否=0）	-0.112 (0.301)
30. 电视尺寸和（家中所有电视的尺寸和）	-0.00678*** (0.00258)	38. 是否接入宽带（是=1，否=0）	-0.292 (0.186)
31. 是否有国外品牌热水器（是=1，否=0）	-0.536*** (0.206)	39. 是否有高档乐器（是=1，否=0）	-1.236 (1.065)
32. 空调制冷量和（家中所有空调的制冷量总和）	-7.39×10^{-5} (4.88×10^{-5})	40. 是否有组合音响（是=1，否=0）	-1.121* (0.675)
33. 冰箱容积和（家中所有冰箱的容积总合）	-0.000502 (0.000451)	常数项	8.081*** (0.294)
34. 是否有洗衣机（是=1，否=0）	-0.135 (0.121)	观测值	1817
35. 是否有微波炉（是=1，否=0）	-0.430* (0.248)	R_{sq}	0.177

注：括号内为标准误，*$p<0.1$，**$p<0.05$，***$p<0.01$。

通过3年的回归样本的分析，可以得出更稳健的分析结果，部分变量在3年的回归结果中几乎都是显著的，并且方向保持一致，这些变量包括家庭具备劳动能力的人比例、重度残疾和失能人比例、重病患者数量、慢性病患者数量、空调制冷量总和、冰箱容积总和等。也就是说，一个家庭的贫困程度可以通过家里的具备劳动能力的人数，患病、失能人数和一些大宗生活耐用品的拥有情况进行判断，其结果是较为准确与稳妥的，这些指标也被纳入广东省民政厅2019年10月出台的《申请家庭生活状况综合评估指标》文件中。

第三节　广东多维度准家计模型的测量指标选择

代理家计方法的优点之一在于，通过统计模型的回归分析，可以确定哪些代理指标能够反映一个家庭经济状况的特征，并能够根据回归的系数来确定不同代理指标的权重。2017—2019年，课题组根据每年的实地调查情况对多维度模型的指标进行调整和优化。具体来说，2017年广东省城乡居民低保对象识别指标体系包含家庭结构、房屋情况、生产资料、生活资料和主观贫困程度等维度；2018年的指标体系加入家庭收支维度，增加对调查对象可支配收入、工资性收入、经营性收入、财产性收入、转移性收入及具体消费支出情况的调查；2019年的指标体系在内容上更加完善，为了更加精准地识别调查对象贫困的原因，在家庭结构、住房情况、生活资料维度做了进一步的优化，使指标体系更具有效性。

一、代理家计指标体系的构成

立足于可观测、可证实、多维度的原则，研究团队在设计低保对象识别指标过程中，通过与民政工作人员的深度访谈，讨论哪些指标能够较好地呈现贫困对象的特征；对低保研究和代理家计调查的相关文献进行梳理，了解国内外在代理家计指标上的研究成果；广泛实地调研了解贫困群体的生活状况，以便于提取表征贫困的代理变量等方式，最终为广东省民政厅设计出一套代理家计调查的衡量指标体系。广东低保目标识别体系分为城市和农村两套指标体系，该指标体系主要包括收入差额、家庭结构、住房情况、生产资料、生活资料等维度，并对每个维度设置了相应的测量指标。这套代理指标体系也经历了代际更迭。为了更好地理解广东省实际运用的家计调查的代理指标体系，本节在对2017年和2018年指标体系设计进行简要介绍的基础上，重点说明2019年指标体系的构成及赋值方法。

第五章 准家计模型：广东低保家庭识别指标体系解析

在城市低保目标识别体系（表5-3-1）中，2017年的指标体系从家庭结构、房屋情况、生产生活资料3个主要维度进行设计。家庭结构维度包含子女就读情况，重度残疾人（包括失能人员）情况，重病患者，需要赡养、抚养、扶养的人数，具备劳动能力的人数5个指标；住房条件维度包含自有住房、房屋产权、房屋类型、人均房间数量、客厅地板、墙壁、厕所使用情况7个指标；生产生活资料维度包含摩托车（含电动摩托车）、国外品牌热水器、电视尺寸和、空调台数和、冰箱容积和、洗碗机、高档乐器、组合音响8个指标。2018年的低保识别指标体系和2017年的保持一致，但是2019年的指标体系有了较大的变动。首先，增加了收入差额的维度，这是2017年和2018年的指标体系中缺少的维度；其次，在家庭结构维度增加了家庭个人自付的住院费用总和的指标，了解调查对象的医疗负担情况；最后，在生产生活资料维度增加了更具有操作性的指标，如做饭用的主要燃料和洗衣机、微波炉、家用电脑、接入宽带等拥有情况的指标。

表5-3-1 2017—2019年广东多维度准家计测量指标体系（城市）

一级指标	2017年 二级指标	2018年 二级指标	2019年 二级指标
收入差额	—	—	+
家庭结构	子女就读情况	子女就读情况	子女就读情况
	重度残疾人（包括失能人员）情况	重度残疾人（包括失能人员）情况	重度残疾人情况
	重病患者	重病患者	慢性病和重病患者
	需要赡养、抚养、扶养的人数	需要赡养、抚养、扶养的人数	需要赡养、抚养、扶养的人数
家庭结构	具备劳动能力的人数	具备劳动能力的人数	具备劳动能力的人数
	—	—	年度住院费用（个人自付部分）

续上表

一级指标	2017 年 二级指标	2018 年 二级指标	2019 年 二级指标
住房情况	自有住房	自有住房	—
	房屋产权	房屋产权	房屋产权
	房屋类型	房屋类型	房屋类型
	人均房间数量	人均房间数量	人均房间数量
	客厅地板	客厅地板	客厅地板
	墙壁	墙壁	墙壁
	厕所使用情况	厕所使用情况	厕所使用情况
生产生活资料	摩托车（含电动摩托车）	摩托车（含电动摩托车）	摩托车（含电动摩托车）
	国外品牌热水器	国外品牌热水器	国外品牌热水器
	电视尺寸和	电视尺寸和	电视尺寸和
	空调台数和	空调台数和	空调制冷量和
	冰箱容积和	冰箱容积和	冰箱容积和
	洗碗机	洗碗机	洗衣机
	高档乐器	高档乐器	高档乐器
	组合音响	组合音响	组合音响
	—	—	饮水机
	—	—	家用电脑
	—	—	接入宽带
	—	—	微波炉
	—	—	做饭用的主要燃料

注：表中"—"表示该年度无相应二级指标，"+"为该年度新增的二级指标。

农村和城市生活场景的差异决定了必须立足于农村的实际进行低保对象识别的指标体系设计，同时尽量和城市的指标体系保持整体结构上的一致性，从而能够在具体操作的过程中更加简便、易行。在农村低保目标识别体系（表5-3-2）中，2017年从家庭结构、住房情况、生产资料、生

第五章 准家计模型：广东低保家庭识别指标体系解析

活资料 4 个主要维度进行设计。家庭结构维度包含子女就读情况，重度残疾人（包括失能人员）情况，重病患者，需要赡养、抚养、扶养的人数，具备劳动能力的人数 5 个指标。住房情况维度包含自有住房、房屋产权、房屋类型、外墙、人均房间数量、大门、客厅地板、墙壁、厕所冲水类型 9 个指标。生产资料维度包含人均农作物（果树）种植面积 5 亩以上、人均林地面积 10 亩以上、人均耕地面积 5 亩以上、人均水产养殖面积 0.5 亩以上、猪牛羊等大牲畜 10 头以上或家禽存栏 100 只以上、动力大于 25 马力的机械设备 6 个指标。生活资料维度包含家中有无固定生活用水水源、做饭用的主要燃料、国外品牌热水器、摩托车（含电动摩托车）、洗衣机、微波炉、饮水机、空调台数和、接入互联网、家用电脑 10 个指标。2018 年的低保识别指标体系和 2017 年的保持一致，但是 2019 年有了较大的调整。首先，增加收入差额的维度，这是 2017 和 2018 年的指标体系中缺少的维度；其次，在家庭结构维度增加家庭个人自付的住院费用总和的指标，了解调查对象的医疗负担情况；最后，在生活资料维度增加更具有操作性的指标，如空调台数和调整为空调制冷量和，增加冰箱容积和洗衣机、电视尺寸和、高档乐器和组合音响等拥有情况的指标。

表 5-3-2　2017—2019 年广东多维度准家计测量指标体系（农村）

一级指标	2017 年 二级指标	2018 年 二级指标	2019 年 二级指标
收入差额	—	—	+
家庭结构	子女就读情况	子女就读情况	子女就读情况
	重度残疾人（包括失能人员）情况	重度残疾人（包括失能人员）情况	重度残疾人情况
	重病患者	重病患者	慢性病和重病患者
	需要赡养、抚养、扶养的人数	需要赡养、抚养、扶养的人数	需要赡养、抚养、扶养的人数
	具备劳动能力的人数	具备劳动能力的人数	具备劳动能力的人数
	—	—	年度住院费用（个人自付部分）

续上表

一级指标	2017 年 二级指标	2018 年 二级指标	2019 年 二级指标
住房情况	自有住房 房屋产权 房屋类型 外墙 人均房间数量 大门 客厅地板 墙壁 厕所冲水类型	自有住房 房屋产权 房屋类型 外墙 人均房间数量 大门 客厅地板 墙壁 厕所冲水类型	— 房屋产权 房屋类型 外墙 人均房间数量 大门 客厅地板 墙壁 厕所冲水类型
生产资料	人均农作物（果树）种植面积 5 亩以上 人均林地面积 10 亩以上 人均耕地面积 5 亩以上 人均水产养殖面积 0.5 亩以上 猪牛羊等大牲畜 10 头以上或家禽存栏 100 只以上 动力大于 25 马力的机械设备	人均农作物（果树）种植面积 5 亩以上 人均林地面积 10 亩以上 人均耕地面积 5 亩以上 人均水产养殖面积 0.5 亩以上 猪牛羊等大牲畜 10 头以上或家禽存栏 100 只以上 动力大于 25 马力的机械设备	人均农业经济作物（如果树）种植面积 5 亩以上 人均林地面积 10 亩以上 人均耕地面积 5 亩以上 人均水产养殖面积 0.5 亩以上 猪牛羊等大牲畜 10 头以上或家禽存栏 100 只以上 动力大于 25 马力的机械设备
生活资料	家中有无固定生活用水水源 做饭用的主要燃料 国外品牌热水器 摩托车（含电动摩托车） 洗衣机	家中有无固定生活用水水源 做饭用的主要燃料 国外品牌热水器 摩托车（含电动摩托车） 洗衣机	是否通自来水 做饭用的主要燃料 国外品牌热水器 摩托车（含电动摩托车） 洗衣机

第五章 准家计模型：广东低保家庭识别指标体系解析

续上表

一级指标	2017 年 二级指标	2018 年 二级指标	2019 年 二级指标
生活资料	微波炉	微波炉	微波炉
	饮水机	饮水机	饮水机
	空调台数和	空调台数和	空调制冷量和
	接入互联网	接入互联网	接入宽带
	家用电脑	家用电脑	家用电脑
	—	—	冰箱容积和
	—	—	电视尺寸和
	—	—	高档乐器
	—	—	组合音响

注：表中"—"表示该年度无相应二级指标，"＋"为该年度新增的二级指标。

二、指标体系详解及赋值

广东省城乡低保目标识别体系主要由家庭结构、住房情况、生产资料、生活资料四个维度构成，在每一个维度又包含不同类别的二级指标，这些指标在城市和农村两套体系中既有共同点，又有区别。通过模型的测算，不同的指标体系也被赋予不同的分值，从而增强不同代理指标反映调查对象家计情况的科学性和真实性。本节将进一步呈现不同指标的具体内涵及其赋值权重，从而实现对广东城乡低保识别体系的深度认知。

采用代理家计调查的思路是，通过对申请对象各项代理指标的测算，并按照一定的标准进行计算，得出一个总得分（满分 100 分），进而将得出的总分与划定的低保标准分数线进行比较，最终确认哪些对象可以被纳入低保救助体系内。因此，如何确定不同代理指标及其赋值比重成为低保识别体系中的关键环节。这里将从一级指标、二级指标、初始分值、加分项、扣分项、满分和最低分来对城市低保对象识别体系进行解析。

1. 城市低保对象识别体系解析及赋值方法

在广东省城市低保对象识别体系收入差额维度（表 5-3-3）中，该指标的满分为 10 分，收入差额由共同生活的家庭成员月人均可支配收入减去 2019 年当地城镇最低生活保障标准计算得出。初始分值为 0，根据收入差额和低保标准的比较，确定该申请对象可以增加的分数，最终得出该维度的总分，该指标最低分为 0 分。

表 5－3－3 城镇低保对象识别指标体系收入差额维度赋值表

一级指标	二级指标	初始分值	加分项	扣分项	满分	最低分
收入差额 [0, 10]	—	0	①收入差额＝0，得 0 分； ②－当地低保标准/10≤收入差额＜0，得 1 分； ③－(当地低保标准/10)×2≤收入差额＜－当地低保标准/10，得 2 分； ④－(当地低保标准/10)×3≤收入差额＜－(当地低保标准/10)×2，得 3 分； ⑤－(当地低保标准/10)×4≤收入差额＜－(当地低保标准/10)×3，得 4 分； ⑥－(当地低保标准/10)×5≤收入差额＜－(当地低保标准/10)×4，得 5 分； ⑦－(当地低保标准/10)×6≤收入差额＜－(当地低保标准/10)×5，得 6 分； ⑧－(当地低保标准/10)×7≤收入差额＜－(当地低保标准/10)×6，得 7 分； ⑨－(当地低保标准/10)×8≤收入差额＜－(当地低保标准/10)×7，得 8 分； ⑩－(当地低保标准/10)×9＜收入差额＜－(当地低保标准/10)×8，得 9 分； ⑪收入差额≤－(当地低保标准/10)×9，得 10 分	—	10	0

注：收入差额＝共同生活的家庭成员月人均可支配收入－2019 年当地城镇最低生活保障标准。

第五章 准家计模型：广东低保家庭识别指标体系解析

家庭结构维度的取值区间是 0～45 分（表 5-3-4）。其中，具备劳动能力的人比例指标的满分为 12 分，初始值为 12 分，按照具备劳动能力的人与共同生活的家庭成员总数比例大小进行不同程度的扣分，最低分为 0 分；重度残疾人比例指标满分为 12 分，初始值为 0 分，按照按重度残疾人（包括失能人员）与共同生活的家庭成员总数比例大小进行不同程度的加分，最低分为 0 分；子女就读情况指标满分为 6 分，初始值为 0 分，按照子女所处教育阶段进行不同程度的加分，最低分为 0 分；慢性病和重病患者的人数指标满分为 7 分，初始值为 0 分，按照患者人数进行不同程度的加分，最低分为 0 分；住院费用（个人自付部分）指标满分为 6 分，初始值为 0 分，按照上一年度家庭住院费用总和的多少进行不同程度的加分，最低分为 0 分；赡养、抚养、扶养义务人数指标满分为 2 分，初始值为 0 分，按照赡养、抚养、扶养义务人数多寡进行加减分，最低分为 -2 分。

表 5-3-4　城镇低保对象识别指标体系家庭维度赋值

一级指标	二级指标	初始分值	加分项	扣分项	满分	最低分
家庭结构 [0, 45]	必得或扣全分项	0	按重度残疾人（包括失能人员）与共同生活的家庭成员总数比例计分：重度残疾人（包括失能人员）与共同生活的家庭成员总数的比例 = 1，该维度得满分 45 分	按具备劳动能力的人与共同生活的家庭成员总数比例计分：①75% < 比例≤100%，该维度得 0 分；② 50% < 比例 ≤ 75%，得 -22.5 分，并继续计算以下指标得分	45	—
	具备劳动能力的人比例	12	按具备劳动能力的人与共同生活的家庭成员总数比例计分：比例 = 0%，得 0 分（即得该项指标原始分 12 分）	按具备劳动能力的人与共同生活的家庭成员总数比例计分：①0% < 比例≤25%，得 -6 分；② 25% < 比例 ≤ 50%，得 -12 分	12	0

续上表

一级指标	二级指标	初始分值	加分项	扣分项	满分	最低分
家庭结构 [0，45]	重度残疾人（包括失能人员）比例	0	按重度残疾人（包括失能人员）与共同生活的家庭成员总数比例计分： ①0%＜比例＜50%，得6分； ②50%≤比例＜1，得12分	—	12	0
	子女就读情况	0	①学前儿童＝2分/人； ②小学生＝1.5分/人； ③初中生＝1分/人； ④中专生、高职生＝2分/人； ⑤普通高中生＝1.5分/人； ⑥大专生、本科生＝3分/人	—	6	0
	慢性病和重病患者的人数	0	①慢性病患者＝2.5分/人； ②重病患者＝4.5分/人	—	7	0

第五章 准家计模型：广东低保家庭识别指标体系解析

续上表

一级指标	二级指标	初始分值	加分项	扣分项	满分	最低分
家庭结构 [0，45]	住院费用（个人自付部分）	0	①0元＜上一年家庭总住院费用≤1000元，得0.5分； ②1000元＜上一年家庭住院费用总和≤2000元，得1分； ③2000元＜上一年家庭住院费用总和≤3000元，得1.5分； ④3000元＜上一年家庭住院费用总和≤4000元，得2分； ⑤4000元＜上一年家庭住院费用总和≤5000元，得2.5分； ⑥5000元＜上一年家庭住院费用总和≤6000元，得3分； ⑦6000元＜上一年家庭住院费用总和≤7000元，得3.5分； ⑧7000元＜上一年家庭住院费用总和≤8000元，得4分； ⑨8000元＜上一年家庭住院费用总和≤9000元，得4.5分； ⑩9000元＜上一年家庭住院费用总和≤10000元，得5分； ⑪10000元＜上一年家庭住院费用总和≤11000元，得5.5分； ⑫上一年家庭住院费用总和＞11000元，得6分	—	6	0

续上表

一级指标	二级指标	初始分值	加分项	扣分项	满分	最低分
家庭结构 [0,45]	需要赡养、抚养、扶养义务的人数	0	共同生活家庭成员对共同生活家庭成员以外的人有赡养、抚养、扶养义务=1分/1名共同生活家庭成员以外的人	共同生活家庭成员以外的人对共同生活家庭成员有赡养、抚养、抚养义务=-1分/1名共同生活家庭成员以外的义务人	2	-2

住房情况维度的取值区间为0～27分（表5-3-5）。其中，房屋类型指标满分为16分，初始值为0分，按照泥砖房、筒子楼等标准进行不同程度的加分，最低分为0分；人均房间数量指标满分为3分，初始值为0分，按照人均房间的拥有数量进行不同程度的加减分，最低分为-2分；客厅地板指标满分为3分，初始值为0分，按照木地板、瓷砖等材料类型进行不同程度的加减分，最低分为0分；墙壁指标满分为3分，初始值为0分，按照装修和破损情况进行不同程度的加分，最低分为0分；厕所使用情况指标满分为2分，初始值为0分，按照使用范围进行不同程度的加分，最低分为0分。

第五章 准家计模型：广东低保家庭识别指标体系解析

表 5-3-5 城镇低保对象识别指标体系住房条件维度赋值

一级指标	二级指标	初始分值	加分项	扣分项	满分	最低分
住房情况① [0，27]	必得或扣全分项	0	出现以下情况，该维度得满分 27 分：①无房；②只租赁 1 套房屋；③借住私房，没有其他房屋	出现以下情况，该维度得 0 分：①有 1 套自建框架（钢筋混凝土）房（4 层及以上）；若属于该房屋类型，但房屋产权为部分自有，则不扣分；房屋类型按照"自建框架（钢筋混凝土）房（3 层及以下）"计算得分。②租赁 2 套及以上房屋。③有 2 套及以上房产。④有 1 套房产和租赁 1 套房	27	
	房屋类型	0	自建泥砖房、简易房 = 16 分；筒子楼、自建砖混房 = 8 分；20 世纪 90 年代前建成商品房 = 4 分；自建框架（钢筋混凝）房（3 层及以下）、20 世纪 90 年代后建成商品房 = 0 分	—	16	0

---

① 若自有房屋危险性鉴定等级被评为 C 级、D 级，则不计入房屋数量。

续上表

一级指标	二级指标	初始分值	加分项	扣分项	满分	最低分
住房情况 [0, 27]	人均房间数量（除了洗手间和厨房外的房间数量）	0	不足1间=3分；1~2间=0分	2间及以上=-2分	3	-2
	客厅地板	0	木地板、瓷砖、（中高档）石材=0分；水泥、青砖=1.5分；土、石=3分	—	3	0
	墙壁	0	装修且没有明显破损=0分；装修但破损严重=1.5分；未装修=3分	—	3	0
	厕所使用情况	0	独用=0分；几户合用=1.5分；公用厕所=2分	—	2	0

生产资料和生活资料维度取值区间为0~18分（表5-3-6）。其中，摩托车指标满分为0分，即不拥有任何摩托车，该项不计分，拥有者则按照拥有数量进行不同程度的扣分，最低分为-18分；做饭用的主要燃料指标满分为4分，按照燃料类型进行不同程度加分，最低分为0分；电视指标满分为2分，按照是否拥有及电视尺寸大小进行不同程度的加减分，最低分为-9分；国外品牌热水器指标最高分为0分，按照是否拥有进行不同程度的加减分，最低分-4分；空调指标满分为2分，按照是否拥有及空调制冷量进行不同程度的加减分，最低分为-9分；冰箱指标满分为2分，按照是否拥有和冰箱容积进行不同程度的加减分，最低分为-9分；洗衣机指标满分

第五章 准家计模型：广东低保家庭识别指标体系解析

为2分，按照是否拥有及其类型进行不同程度的加减分，最低分为 -18分；微波炉指标满分为0分，按照是否拥有及其数量进行不同程度的加减分，最低分为 -18分；饮水机指标满分为0分，按照是否拥有及其数量进行不同程度的加减分，最低分为 -18分；电脑指标满分为0分，按照是否拥有及其数量进行不同程度的加减分，最低分为 -18分；接入宽带指标满分为0分，按照是否接入进行加减分，最低分为 -2分；高档乐器指标满分为0分，按照是否拥有及其数量进行不同程度的加减分，最低分为 -18分；组合音响指标满分为0分，按照是否拥有进行加减分，最低分为 -9分。

表5-3-6　城镇低保对象识别指标体系收入生产生活资料维度赋值

一级指标	二级指标	初始分值	加分项	扣分项	满分	最低分
生产资料和生活资料 [0，18]	摩托车（含电动摩托车）	18	—	有 = -4分/辆	0	-18
	做饭用的主要燃料		①煤气（液化气、天然气）、太阳能、电 = 0分；②沼气、煤炭 = 2分；③柴草 = 4分	—	4	0
	电视		①没有 = 2分；②电视尺寸总和 ≤ 40英寸，得0分	①40寸 < 电视尺寸总和 ≤ 60寸，得 -4.5分；②电视尺寸总和 > 60英寸，得 -9分	2	-9
	国外品牌热水器		没有 = 0分	有 = -4分	0	-4
	空调		①没有 = 2分；②空调制冷量总和 ≤ 5000瓦，得0分	①5000瓦 < 空调制冷量总和 ≤ 7500瓦，得 -4.5分；②空调制冷量总和 > 7500瓦，得 -9分	2	-9

续上表

一级指标	二级指标	初始分值	加分项	扣分项	满分	最低分
生产资料和生活资料 [0，18]	冰箱	18	①没有＝2分；②冰箱容积总和≤160升，得0分	①160升＜冰箱容积总和≤260升，得-4.5分；②冰箱容积＞260升，得-9分	2	-9
	洗衣机		①没有＝2分；②有1台波轮洗衣机＝0分	①有滚筒洗衣机，得-2分/台；②有2台及以上波轮洗衣机，得-2分/台（从第2台开始计分）	2	-18
	微波炉		没有＝0分	有＝-2分/台	0	-18
	饮水机		没有＝0分	有＝-2分/台	0	-18
	电脑		没有＝0分	有＝-3分/台	0	-18
	接入宽带		没有＝0分	有＝-2分	0	-2
	高档乐器		没有＝0分	有＝-9分/件	0	-18
	组合音响		没有＝0分	有＝-9分	0	-9

2. 农村低保对象识别体系解析及赋值方法

在广东省农村低保对象识别体系收入差额维度（表5-3-7）中，该标准的满分为10分，收入差额由共同生活的家庭成员月人均可支配收入减去2019年当地农村最低生活保障标准计算得出。初始分值为0，根据收入差额和低保标准的比较，确定该申请对象可以增加的分数，最终得出该维度的总分，该指标最低分为0分。

第五章 准家计模型：广东低保家庭识别指标体系解析

表5-3-7 农村低保对象识别指标体系收入差额维度赋值

一级指标	二级指标	初始分值	加分项	扣分项	满分	最低分
收入差额[0，10]	—	0	收入差额=0，得0分 ① -当地低保标准/10 ≤收入差额<0，得1分 ② -（当地低保标准/10）×2≤收入差额< -当地低保标准/10，得2分 ③ -（当地低保标准/10）×3≤收入差额< -（当地低保标准/10）×2，得3分 ④ -（当地低保标准/10）×4≤收入差额< -（当地低保标准/10）×3，得4分 ⑤ -（当地低保标准/10）×5≤收入差额< -（当地低保标准/10）×4，得5分 ⑥ -（当地低保标准/10）×6≤收入差额< -（当地低保标准/10）×5，得6分 ⑦ -（当地低保标准/10）×7≤收入差额< -（当地低保标准/10）×6，得7分 ⑧ -（当地低保标准/10）×8≤收入差额< -（当地低保标准/10）×7，得8分 ⑨ -（当地低保标准/10）×9<收入差额< -（当地低保标准/10）×8，得9分 ⑩收入差额≤ -（当地低保标准/10）×9，得10分	—	10	0

注：收入差额=共同生活的家庭成员月人均可支配收入-2019年当地农村最低生活保障标准。

家庭结构维度的取值区间是0～41分（表5-3-8）。其中，具备劳动能力的人比例指标的满分为8分，初始值为8分，按照具备劳动能力的人与共同生活的家庭成员总数比例大小进行不同程度的加减分，最低分为0分；重度残疾人比例指标满分为12分，初始值为0分，按照重度残疾人（包括失能人员）与共同生活的家庭成员总数比例大小进行不同程度的加分，最低分为0分；子女就读情况指标满分为6分，初始值为0分，按照子女所处教育阶段进行不同程度的加分，最低分为0分；慢性病和重病患者指标满分为7分，初始值为0分，按照患者人数进行不同程度的加分，最低分为0分；住院费用（个人自付部分）指标满分为6分，初始值为0分，按照上一年度家庭住院费用总和的多少进行不同程度的加分，最低分为0分；赡养、抚养、扶养义务人数指标满分为2分，初始值为0分，按照赡养、抚养、扶养义务人数多寡进行加减分，最低分为-2分。

表5-3-8　农村低保对象识别指标体系家庭结构维度赋值

一级指标	二级指标	初始分值	加分项	扣分项	满分	最低分
家庭结构 [0，41]	必得或扣全分项	0	按重度残疾人（包括失能人员）与共同生活的家庭成员总数比例计分： 比例=1，该维度得满分41分	按具备劳动能力的人与共同生活的家庭成员总数比例计分： ①75%＜比例≤100%，该维度得0分； ②50%＜比例≤75%，得-20.5分，并继续计算以下指标	41	—
	具备劳动能力的人比例	8	按具备劳动能力的人与共同生活的家庭成员总数比例计分： 比例=0%，得0分 （即得该项指标原始分8分）	按具备劳动能力的人与共同生活的家庭成员总数比例计分： ①0%＜比例≤25%，得-4分； ②25%＜比例≤50%，得-8分	8	0

第五章 准家计模型:广东低保家庭识别指标体系解析

续上表

一级指标	二级指标	初始分值	加分项	扣分项	满分	最低分
家庭结构 [0, 41]	重度残疾人(包括失能人员)情况	0	按重度残疾人(包括失能人员)与共同生活的家庭成员总数比例计分: ①50% ≤ 比例 < 1,得12分; ②0% < 比例 < 50%,得6分	—	12	0
	子女就读情况	0	①学前儿童 = 2分/人; ②小学生 = 1.5分/人; ③初中生 = 1分/人; ④中专生、高职生 = 2分/人; ⑤普通高中生 = 1.5分/人; ⑥大专生、本科生 = 3分/人	—	6	0
	慢性病和重病患者	0	①慢性病患者 = 2.5分/人; ②重病患者 = 4.5分/人	—	7	0

续上表

一级指标	二级指标	初始分值	加分项	扣分项	满分	最低分
家庭结构 [0,41]	住院费用（个人自付部分）	0	①0元＜上一年家庭住院费用总和≤1000元，得0.5分； ②1000元＜上一年家庭住院费用总和≤2000元，得1分； ③2000元＜上一年家庭住院费用总和≤3000元，得1.5分； ④3000元＜上一年家庭住院费用总和≤4000元，得2分； ⑤4000元＜上一年家庭住院费用总和≤5000元，得2.5分； ⑥5000元＜上一年家庭住院费用总和≤6000元，得3分； ⑦6000元＜上一年家庭住院费用总和≤7000元，得3.5分； ⑧7000元＜上一年家庭住院费用总和≤8000元，得4分； ⑨8000元＜上一年家庭住院费用总和≤9000元，得4.5分； ⑩9000元＜上一年家庭住院费用总和≤10000元，得5分； ⑪10000元＜上一年家庭住院费用总和≤11000元，得5.5分； ⑫上一年家庭住院费用总和＞11000元，得6分	—	6	0

第五章 准家计模型：广东低保家庭识别指标体系解析

续上表

一级指标	二级指标	初始分值	加分项	扣分项	满分	最低分
家庭结构[0，41]	赡养、抚养、扶养义务人数	0	共同生活家庭成员对共同生活家庭成员外的人有赡养、抚养、扶养义务＝1分/1名共同生活家庭成员外的人	共同生活家庭成员外的人对共同生活家庭成员有赡养、抚养、抚养义务＝－1分/1名共同生活家庭成员外的义务人	2	－2

住房情况维度的取值区间为0～22分（表5-3-9）。其中，房屋类型指标满分为10分，初始值为0分，按照泥砖房、筒子楼等标准进行不同程度的加分，最低分为0分；外墙指标满分为2分，初始值为0分，按照外墙使用材料和破损程度进行不同程度的加分，最低分为0分；大门指标满分为2分，初始值为0分，按照大门使用材料的类型进行不同程度的加分，最低分为0分；人均房间数量指标满分为2分，初始值为0分，按照每人拥有方面的数量进行不同程度的加分，最低分为0分；客厅地板指标满分为2分，初始值为0分，按照地板的材料类型进行不同程度的加分，最低分为0分；墙壁指标满分为2分，初始值为0分，按照墙壁装修和破损情况进行不同程度的加分，最低分为0分；厕所冲水类型指标满分为2分，初始值为0分，按照是否有厕所及冲水类型进行不同程度的加减分，最低分为－1分。

表 5-3-9 农村低保对象识别指标体系住房条件维度赋值表

一级指标	二级指标	初始分值	加分项	扣分项	满分	最低分
住房情况① [0, 22]	必得或扣全分项	0	出现以下情况，该维度得满分22分： ①无房； ②只租赁1套房屋； ③借住私房，没有其他房屋	出现以下情况，该维度得0分： ①租赁2套及以上房屋； ②有2套及以上房产； ③有1套房产和租赁1套房	22	—
	房屋类型	0	①框架（钢筋混凝土）楼房=0分； ②1层框架（钢筋混凝土）房=2.5分； ③砖混房=5分； ④泥砖房或简易房=10分	—	10	0
	外墙	0	①油漆/涂料（没有明显破损）、瓷砖（没有明显破损）=0分； ②油漆/涂料（破损严重）、瓷砖（破损严重）、抹灰、石米=1分； ③未装修=2分	—	2	0
	大门	0	①不锈钢=0分； ②铁门=1分； ③木门=2分（若有多扇大门，则看材质最好的那扇大门的情况）	—	2	0

① 若自有房屋危险性鉴定等级被评为C级、D级，则不计入房屋数量。

第五章 准家计模型：广东低保家庭识别指标体系解析

续上表

一级指标	二级指标	初始分值	加分项	扣分项	满分	最低分
住房情况 [0, 22]	人均房间数量（除了洗手间和厨房外的房间数量）	0	①2间及以上=0分；②1～2间=1分；③少于1间=2分	—	2	0
	客厅地板	0	①木地板、瓷砖、（中高档）石材=0分；②水泥、青砖=1分；③泥土、石=2分	—	2	0
	墙壁	0	①装修且没有明显破损=0分；②装修但破损严重=1分；③未装修=2分	—	2	0
	厕所冲水类型	0	①手动冲水=0分；②没有冲水/无厕所=2分	自动冲水=-1分	2	-1

生产资料维度的取值区间是0～13分（表5-3-10）。该维度的人均农业经济作物（如果树）种植面积5亩以上、人均林地面积10亩以上、人均耕地面积5亩以上、人均水产养殖面积0.5亩以上、猪牛羊等大牲畜10头以上或家禽存栏100只以上、动力大于25马力的机械设备等6个指标均按照是否满足条件进行判定，但凡有1项满足条件，则扣除本维度的所有13分，若6个指标均不满足条件，则该维度可获得13分满分。

表 5-3-10　农村低保对象识别指标体系生产资料维度赋值

一级指标	二级指标	初始分值	加分项	扣分项	满分	最低分
生产资料 [0, 13]	人均农业经济作物（如果树）种植面积5亩以上	13	否＝0分	是＝扣此维度所有分值（即扣13分）	13	0
	人均林地面积10亩以上		否＝0分	是＝扣此维度所有分值（即扣13分）		0
	人均耕地面积5亩以上		否＝0分	是＝扣此维度所有分值（即扣13分）		0
	人均水产养殖面积0.5亩以上		否＝0分	是＝扣此维度所有分值（即扣13分）		0
	猪牛羊等大牲畜10头以上或家禽存栏100只以上		否＝0分	是＝扣此维度所有分值（即扣13分）		0
	动力大于25马力的机械设备		否＝0分	是＝扣此维度所有分值（即扣13分）		0

生活资料维度取值区间为0～14分（表5-3-11）。其中，家中有无固定生活用水水源指标满分为4分，按照拥有情况进行加分，最低分为0分；做饭用的主要燃料指标满分为4分，按照燃料类型进行不同程度的加分，最低分为0分；摩托车指标满分为0分，即不拥有任何摩托车该项不计分，拥有者则按照拥有数量进行不同程度的减分，最低分为-14分；电视指标满分为2分，按照是否拥有及电视尺寸大小进行不同程度的加减分，最低分为-7分；国外品牌热水器指标最高分为0分，按照是否拥有进行不同程度的加减分，最低分为-4分；空调指标满分为2分，按照是否拥有及其制冷量进行不同程度的加减分，最低分为-7分；冰箱指标满分为2分，按照是否拥有及其容积进行不同程度的加减分，最低分为-7分；洗衣机指标满分为0分，按照是否拥有及其类型进行不同程度的加减分，最低分为-14分；微

第五章 准家计模型：广东低保家庭识别指标体系解析

波炉指标满分为 0 分，按照是否拥有及其数量进行不同程度的加减分，最低分为 -14 分；饮水机指标满分为 0 分，按照是否拥有及其数量进行不同程度的加减分，最低分为 -14 分；电脑指标满分为 0 分，按照是否拥有及其数量进行不同程度的加减分，最低分为 -14 分；接入宽带指标满分为 0 分，按照是否接入进行不同程度的加减分，最低分为 -2 分；高档乐器指标满分为 0 分，按照是否拥有及其数量进行不同程度的加减分，最低分为 -14 分；组合音响指标满分为 0 分，按照是否拥有进行加减分，最低分为 -7 分。

表 5-3-11 农村低保对象识别指标体系生活资料维度赋值

一级指标	二级指标	初始分值	加分项	扣分项	满分	最低分
生活资料 [0，14]	家中有无固定生活用水水源	14	①有 =0 分；②没有 =4 分	—	4	0
	做饭用的主要燃料		①煤气（液化气、天然气）、太阳能、电 =0 分；②沼气、煤炭 =2 分；③柴草 =4 分	—	4	0
	摩托车（含电动摩托车）		没有 =0 分	有 = -4 分/辆	0	-14
	电视		①没有 =2 分；②电视尺寸总和 ≤40 英寸，得 0 分	①40 英寸 < 电视尺寸总和 ≤60 英寸，得 -3.5 分；②电视尺寸总和 >60 英寸，得 -7 分	2	-7
	国外品牌热水器		没有 =0 分	有 = -4 分	0	-4

续上表

一级指标	二级指标	初始分值	加分项	扣分项	满分	最低分
生活资料 [0，14]	空调	14	没有 = 0 分	①空调制冷量总和 ≤ 5000 瓦，得 –3 分；②5000 瓦 < 空调制冷量总和 ≤ 7500 瓦，得 –5 分；③空调制冷量总和 > 7500 瓦，得 –7 分	0	–7
	冰箱		①没有 = 2 分；②冰箱容积总和 ≤ 160 升，得 0 分	①160 升 < 冰箱容积总和 ≤ 260 升，得 –3.5 分；②冰箱容积总和 > 260 升，得 –7 分	2	–7
	洗衣机		没有 = 0 分	①有波轮洗衣机 = –2 分/台；②有滚筒洗衣机 = –3 分/台	0	–14
	微波炉		没有 = 0 分	有 = –2 分/台	0	–14
	饮水机		没有 = 0 分	有 = –2 分/台	0	–14
	电脑		没有 = 0 分	有 = –3 分/台	0	–14
	接入宽带		没有 = 0 分	有 = –2 分	0	–2
	高档乐器		没有 = 0 分	有 = –7 分/件	0	–14
	组合音响		没有 = 0 分	有 = –7 分	0	–7

通过对广东多维度准家计模型指标体系及其赋值内容的拆解，可以发现，整套识别体系的指标选择充分遵循了如下原则：首先是指标容易被基层工作人员理解和执行；其次是这套识别体系允许工作人员在相对较短的时间内有效地筛查大量的家庭；最后是瞄准的过程是公开、透明的，从而

第五章 准家计模型:广东低保家庭识别指标体系解析

保证了识别结果的客观性。以上三条也使该指标体系能够最大限度地降低"错保"和"漏保"的政策执行偏差的可能性。当然,瞄准方法的选择只是从一个维度影响到瞄准效果,其他因素,如社会成员对低保制度的认知、申请程序可能存在的污名化风险以及财政限制等,都可能会对瞄准结果产生影响。因此,虽然没有任何一种瞄准方法能够实现100%的瞄准结果,但是广东设计的多维度准指标体系将有助于瞄准偏误的最小化,实现社会救助资源流向真正需要的群体的政策目标。

第六章　广东低保家庭多维度准家计的精准识别

目标瞄准是实现社会救助资源精准配置的关键。多维度代理家计调查以其相较于单一维度收入瞄准的科学性、客观性和准确性，为广东省低保救助资源的精准配置提供了决策依据。如果说通过特定的瞄准方法将贫困对象精准识别出来是资源精准配置的前提，那么能够发现贫困对象的致贫源头可以进一步提升资源使用的效率。通过对2017—2019年采集到的数据进行仔细测算，可以发现广东省采纳的多维度准家计模型能够有效纠正以往低保制度执行过程中的"漏保"和"错保"问题。不过，精准识别贫困对象只是多维度准家计模型的第一个目标，实现对贫困对象致贫源头的分析则是多维度模型的更高层次追求。本章将通过对2019年数据的进一步挖掘和测算，呈现模型对支出型贫困和边缘群体的瞄准效果，并分析模型对低保对象和边缘家庭致贫源头的分类识别效果。

第一节　低保与边缘家庭致贫源头的分类识别

我国现行的低保制度是一种补差式的救助，政策规定家庭人均收入低于当地低保标准的可以申请领取低保补助。因此，在低保制度的动态管理中，一旦通过调查发现申请对象的收入达到低保标准，便将其纳入低保救助体系中；当其收入超出低保标准时，便要求其退出低保救助体系，从而使社会救助资源能够实现最大限度的按需分配。但是，在实际生活中，同样存在相当一部分处在低保线附近的边缘群体，他们的家庭经济状况和被纳入低保救助体系中的对象相差不大，却难以享受到低保的福利。在以往的政策覆盖对象中，他们往往被忽视，但是其面临的社会风险导致他们随

第六章　广东低保家庭多维度准家计的精准识别

时可能陷入贫困的泥淖。因此，如果能通过特定的方法将这部分边缘群体加以识别，并给予相应的政策支持，不但能够减少该群体的相对剥夺感，还能提升低保制度的治理绩效，因为相比事后补救，事先预防更能节约社会救助的总体成本。

一、致贫结构分析

通常，按照传统的单一收入核查方法识别出来的救助对象，仅停留在知道低保对象处于贫困状态，而无法知晓导致其陷入贫困的因素有哪些，这也使本就相对稀缺的社会救助资源的价值未能得到充分发挥，影响到低保制度的减贫效果。广东探索的多维度准家计代理指标体系，通过不同维度的代理指标来测量潜在受益对象的贫困状况，不仅可以确定申请对象是否具备进入低保体系的资格，也能对低保对象致贫的结构进行辨识。总体而言，在广东案例中，城乡低保群体与边缘群体在家庭结构、住房情况、生活资料等方面的差异较明显。

（一）家庭结构特征差异明显

一是与城乡边缘群体共同生活的家庭成员常为3～5名，较城乡低保对象的家庭成员数量更多，且16岁以下和60岁以上共同生活的家庭成员占总体的比例高于城乡低保对象的。二是城乡边缘群体的家庭成员中具备劳动能力的人占比明显高于城乡低保对象的。三是城乡边缘群体中正在受教育的子女数量和比例较城乡低保对象的更高。四是城乡边缘群体家中有重度残疾人员的比例及患慢性病且长期依赖药物的人员占比远低于城乡低保对象的，失能人员占比则稍高于城乡低保对象的。五是城镇边缘群体家庭中重病患者的比例与城镇低保对象家庭中重病患者的比例相当，但农村非低保群体中家庭成员有重病患者的比例则远低于农村低保群体的。六是城镇边缘群体中须自付家庭住院总费用的占比和数额较城镇低保对象的更低，而农村边缘群体须自付家庭住院总费用的占比和数额较农村低保对象的更高。七是城镇边缘群体与城镇低保对象对共同生活家庭成员之外的其他人有赡养、抚养、扶养义务的情况相当，而农村边缘群体在共同生活家庭成员之外对其他人有赡养、抚养、扶养义务的占比则比农村低保对象的低得多。由表6-1-1和表6-1-2可知，在家庭结构方面，城市受访低保家庭平均得分高于城市受访边缘群体的，农村受访低保家庭的平均得分也高于农村受访边缘群体的，但是城市受访家庭得分的差距要明显大于农村受访家庭的。

（二）住房情况特征差异显著

一是城乡边缘群体与城乡低保对象在自有住房比例和自有房屋建筑面积方面的差异最为明显，在地板、墙壁、厕所状况方面也存在显著差异。城乡非低保群体住在自有住房的比例较城乡低保群体的高得多，在城镇地区尤为明显。在其他自有住房拥有及其他房屋租用情况上，城乡非低保群体与城乡低保群体间的差异不大。二是在城镇地区，城镇边缘群体的人均自有住房建筑面积远高于城镇低保对象的，接近半数城镇边缘群体的自有房屋建筑面积在90平方米以上；在农村地区，农村边缘群体的人均自有住房建筑面积同样高于农村低保对象的，但幅度较城镇地区更小。故城乡边缘群体的自有房屋房间数量明显多于城乡低保对象的。三是低保与边缘群体的差异在农村地区与城镇地区有着相反的趋势。城镇边缘群体自有房屋客厅地板为水泥地的比例远高于城镇低保对象的，而自有房屋客厅地板为瓷砖的比例则远低于城镇低保对象的。农村边缘群体自有房屋客厅地板为水泥地的比例远低于农村低保对象的，而自有房屋客厅地板为瓷砖的比例则远高于农村低保群体的。四是低保群体与非低保群体的差异在城乡地区同样呈现相反的趋势。城镇非低保群体的自有房屋中墙壁未经装修的比例远高于城镇低保对象的，在农村则相反。五是城镇边缘群体的自有房屋中独用厕所的比例较城镇低保对象的更低；而农村边缘群体的自有房屋中手动冲水、自动冲水的厕所比例均高于农村低保对象的。由表6-1-1和表6-1-2可知，在住房情况方面，城市受访低保家庭的平均得分高于城市受访边缘群体的；农村受访低保家庭的平均得分高于农村受访边缘群体的，但是分数相差较小。

（三）生产资料特征差异显著

农村边缘群体的农业经济作物种植面积、牲畜及家禽拥有量远高于农村低保对象的，在林地、耕地及机械设备拥有量上并无明显差异。具体而

第六章　广东低保家庭多维度准家计的精准识别

言,有种植农业经济作物的农村边缘群体占比及种植面积均远高于农村低保对象的。在林地及耕地拥有量及水产养殖情况上,农村边缘群体与农村低保对象的差异不明显。而在牲畜及家禽存栏拥有量上,农村边缘群体的拥有量远高于农村低保对象的。在机械设备拥有情况上,农村低保对象的拥有量反而稍高于农村边缘群体的,且拥有的机械设备种类更多。由表6-1-2可知,在生产资料上,农村受访边缘群体的平均得分高于农村受访低保家庭的,但是差距很小。

(四) 生活资料特征差异显著

城乡边缘群体在自来水接入率、高档耐用品拥有率方面远高于城乡低保对象,在做饭主要燃料方面则恰好相反。一是仍未接通自来水的农村边缘群体占总体的比例较农村低保对象的更高。二是低保与非低保群体的差异在农村地区与城镇地区有着相反的趋势。以煤气、太阳能、电为做饭主要燃料的城镇边缘群体的占比低于城镇低保对象的,以柴草为做饭主要燃料的则相反;而农村地区的趋势则与城镇地区的相反。三是拥有外国品牌热水器、摩托车、电视机、空调等各类奢侈品的城乡边缘群体占总体的比例均远高于城乡低保对象的,这种差异在农村地区表现得尤为明显。但是,就高档乐器及组合音响的拥有情况而言,城乡非低保群体与城乡低保群体并无明显差异。由表6-1-1和表6-1-2可知,在生活资料方面,城市受访低保家庭的平均得分高于城市受访边缘群体的,农村受访低保家庭的平均得分高于农村受访边缘群体的。

(五) 家庭收入边缘群体明显较高

总体上,边缘群体的家庭月可支配收入远高于低保对象的。其中,接近半数城镇边缘群体每月家庭可支配收入为3000元及以上,在农村地区相应比例则为32.00%。这一差异普遍存在于城镇和农村地区,并且在城镇地区表现得尤为明显。具体来说,城乡边缘群体家庭的工资性收入远高于城乡低保对象的;而在每月的家庭经营性收入、家庭财产性收入、家庭净转移收入和其他收入方面,城乡边缘群体同样高于城乡低保对象,但两者间的差异较家庭工资性收入则小得多。由表6-1-1和表6-1-2可知,在家庭收入方面,城市受访低保家庭的平均得分高于城市受访边缘群体家庭的,农村受访低保家庭的平均得分高于农村受访边缘群体的,且分数差距相对较大。某一维度的得分越高,证明该维度的贫困程度越高,故单看收入方面,城市受访边缘群体的贫困程度较低。

表 6-1-1　城市低保家庭和边缘群体平均得分

	城市低保家庭平均得分	城市边缘群体家庭平均得分
家庭结构（45 分）	20.15	13.14
住房情况（27 分）	18.13	14.93
生活资料（18 分）	15.44	11.97
家庭人均可支配收入（10 分）	6.95	3.66
家计模型总评分（100 分）	60.67	43.71
样本数/个	1153	244

数据来源:课题组 2019 年城乡低保及边缘家庭入户调查数据。

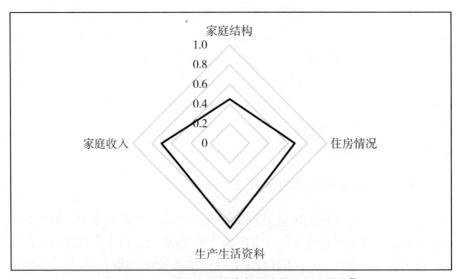

图 6-1-1　城市低保家庭各维度得分占比雷达[①]

（数据来源:课题组 2019 年城乡低保及边缘家庭入户调查数据）

---

① 各维度得分占比的计算方式为:该维度实际得分/该维度总分。

第六章 广东低保家庭多维度准家计的精准识别

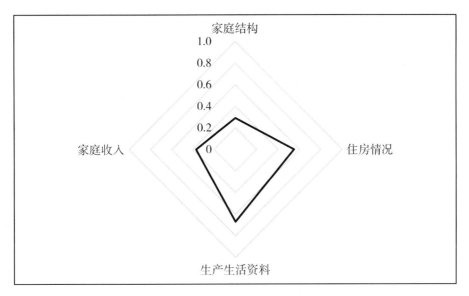

图6-1-2 城市边缘群体家庭各维度得分占比雷达

(数据来源：课题组2019年城乡低保及边缘家庭入户调查数据)

表6-1-2 农村低保家庭和边缘群体平均得分

	农村低保家庭平均得分	农村边缘群体平均得分
家庭结构（41分）	12.57	11.25
住房情况（22分）	13.82	13.01
生活资料（14分）	12.55	10.08
生产资料（13分）	12.91	13
家庭人均可支配收入（10分）	6.89	4.67
家计模型总评分（100分）	58.75	52.43
样本数/个	1670	169

数据来源：课题组2019年城乡低保及边缘家庭入户调查数据。

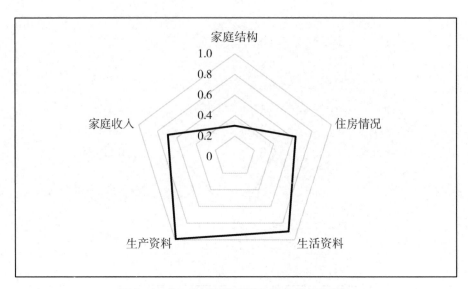

图6-1-3 农村低保家庭各维度得分比雷达

（数据来源：课题组2019年城乡低保及边缘家庭入户调查数据）

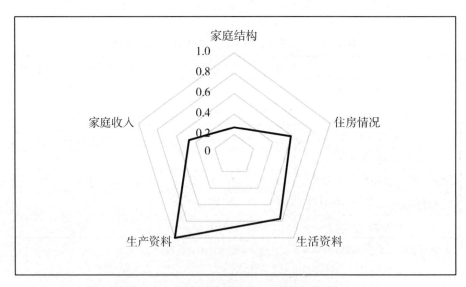

图6-1-4 农村边缘家庭各维度得分比雷达

（数据来源：课题组2019年城乡低保及边缘家庭入户调查数据）

第六章 广东低保家庭多维度准家计的精准识别

二、致贫源头识别

通过对城乡低保对象和边缘群体致贫结构的分析,可以发现两类群体在城乡之间存在着较大的差异,这种结构化的分析仅仅能够帮助民政部门的工作人员了解到导致救助对象陷入贫困的原因是什么,而要实现政策的精准推送,则需要对不同贫困源头进行抽丝剥茧的分析。借助2019年课题组采集到的调查数据能实现这一目标,但由于调查对象和数据库资料庞大,以下仅选取若干案例[①],包括2019年入户调查的四类对象,即城市低保家庭、城市低收入家庭、农村低保家庭和农村临时救助家庭。案例描述的主要目的在于展示准家计模型通过其各维度下的得分计算,无论是对城市低保家庭、城市低收入家庭、农村低保家庭,还是农村临时救助对象,都可以借由多维度的准家计模型实现致贫源头的识别。

案例1(表6-1-3)展示了一个各维度都有满分水平的城市低保家庭,其中,家庭结构得分45分,住房情况得分27分,生产生活资料得分18分,家庭可支配收入得分10分,共计100分[②],排名(并列)第一。这样的案例在城市低保对象调查数据库中共有43位,不管是按照原有的低保识别体系,还是按照多维度识别体系的判定标准,这些家庭都满足被纳入低保救助的条件。区别在于,通过多维度准家计的识别体系,可以更加详细地呈现该家庭不同维度和指标的得分情况,从而能够对其致贫原因进行分析。案例1家庭在家庭结构方面的具体情况为,4名共同家庭生活成员中,有2名二级残疾人、1名一级残疾人,都不具备劳动能力。在住房情况上,居住房屋产权为借住。生活资料也十分匮乏,无国外品牌热水器、摩托车、电视、空调等物品。家庭可支配收入为0元。大体上说,案例1家庭是因为有较多残疾人,劳动力缺失,导致其在各维度上的得分均较高,从而可以被认定为贫困家庭。

[①] 由于采集的数据均为实名,考虑到研究伦理,本书针对所有的真实信息均进行匿名化处理。
[②] 在数据测算中,总得分越高说明该家庭越贫困程度越高,下同。

表6-1-3 案例1 城市低保家庭的多维度得分

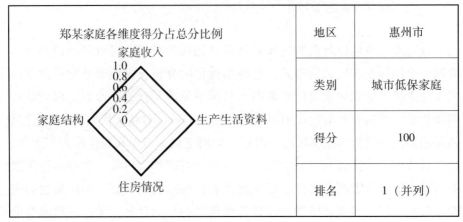

数据来源：课题组2019年城乡低保及边缘家庭入户调查数据。

案例2（表6-1-4）展示了一个总得分为91分的城市低收入家庭，其中，家庭结构得分45分，住房情况得分27分，生产生活资料得分18分，家庭可支配收入得分1分，排名95。在4个维度中，家庭结构、住房情况和生产生活资料都是满分，只在家庭可支配收入中得1分（满分10分），因为该家庭月人均可支配收入达到1000元，而当地的低保标准为702元①，因此经过计算该维度该家庭只能得1分。分析案例2的家庭结构，该家庭有2名60岁以上的老人，且1名为残疾人，另外1名为失能人员。该家庭年度自付住院费用达到12000元。住房情况和生活资料拥有情况也较差。因此，案例2家庭的贫困大体上是由家庭成员无劳动能力且医疗服务支出较大导致的。

---

① 根据广东省民政厅印发《关于发布2019年全省城乡低保最低标准的通知》，分四类地区制定了2019年广东城乡低保最低标准，其中，湛江属于四类地区，其标准为城镇702元/(人·月)。

第六章　广东低保家庭多维度准家计的精准识别

表6-1-4　案例2城市低收入家庭多维度得分

地区	湛江市
类别	城市低收入家庭
得分	91
排名	95

数据来源：课题组2019年城乡低保及边缘家庭入户调查数据。

案例3（表6-1-5）展示了一个总得分为91分的农村低保家庭，其中，家庭结构得分41分，住房情况得分13分，生产资料得分13分，生活资料得分14分，家庭可支配收入得分10分，排名87。在5个维度中，家庭结构、生产资料、生活资料和家庭可支配收入都是满分，只有在住房情况维度，由于其居住的是砖混房，大门为铁门，客厅地板为水泥，墙壁没有装修，厕所为手动冲水，因此该家庭在住房维度的得分相对较低。

表6-1-5　案例3农村低保家庭多维度得分

地区	汕尾市
类别	农村低保家庭
得分	91
排名	87

数据来源：课题组2019年城乡低保及边缘家庭入户调查数据。

案例4（表6-1-6）展示了一个总得分为88分的农村临时救助对象，其中，家庭结构得分41分，住房情况得分13分，生产资料得分13分，生活资料得分14分，家庭可支配收入得分7分，排名57。在5个维度中，家庭结构、住房情况、生产资料和生活资料都是满分，只有在家庭可支配收入维度，由于其家庭月可支配收入为170元，故在该维度上的得分相对较低。该家庭只有1位60岁以上的残疾人，同时患有慢性病和重病，因突发疾病接受临时救助。该家庭的贫困也主要是由家庭成员的高龄、残疾、患病导致的。

表6-1-6 案例4 农村临时救助对象多维度得分

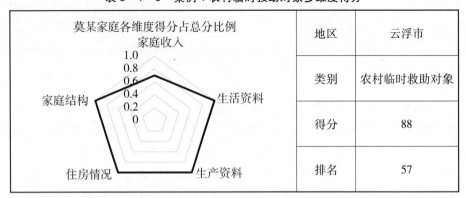

地区	云浮市
类别	农村临时救助对象
得分	88
排名	57

数据来源：课题组2019年城乡低保及边缘家庭入户调查数据。

第二节 支出型贫困的瞄准识别

长期以来，我国低保制度面向的群体是收入型贫困群体，即从单一收入维度来判定潜在的受益对象是否具备接受低保救助的资格，但基于收入型贫困的低保救助面临着救助水平低和成效有限的弊端。因此，支出型贫困的概念被提出来，它是指家庭人均收入高于贫困线，但是由于受医疗、教育和住房等大额硬性支出挤压，家庭实际生活水平处于绝对贫困状态[①]。

---

① 钟仁耀：《支出型贫困社会救助制度建设：必要性及难点》，《中国民政》2015年第7期。

第六章　广东低保家庭多维度准家计的精准识别

相较于仅考虑单一收入维度的收入型贫困,支出型贫困提供了一种从收入和支出两个维度看待贫困的新型视角[①]。支出型贫困政策着眼于化解风险,具有发展性、预防性等特征,它可以帮助陷入暂时性贫困的支出型贫困家庭及时应对风险,避免陷入持续性贫困[②]。因此,相比收入型贫困政策,支出型贫困政策具有更高的成本效益。在广东运用的多维度准家计模型中,支出型贫困的理念被纳入指标体系的设计中。本节将借助2019年的调查数据测算指标体系对支出型贫困的覆盖情况,并选取典型案例对支出型贫困家庭予以分析。

一、对支出型贫困的覆盖

王超群利用2014年中国家庭追踪调查数据,研究了中国因病支出型贫困的发生率及其家庭特征。结果发现,在当前主流因病支出型贫困社会救助政策的界定方法下,我国因病支出型贫困发生率和致贫率较高。因病支出型贫困户主要是收入低、自付医疗费用高、存款少、欠债多、家庭资产少且面临较多困难的家庭[③]。

根据2019年的入户调查数据,课题组按照设定的准家计模型评分体系对调查对象家庭进行评分,并将得分从高到低进行排名。借鉴其他一些研究所设定的门槛线,本研究按照20%的淘汰率进行计算,在最终有资格获得低保的城市家庭中,有140户家庭的城市家庭人均收入高于当地低保线,其中有47户为原非低保户;农村中有124户家庭人均收入高于当地低保线,其中有22户为原非低保户。

首先,对城乡低保对象的年度住院支出进行分析。通过表6-2-1可以发现,在城市的140个观察值中,年度住院支出的均值为13311.54元,最大值可以达到20万元。在农村的124个观察值中,年度住院支出的均值为

[①] 曹艳春:《城市贫困新类型及贫困程度评估与救助研究》,《人口与经济》2010年第4期。
[②] 郑瑞强:《"支出型贫困"家庭社会救助模式设计与发展保障》,《农业经济》2016年第2期。
[③] 王超群:《因病支出型贫困社会救助政策的减贫效果模拟——基于CFPS数据的分析》,《公共行政评论》2017年第3期。

9731.84元，低于城市的水平，最大值为25万元，这一指标高出城市的水平，这可能与城市居民在医保报销中的比例较高有关。通过初步的描述统计可以发现，如果按照广东省的城乡低保标准来算，仅仅住院支出就难以满足以上这些对象的家庭支出，加之在教育等其他方面的需求，这些群体将面临严重的支出型贫困问题。

表6-2-1 城乡低保对象年度住院支出

类别	观察对象/个	均值/元	标准差/元	最小值/元	最大值/元
城镇	140	13311.54	3357.69	0	20万
农村	124	9731.84	33080.38	0	25万

数据来源：课题组2019年城乡低保及边缘家庭入户调查数据。

具体来讲，在城镇的140个观察对象中，通过多维度准家计模型的指标体系，共识别出93户已经被纳入低保救助体系的家庭，此外还识别出47户尚未被纳入低保救助体系的家庭。通过对所有对象年度住院支出的观察可以发现，年度住院支出在5000元以下的共有65户，占比为46.43%，接近一半；5000~10000元、10000~20000元和20000元以上的家庭分别有37户、25户和13户，相应占比分别为26.43%、17.86%和9.29%；相对应地，在以上4个年度住院开支区间内，未能被纳入低保体系中的家庭分别有11户、21户、13户和2户。对于按照原有的低保识别体系尚未被纳入的47户非低保家庭而言，借助多维度准家计模型的测算，发现其年度住院开支超出其收入水平，有可能陷入支出型贫困，因此应将他们纳入低保救助体系中。

表6-2-2 城镇与原非低保家庭年度住院支出

年住院支出	城镇		原非低保户家庭/户
	家庭/户	百分比/%	
5000元以下	65	46.43	11
5000~10000元	37	26.43	21
10000~20000元	25	17.86	13
20000元以上	13	9.29	2

数据来源：课题组2019年城乡低保及边缘家庭入户调查数据。

第六章 广东低保家庭多维度准家计的精准识别

在农村的 124 个观察对象中，通过多维度准家计模型的指标体系，共识别出 122 户已经被纳入低保救助体系的家庭，还识别出 22 户尚未被纳入低保救助体系的家庭。通过对所有对象年度住院支出的观察可以发现，年度住院支出在 5000 元以下的共有 88 户，比例高达 70.97%；5000～10000 元、10000～20000 元和 20000 元以上的家庭分别有 18 户、8 户和 10 户，相应占比分别为 14.52%、6.45% 和 8.06%；相对应地，在以上 4 个年度住院开支区间内，未能被纳入低保体系的家庭分别为 5 户、9 户、5 户和 3 户。对于按照原有的低保识别体系尚未被纳入的 22 户非低保家庭而言，借助多维度准家计模型的测算，发现其年度住院开支超出其收入水平，有可能陷入支出型贫困，因此应将他们纳入低保救助体系中。

表 6-2-3 农村低保与原非低保家庭年度住院支出

年住院支出	农村 家庭/户	农村 百分比/%	原非低保户家庭/户
5000 元以下	88	70.97	5
5000～10000 元	18	14.52	9
10000～20000 元	8	6.45	5
20000 元以上	10	8.06	3

数据来源：课题组 2019 年城乡低保及边缘家庭入户调查数据。

此外，横向比较来看，在按照多维度准家计模型识别出的符合低保资格的所有对象中，农村家庭中尚未被纳入低保体系的人数占总数的比例相较于城市的要低，这可能是由于我国的低保制度的实施重心在农村，因此其覆盖率相对更高。这套崭新的识别体系可以有效地捕捉原识别标准下被遗漏的支出型贫困家庭，从而更好地发挥低保的减贫效果。

二、支出型贫困家庭分析

运用多维度准家计模型，不但可以更好地识别出既有的低保对象中面临支出型贫困的群体，同时还可以优化原有的低保体系，将其遗漏的面临支出型贫困风险的群体纳入既有的救助体系中,从而扩大低保制度的覆盖面,更好地发挥低保制度的兜底性作用和减贫作用。不过,即便是支出型贫困,不同家庭面临的风险大小也是有差异的,本书从原有城乡低保和非低保体系中分别找出4个典型的家庭(表6-2-4),呈现其在支出型贫困方面的严重性。

表6-2-4 城乡低保与非低保支出型贫困程度

地区	户主	个人住院支出/元	家庭人均收入/元
城镇	编号 WGS025(低保户)	11000	953
城镇	编号 PLY060(非低保户)	12000	1000
农村	编号 ZBL017(低保户)	50000	625
农村	编号 LYQ055(非低保户)	70000	500

数据来源:课题组2019年城乡低保及边缘家庭入户调查数据。

案例1(编号WGS025)中的城镇低保户,家庭共同生活成员有4人,月度家庭可支配收入为3812元,家庭月人均收入为953元,该家庭所在地的低保标准为702元/人。尽管其人均收入高于当地的低保标准,按照政策规定已达到退出的标准,但是其个人住院支出在上一年度达到10000元,仅仅是住院支出就足以使该家庭处在陷入贫困的边缘地带。

案例2(编号PLY060)中的城镇非低保户家庭共同生活成员有2人,月度家庭可支配收入为2000元,家庭月人均收入为1000元,该家庭所在地的低保标准为702元/人。该家庭的月人均收入同样高于当地的低保标准,因此未将其纳入低保救助体系中。但是,通过表格可以发现,其上一年度的个人住院支出达到20000元,家庭已经陷入支出型贫困状态,缺少低保的救助,该家庭有可能面临贫困状态深化的风险。

案例3(编号ZBL017)中的农村低保户家庭共同生活成员有4人,月度家庭可支配收入为2500元,家庭月人均收入为625元,该家庭所在地的低保标准为484元/元。该家庭的人均月收入略高于当地的低保标准,同样达到了政策所要求的退出条件。但是,当把目光转向其上一年度的个人住院支出时,可以发现其支出高达50000元。对于绝大多数农村家庭而言,这都是一笔沉重乃至可以压垮一个家庭的支出。即便已经被纳入既有的低保救助体系中,其所面临的支出型贫困程度依然较深,需要及时被纳入其他救助体系。

案例 4(编号 LYQ055)中的农村非低保户家庭共同生活成员有 2 人,月度家庭可支配收入为 1000 元,家庭月人均收入为 500 元,该家庭所在地的低保标准为 484 元/人。该家庭的月人均收入和当地的低保标准基本持平,属于边缘群体。按照原有的低保识别办法和标准,其未被纳入低保体系中。但是,其上一年度个人支出高达 70000 元,整个家庭的年度收入显得杯水车薪。在原来的识别方法之下,该家庭无法得到低保政策的支持,但是,其在医疗方面的刚性支出已经使该家庭陷入严重的支出型贫困,亟须通过社会转移支付的方法缓解贫困。

第三节 边缘贫困群体的瞄准识别

中国的城乡低保制度属于选择型社会救助项目,即符合地方政府制定的收入标准的对象可以主动提出申请,满足条件的会被纳入低保救助体系,开始享受现金补助及其他附带的福利。这意味着在低保救助体系之外的群体,即便是距离低保救助标准"一步之遥"的人也不得不"望而止步",这一群体即通常所说的低保边缘群体。通常,他们的人均收入略高于低保标准,因为无法享受低保待遇,相应地更难以享受低保的优惠政策,所以其实际生活水平甚至会低于低保对象[①]。这一群体在既往的低保救助体系中被长期忽略,由此滋生的不公平感和相对剥夺感对社会的稳定是一种威胁。因此,通过准确识别出徘徊在救助标准附近的边缘群体,并给予相应的政策支持,帮助其应对潜在的社会风险,是未来低保制度优化的重要内容。

---

① 李春根、夏珺:《中国城市低保边缘群体合理需求分析研究》,《社会保障研究》2014 年第 4 期。

一、多维贫困家庭的新进率

表6-3-1和表6-3-2分别展示了城镇和农村排名在前80%的家庭的基本情况。就城镇而言,在排名前80%的家庭当中,共有969户家庭,占了本次调查的所有家庭的83.9%;共有131户属于边缘群体的家庭,占了本地调查的所有属于边缘群体的家庭的59.3%。也就是说,在本次调查的城镇所有属于边缘群体的家庭当中,有59.3%排名在前80%,能够被纳入救助范围内。就农村而言,在排名前80%的家庭当中,共有1368户家庭,占了本次调查的所有家庭的81.8%;共有107户属于边缘群体的家庭,占了本地调查的所有属于边缘群体的家庭的63.6%。也就是说,在本次调查的农村所有属于边缘群体的家庭当中,有63.6%排名在前80%,能够被纳入救助范围内。综上,对城镇和农村属于边缘群体的家庭的排名分析,验证了代理家计调查指标体系既能够识别生活困难的低保家庭,也能识别出收入略高于低保线的边缘群体。

对排名在前80%的边缘群体的家庭收入、家庭结构、住房情况、生产资料、生活资料等特征进行具体分析,可以发现,大部分家庭拥有一个共同的特征:他们的家庭收入水平不一定很低,这也符合用传统的单一收入维度测量出来的结果。然而,他们在住房情况、生产资料、生活资料上都存在不同程度的困难。

表6-3-1　城镇排名前80%的家庭分布情况

排位	家庭/户	占家庭比例/%	属于边缘群体的家庭/户	占边缘群体比例/%
前10%	137	11.9	3	1.4
前20%	273	23.7	7	3.2
前30%	398	34.5	14	6.3
前40%	523	45.4	27	12.2
前50%	653	56.7	40	18.1
前60%	757	65.7	67	30.3

续上表

排位	家庭/户	占家庭比例/%	属于边缘群体的家庭/户	占边缘群体比例/%
前70%	866	75.2	104	47.1
前80%	969	83.9	131	59.3

数据来源：根据课题组2019年的入户调查数据测算得出。

表6-3-2　农村排名前80%的家庭分布情况

排位	家庭/户	占家庭比例/%	属于边缘群体的家庭/户	占边缘群体比例/%
前10%	178	10.6	9	5.3
前20%	382	22.8	21	12.4
前30%	528	31.6	34	20.1
前40%	707	42.3	46	27.2
前50%	871	52.1	58	34.3
前60%	1027	61.4	75	44.4
前70%	1219	72.9	91	53.8
前80%	1368	81.8	107	63.3

数据来源：根据课题组2019年的入户调查数据测算得出。

二、家计丰裕家庭的淘汰率

表6-3-3和表6-3-4分别展示了城镇和农村排名在后20%的家庭的基本情况。就城镇而言，在排名后20%的家庭当中，共有183户家庭，占城镇调查家庭的16.1%；共有90户属于边缘群体的家庭，占城镇调查属于边缘群体的家庭的40.7%。也就是说，在本次调查城镇家庭当中，有16.1%排名在后20%，不能被纳入救助范围内。

就农村而言，在排名后20%的家庭当中，共有302户家庭，占农村调查家庭的18.1%；共有62户属于边缘群体的家庭，占农村调查属于边缘群体的家庭的36.7%。也就是说，在本次调查的所有城镇家庭当中，有18.1%排名在后20%，不能被纳入救助范围内。

表 6-3-3 城镇排名后 20% 的家庭分布情况

排位	家庭/户	占家庭比例/%	属于边缘群体的家庭/户	占边缘群体比例/%
后 20%	183	16.1	90	40.7
后 15%	138	12.0	68	30.8
后 10%	78	6.8	53	24.0
后 5%	31	3.0	34	15.4

数据来源：根据课题组 2019 年的入户调查数据测算得出。

表 6-3-4 农村排名后 20% 的家庭分布情况

排位	家庭/户	占家庭比例/%	属于边缘群体的家庭/户	占边缘群体比例/%
后 20%	302	18.1	62	36.7
后 15%	227	13.6	48	28.4
后 10%	144	8.6	30	17.8
后 5%	68	4.1	18	10.7

数据来源：根据课题组 2019 年的入户调查数据测算得出。

综上，对城镇和农村家庭排名的分析说明，相比使用传统的单一收入维度，使用课题组设计的代理家计调查指标体系可能会使部分既有的家庭无法被纳入救助范围内。具体对排名在后 20% 家庭的家庭收入、家庭结构、住房情况、生产资料、生活资料等特征进行分析，发现大部分家庭拥有一个共同的特征：他们的收入水平的确偏低，与传统的单一收入维度测量出来的结果一致。但是，他们在家庭结构、住房情况、生产资料、生活资料方面的情况并不差。他们的收入水平得分偏高，但是家庭结构、住房情况、生产资料、生活资料得分却偏低。

从一定意义上说，准家计模型有助于降低漏保率，既可以纳入除了收入匮乏的多维贫困的群体，又有助于降低错保率。准家计调查指标可以在一定程度上反映整体的家计状况，反映家庭的真实生活水平，而不依赖于容易被隐瞒的收入状况，从而淘汰收入低但整体丰裕的家庭。

第六章　广东低保家庭多维度准家计的精准识别

第四节　理论模型与改革实践的测算比较

低保制度中的边缘群体指的是家庭人均收入略高于当地政府划定的低保线，但其实际情况和被纳入低保体系中的贫困家庭相差不大的群体。鉴于低保线这一硬性的判定标准，边缘群体未能享受到低保资金的救助及配套的福利措施。对于没有被纳入低保范围的处于相对贫困处境的边缘群体而言，他们很容易产生明显的心理落差和不平衡感，特别是边缘群体对低保户得到的政策红利感到"眼红"甚至充满嫉妒，乃至对低保政策感到不满和抱怨①。2020年后，中国的贫困治理将迈入新的阶段，尤其是在相对贫困成为贫困问题主流的情况下，这些边缘群体也应该成为低保制度关注的新重点。

2019年10月18日，广东省出台了《广东省最低生活保障家庭经济状况核对和生活状况评估认定办法》（以下简称《认定办法》）、《申请家庭生活状况综合评估指标》。《认定办法》制定了最低生活保障认定的具体指导标准，完善了低保对象贫困状况评估指标体系，将低保覆盖面从收入型贫困家庭向因病、因残、因学等刚性支出负担过重、影响基本生活的支出型贫困家庭扩展，体现了准家计模型的理论思路。本节拟采用民政厅出台的新指标体系，结合2019年的家计调查问卷数据，对新指标体系的识别效果进行评估。2019年调查共收集有效问卷3213份，其中，城乡低保对象共有2804户（其中，城镇低保对象为1130户，农村低保对象为1674户），占比为87.3%；非城乡低保对象409户（其中，城镇边缘群体为244户，农村边缘群体为165户），占比为12.7%。

具体来说，《认定办法》充分考虑因病、因残、因学、因老、义务兵等特殊家庭结构的实际困难，通过扣减必要的刚性支出，放宽对特殊群体的准入条件，具体见表6-4-1。从家庭月可支配收入、家庭结构（未成年和学生，老人和高龄老人，残疾、重病和失能人员，赡养、抚养、扶养义务

---

① 朱冬亮：《贫困"边缘户"的相对贫困处境与施治》，《人民论坛》2019年第7期。

人信息)、生活状况(自有住房、燃油摩托车/电瓶车、电视机、冰箱、空调)等三方面综合评估申请家庭的家庭生活。在具体操作上,《认定办法》规定,家庭生活状况综合评估指标以申请家庭前6个月平均收入为基础,根据家庭结构和生活状况对家庭月平均收入,按照评估指标[以"当地1个月最低生活保障标准"(1D)作为各指标计量单位]进行增加或减除,将增减后的家庭月收入除以共同生活家庭成员人数,计算出综合评估后家庭月人均收入。家庭月人均收入低于当地1个月低保标准(1D)的,视为符合最低生活保障条件的对象。

表6-4-1 广东省民政厅低保申请家庭生活状况综合评估指标

一级指标	二级指标	三级指标	计算
共同生活的家庭成员人数	—	—	实际数字填写
家庭每月总收入	工资性收入	—	实际数额填写
	经营性收入	—	实际数额填写
	财产净收入	—	实际数额填写
	转移净收入	—	实际数额填写
家庭结构	未成年人和学生	学龄前儿童	$-0.5D$/人
		接受义务教育的未成年人	$0D$/人
		就读高中生、中专生	$-0.5D$/人
		就读全日制高职、大专、本科的学生	$-1D$/人
	老人和高龄老人信息	$60\sim69$周岁老年人	$0D$/人
		$70\sim79$周岁老年人	$-0.5D$/人
		80周岁以上高龄老人	$-1D$/人
	残疾、重病和失能人员信息	重度残疾人、失能人员	$-2D$/人
		非重度残疾人	$-1D$/人
	义务兵信息	重病患者、慢性病患者、半失能人员	$-1D$/人

第六章 广东低保家庭多维度准家计的精准识别

续上表

一级指标	二级指标	三级指标	计算
家庭结构	赡养、抚养、扶养义务人信息	直系亲属务兵人数	-1D/人
		18～59周岁有稳定收入义务人	+1D/人
		18～59周岁从事散工、简单农业生产或家庭劳动义务人	+0.5D/人
		老年、单亲父亲/母亲、隔代抚养/赡养义务人	+0.5D/人
		无履行赡养、抚养、扶养义务能力人员	+0D/人
生活状况	自有住房	家庭无自有住房（租住或借住）	-1D
	家庭非必须主要能耗资产	燃油摩托车、电瓶车	2辆+0.5D 3辆或以上+2D
		空调	2台+0.5D 3台或以上+2D
		电视机	2台+0.5D 3台或以上+2D
		冰箱	2台+0.5D 3台或以上+2D
计算公式：综合评估后家庭月人均收入(D) = ［家庭每月总收入（D）+家庭结构（D）+生活状况（D）］/共同生活的家庭成员人数			

可见，广东省民政厅于2019年年底出台的《申请家庭生活状况综合评估指标》与课题组设计的指标体系在内容上具有一致性，包含准家计调查指标中的家庭结构、住房情况、生活资料等内容，其中，选取的指标基本为2017—2019年的回归模型中对贫困程度影响显著的指标。同时，作为实践操作指南，此套指标更为简明易懂、易计算，避免了因计算体系过于复杂而导致的政策执行不畅或出现偏差。广东省民政厅颁布的综合评估指标

体系在课题组设计的理论模型的基础上,优化提升了现实层面的可操作性。

根据现有《认定办法》中的指标体系进行测算①,调查数据显示:在3213户调查对象中,有2981户调查对象经过综合评估后,家庭人均收入低于当地1个月低保标准(1D),符合最低生活保障条件,占总调查对象的92.78%;其中,在区间[1D, 1.5D)内的调查对象共115户,符合低收入家庭的认定标准,占总调查对象的3.58%。

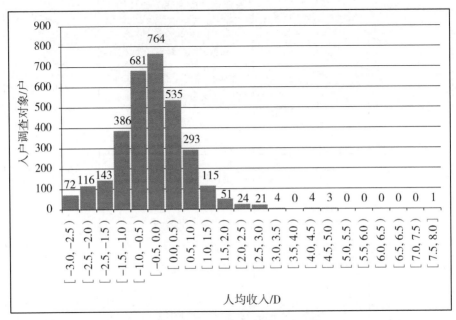

图6-4-1 入户调查对象采用《认定办法》中指标体系的得分分布

(数据来源:根据课题组2019年的入户调查数据测算得出。)

一、家庭人均可支配收入低于低保标准的分布

从表6-4-1看,根据《认定办法》,原城乡低保对象中有2649户经

---

① 由于在调查期间,《广东省最低生活保障家庭经济状况核对和生活状况评估认定办法》还未正式出台,参照广东省民政厅提供的《申请家庭生活状况综合评估指标》初稿指标体系进行调查,与正式的指标体系略有差别,如调查时未能采集到无履行赡养、抚养、扶养义务能力的人数。

第六章 广东低保家庭多维度准家计的精准识别

过综合评估后,家庭人均可支配收入低于当地规定的1D,符合最低生活保障条件,占城乡低保调查对象的94.47%;边缘群体调查对象中有332户经过综合评估后,家庭人均可支配收入低于当地规定的1D,符合最低生活保障条件,占城乡非低保调查对象的81.17%。总体上,共2981户调查对象经过综合评估后,家庭人均可支配收入低于当地规定的1D,符合最低生活保障条件,占总调查对象的92.78%。

表6-4-1 不同地区低于当地规定的1D的调查分布

地区	边缘群体家庭/户	低保对象家庭/户	总计/户
广州市	7	47	54
河源市	0	52	52
惠州市	135	343	478
江门/恩平市	9	120	129
茂名市	13	705	718
清远市	10	42	52
汕尾市	28	197	225
云浮市	67	680	747
湛江市	30	296	326
珠海市	33	167	200
合计	332	2649	2981
总调查样本	409	2804	3213
占总调查样本的百分比	81.17%	94.47%	92.78%

数据来源:根据课题组2019年的入户调查数据测算得出。

从表6-4-2看,根据《认定办法》,城镇原低保对象中有1059户经过综合评估后,家庭人均可支配收入低于当地规定的1D,符合最低生活保障条件,占城镇低保调查对象的93.72%;边缘群体调查对象中有187户经过综合评估后,家庭人均可支配收入低于当地规定的1D,符合最低生活保障条件,占城镇边缘群体调查对象的76.63%。总体上,城镇共1246户调查对象经过综合评估后,家庭人均可支配收入低于当地规定的1D,符合最低生活保障条件,占城镇总调查对象的90.68%。

表 6-4-2 不同地区城镇低于当地规定的 1D 的调查分布

地区	边缘群体家庭/户	低保对象家庭/户	总计/户
广州市	7	47	54
河源市	0	52	52
惠州市	94	183	277
江门/恩平市	5	57	62
茂名市	4	214	218
清远市	0	30	30
汕尾市	15	57	72
云浮市	48	222	270
湛江市	3	89	92
珠海市	11	108	119
合计	187	1059	1246
城镇调查样本	244	1130	1374
占城镇调查样本的百分比	76.63%	93.72%	90.68%

数据来源：根据课题组 2019 年的入户调查数据测算得出。

从表 6-4-3 看，根据《认定办法》，农村原低保对象中有 1590 户经过综合评估后，家庭人均可支配收入低于当地规定的 1D，符合最低生活保障条件，占农村低保调查对象的 94.98%；边缘群体调查对象中有 145 户经过综合评估后，家庭人均可支配收入低于当地规定的 1D，符合最低生活保障条件，占农村边缘群体调查对象的 87.88%。总体上，农村共 1735 户调查对象经过综合评估后，家庭人均可支配收入低于当地规定的 1D，符合最低生活保障条件，占农村总调查对象的 94.34%。实行综合指标评估后，原农村低保对象中有 94.48% 符合新的最低生活保障条件，高于城镇。

表 6-4-3 不同地区农村低于当地规定的 1D 的调查分布

地区	边缘群体家庭/户	低保对象家庭/户	总计/户
惠州市	41	160	201
江门/恩平市	4	63	67

第六章 广东低保家庭多维度准家计的精准识别

续上表

地区	边缘群体家庭/户	低保对象家庭/户	总计/户
茂名市	9	491	500
清远市	10	12	22
汕尾市	13	140	153
云浮市	19	458	477
湛江市	27	207	234
珠海市	22	59	81
合计	145	1590	1735
农村调查样本	165	1674	1839
占农村调查样本的百分比	87.88%	94.98%	94.34%

数据来源：根据课题组2019年的入户调查数据测算得出。

从调查数据看，原来为边缘群体而未被纳入低保的，通过出台的综合评估标准评估，有81.17%的边缘群体会纳入最低生活保障范围。从表6-4-4的案例看，这些可以纳入最低生活保障的边缘群体的收入部分虽然得分较高，但家庭结构较弱，得分较低，也只有满足基本生活的电视、冰箱、空调等，基本很少有2件以上的生活消费品。

表6-4-4 边缘群体纳入最低生活保障的案例

案例编号	共同生活人数	家庭情况得分/D	生活状况得分/D	收入得分/D	平均分/D
1	3	-0.5	0	3.47	0.98
2	3	-0.5	0	3.37	0.95
3	4	-1.0	0	3.76	0.69
4	5	-1.0	0	4.36	0.67
5	4	-2.0	0	4.26	0.56
6	5	-3.0	0.5	4.26	0.35
7	4	-2.0	0	2.18	0.04
8	5	0.5	0	4.38	0.97
9	5	-0.5	1	4.38	0.97
10	5	-2.0	0	6.87	0.97

数据来源：根据课题组2019年的入户调查数据测算得出。

二、家庭人均可支配收入高于低保标准的分布

从表6-4-5看,根据《认定办法》,原城乡低保对象中有155户经过综合评估后,家庭人均可支配收入高于当地规定的1D,不符合最低生活保障条件,占城乡低保调查对象的5.53%;城乡边缘群体调查对象中有77户经过综合评估后,家庭人均可支配收入高于当地规定的1D,不符合最低生活保障条件,占城乡边缘群体的18.83%。总体上,共232户调查对象经过综合评估后,家庭人均可支配收入高于当地规定的1D,不符合最低生活保障条件,占总调查对象的7.22%。

表6-4-5 不同地区高于当地规定的1D的调查分布

地区	边缘群体家庭/户	低保对象家庭/户	总计/户
广州市	0	3	3
河源市	0	3	3
惠州市	43	25	68
江门/恩平市	0	1	1
茂名市	4	40	44
清远市	2	0	2
汕尾市	0	5	5
云浮市	16	49	65
湛江市	1	15	16
珠海市	11	14	25
合计	77	155	232
总调查样本	409	2804	3213
占总调查样本的百分比	18.83%	5.53%	7.22%

数据来源:根据课题组2019年的入户调查数据测算得出。

从调查数据看,原来为城乡低保对象但通过综合评估后未被纳入最低生活保障范围的有5.53%。从表6-4-6的案例看,这些未被纳入最低生活保障的低保对象在家庭情况、生活状况方面得分均不低,家庭条件较好,

第六章 广东低保家庭多维度准家计的精准识别

这也证明在以往低保制度执行的过程中,基层工作人员能够严格地把控低保进入的门槛,保障救助资金能够真正地发挥"物尽其用"的效果。

表6-4-6 原低保对象未纳入最低生活保障的案例

案例编号	共同生活人数	家庭情况得分/D	生活状况得分/D	收入得分/D	平均分/D
1	1	0.5	0	3.25	2.75
2	1	1.0	1	1.25	2.25
3	3	4.5	1	1.25	1.91
4	2	1.0	1	1.42	1.21
5	2	1.0	1	1.42	1.21
6	2	1.0	1	1.42	1.21
7	3	1.5	1	2.13	1.21
8	5	3.0	1	2.84	1.16
9	3	0.0	1	3.41	1.13
10	2	5.0	0	0.00	2.00

数据来源:根据课题组2019年的入户调查数据测算得出。

广东采纳的多维度准家计调查方法从家庭收入、家庭结构、住房情况及生产/生活资料等维度出发,确立了一套由多个子指标构成的低保目标识别体系。这套代理指标不仅能够实现低保目标的精准识别,还能深度挖掘出导致低保家庭陷入贫困泥淖的原因。与此同时,对支出型贫困的识别也改变了以往仅仅关注收入型贫困的单一理念,这不仅提供了一个从收入和支出双重维度看待贫困的视角,更为关键的是通过对支出型贫困的识别,可以更好地帮助支出贫困型家庭及时应对各类社会风险,避免持续性贫困的发生。此外,多维度准家计调查方法对处在低保标准附近的边缘群体的关注,有机衔接了2020年后的贫困治理主题。在绝对贫困现象于中国社会消失后,相对贫困的治理将成为2020年后中国贫困治理的关键,对低保边缘群体这一相对贫困群体的关注有助于低保制度在整个贫困治理体系中发挥兜底性作用。

第七章 政策执行：广东双重核查运用后的执行机制分析

2019年10月18日，广东省民政厅印发了《广东省最低生活保障家庭经济状况核对和生活状况评估认定办法》（以下简称《认定办法》）。作为《广东省最低生活保障制度实施办法》的配套措施，《认定办法》制定了最低生活保障认定的具体指导标准，完善了低保对象贫困状况评估指标体系，将低保覆盖范围从收入型贫困家庭向因病、因残、因学等刚性支出负担过重、影响基本生活的支出型贫困家庭扩展，这标志着广东省低保制度开始迈入新的发展阶段，将通过更加精准的识别方法和更广泛的范围覆盖，推动低保制度更好地在中国贫困治理事业中发挥基础性作用。

从内容上看，广东民政部门这套崭新的低保对象识别指标体系以中山大学岳经纶教授团队于2019年使用多维度准家计模型所确定的指标识别体系为蓝本。多维度准家计模型以家庭收入、家庭结构、住房情况、生产资料和生活资料为维度，城镇共设置了26个二级代理指标，农村共设置了35个二级代理指标。尽管通过数据测算，城乡两套识别体系都能够显著改善低保目标的瞄准效率，但是考虑到在具体执行过程中的时间、人力等各项成本，民政部门最终选择了代表性较好的部分指标。与此同时，采用货币化的计算方式，也是考虑到将申请对象的分数进行换算，一方面，可以与既有的以现金补助为主要救助方式的制度安排相衔接；另一方面，也是站在低保申请对象的立场上，用货币化的方式能够以更加简洁明了的方式了解申请者是否具有获取低保救助的资格。

本章将聚焦于《认定办法》实施后可能带来的影响，如在采用双重核查后目标群体会发生变化，而低保政策的执行主体的工作内容也将随之发生改变；同样地，政策执行过程中的支持系统也会随之进行调整。

第七章 政策执行：广东双重核查运用后的执行机制分析

第一节 目标群体：双重核查后目标群体发生的变化

政策的有效性主要通过两方面来衡量：人群瞄准和受益瞄准。若大部分实际受益人群是该项制度的目标群体，则这项制度的人群瞄准有效性较好；若政策涉及的大部分利益落实到目标群体上，则这项制度的受益瞄准有效性也是高的[①]。广东省启用双重核查机制后，低保政策瞄准的目标群体会逐步发生变化，会更多地识别出因病、因残、因学等造成的支出型贫困群体，贫困家庭的致贫原因也会被分为多个分析角度，救助对象也将向相对贫困群体拓展。

一、理念更新：从收入贫困向支出贫困的渐进突显

以经济收入作为衡量标准的收入型贫困，通常不考虑贫困家庭的经济支出情况，主要是以当地制定的低保线为依据，将其作为申请对象是否获取低保救助的条件。在获取低保身份的同时，也会享受教育救助、医疗救助、住房救助、就业救助等各种附加的救助政策，形成了所谓的"一保俱保，一退既退"的捆绑关系。部分低保对象获取低保身份也是受到了低保所附带的政策驱使。这种不考虑刚性支出的衡量标准，造成部分收入略高于低保线，但由于刚性支出超出其经济承受能力而缺乏救助的家庭无法获取救助，其生活陷入困境。收入型社会救助能通过提高低保标准来扩大救助的范围，但是相关研究表明，随着低保财政投入的增加和低保平均标准的提高，领取低保的人数却没有随着保障线的提高而逐年增加，即使近年来中国的经济发展呈现减速的趋势，低保所覆盖的贫困人口也在逐年下

---

① 林闽钢：《社会救助理论与政策比较》，人民出版社，2017年。

降[①]。一方面，是因为低保的政策执行过程更加严格，基层民政工作人员迫于审计风险，宁愿少保也不愿意错保；另一方面，随着经济的发展，人民生活水平的提高，收入的增加幅度高于每年低保标准的提升幅度，符合单一经济收入标准的对象减少，收入型贫困也在逐年减少。

与以解决经济贫困为主、更多关注物质匮乏的收入型贫困社会救助模式相比，支出型贫困聚焦于申请救助对象的能力不足，获得就业机会、教育机会的渠道不畅等方面，与传统的单纯、一刀切式的物质救助不同，支出型贫困更加考虑贫困群体的不同社会需求，关注风险预防。支出型贫困社会救助是将发展型的社会救助政策作为目标取向，为贫困人口提供更具个性化、针对性的"缺什么补什么"的政策套餐。具体而言，是将贫困人口的个体发展贯穿于整个社会救助政策体系，将救助的目标再提升一个层次，从满足基本生活的生活救助到改善生活的社会保护发展。救助的方式也由外部的直接救助向外部与内部共同推动的救助方式转变，更加关注贫困人口的自我发展意识，提升其自我发展能力。

二、权利拓展：从单一贫困向多维贫困的逐步过渡

自贫困问题被列入政府的政策议程以来，政策制定者一直在探讨哪些人是贫困人口，应该以哪种方式判断。相关研究表明，贫困测量标准的不同对贫困线的划定标准是有影响的，贫困人口或贫困发生率的估算存在很大分歧，且单一维度的测算会低估贫困人口[②]。在早期的贫困测量中，贫困识别的依据主要是收入或支出的高低，贫困的识别标准理论上也是根据能够维持基本生活水平的最低需求确定的[③]。长期使用单一维度的测量贫困，会忽视个体的脆弱性、个体的健康状况、教育能力、所处的社会环境等因素的影响。阿玛蒂亚·森的可行能力理论表明，贫困人口不仅收入低，而

[①] 岳经纶、胡项连：《低保政策执行中的"标提量减"：基于反腐败力度视角的解释》，《中国行政管理》2018年第8期。

[②] 杨菊华、刘铁锋、王苏苏：《贫困的识别与测量：从单维到多维的变化》，《扬州大学学报（人文社会科学版）》2019年第5期。

[③] 邹薇、方迎风：《怎样测度贫困：从单维到多维》，《国外社会科学》2012年第2期。

第七章 政策执行：广东双重核查运用后的执行机制分析

且在教育、医疗、健康、住房等方面都会受到剥夺，既包含选择机会与选择能力的缺乏，也包括选择权利的缺乏。

为克服单一收入维度识别低保对象的缺陷，广东省参考国际广泛使用的代理家计调查法，结合本省实际，根据多次数据测算，最终形成贫困识别的多维指标体系。从广东省《申请家庭生活状况综合评估指标》的具体指标（表7-1-1）来看，主要涉及收入和物质、教育、健康、就业等指标。与以往单一收入维度的贫困指标体系不同，从多个维度综合识别贫困群体的指标体系能够实现致贫原因的精准识别，不仅囊括了原有的绝大多数的单一贫困，同时也能有效识别因病、因残、因学、因灾、因老等综合贫困情况。

表7-1-1 广东省多维贫困的维度及指标

维度	指标
家庭每月总收入	工资性收入、经营净收入、财产净收入、转移净收入
家庭结构	未成年人和学生，老人和高龄老人，残疾、重病和失能人员，义务兵，赡养、抚养、扶养义务人
生活状况	自有住房、燃油摩托车、电瓶车、空调、电视机、冰箱

资料来源：广东省民政厅官方网站。

三、对象延伸：从绝对贫困向相对贫困的适度延伸

绝对贫困测量侧重于考虑申请家庭的基本生存、生活标准的状态，常见的测量绝对贫困的方法为恩格尔系数法、基本生活需求法、基尼系数等。家计调查是以往认定低保对象最主要的方法。民政部门通过家庭经济状况核对系统对申请人家庭的收入进行核查，低于当地的低保标准就纳入保障范围，高于当地低保标准就不纳入或者退出。家计调查最突出的特点是基于选择性原则及覆盖群体的针对性[1]，若基层操作不当，则会有"错保""漏保"的风险。

---

[1] 林闽钢：《城市贫困救助的目标定位问题——以中国城市居民最低生活保障制度为例》，《东岳论丛》2011年第5期。

与绝对贫困相比，相对贫困具有人口基数大、贫困维度广、致贫风险高等特点，也在持续增收、多维贫困、内生动力、体制机制等方面面临诸多难点①。相对贫困的范围应包括经常性或临时性处于生活窘迫或发展困境的群体，教育就业、生活状况、身心健康等是重要的评估维度。相对贫困主要呈现散点分布的特征。"十四五"时期，随着大面积普遍贫困逐渐减少，贫困人口"大分散、小集中、碎片化"的趋势日益明显，集中连片的区域性贫困分布转为散点分布②，贫困人口的生理性特征（即老、病、残、无劳动能力）、社会资本不足等个体性致贫因素也会越来越突出③。与绝对贫困不同，相对贫困的致贫因素复杂，脆弱性强。边缘贫困群体最大的困难往往并不在于收入，而是在医疗、住房、教育等方面的支出。在人民生活水平不断提高和低保人数逐年减少的背景下，社会救助对象应实现从绝对贫困向边缘贫困的全面延伸覆盖。

第二节　执行主体：社会救助职能部门的工作变化

基层民政部门作为低保政策的直接执行部门，低保制度的变化对基层民政工作人员的日常工作带来了较大的改变。从以往的单一经济核查到现在的双重核查，执行中的隐性成本是需要重点考虑的。在执行过程中，基层民政工作人员的自由裁量权需要得到规制；在后期的监督问责上，也需要从单纯依靠上级行政监督向构建耦合监管体系的转变；在队伍的建设上，需要提升执行主体的专业性，充实基层工作力量。

---

①　高强、孔祥智：《论相对贫困的内涵、特点难点及应对之策》，《新疆师范大学学报》2020年第3期。

②　叶兴庆、殷浩栋：《从消除绝对贫困到缓解相对贫困：中国减贫历程与2020年后的减贫战略》，《改革》2019年第2期。

③　单大圣：《"十四五"时期社会救助的发展展望》，《社会福利》2020年第4期。

第七章 政策执行：广东双重核查运用后的执行机制分析

一、成本优化：从单一核查到双重核查的执行成本约束

与过去采用单一的经济核对系统核查家庭收入不同，《申请家庭生活状况综合评估指标》不仅要求对其家庭收入进行核实，还需要从家庭结构、住房状况及生活资料对申请对象进行多维度的综合调查，对基层执行工作人员的专业水平要求更高。具体表现为以下三点。

一是生活状况评估调查过多依赖人工指导。虽然当前救助对象认定工作在规范性上已经取得了显著成效，但《申请家庭生活状况综合评估指标》的核对主要依赖于基层的工作人员，执行过程中难免会出现核查信息不全面、不准确等问题。例如，2019年，课题组在调查时发现：部分申请对象的收入存在难以核实或隐瞒欺诈的情况；部分地区的低保对象可能同时享受当地的精准扶贫政策，经过扶贫政策帮扶后，其家庭收入已经超过当地的低保线但并未及时退出；还有一些低保户会隐瞒收入，甚至不配合调查。

二是定期核查工作量大，基层民政人少事多的矛盾依然突出。目前的核查工作主要以人工为主，人力资源配置不足也制约着基层社会救助能力的提升。乡镇（街道）社会救助经办机构不健全、人员不足的现象还没有得到根本性改变。特别是在城乡低保制度全面实施后，工作量和工作难度加大，现有基层队伍的数量难以适应工作需要。目前，广东省绝大部分乡镇（街道）并没有设立专门的民政机构，只是通过政府购买的方式雇佣1～2名民政助理。部分乡镇民政干部身兼多职，时间上很难协调并完成更为专业的事项。此外，乡镇人民流动率高，变动大，工作缺少连续性，人员的频繁更替也会影响低保工作的正常开展。

三是动态管理需要综合考虑生活状况评估的变化。《认定办法》规定最低生活保障实行动态管理，至少每半年进行1次家庭经济信息化复核，每年进行1次入户调查。如最低生活保障家庭的人口、经济和生活状况发生变化后，申请对象应主动在1个月内向乡镇人民政府（街道办事处）申报，或在核查中主动提供相关情况。从条例上看，基层民政工作人员每年会主动进行1次入户核查，其余时间则主要依赖于受保对象的主动及时申报。但是

从现实情况来看，靠受保对象主动申报实现动态调整的可操作性较低。这是因为：一方面如果家庭经济状况好转，作为既得利益者的受保对象很难有动力向乡镇人民政府申请退出低保；另一方面，部分受保对象对低保政策不了解，原本的低保可能也是由村干部代办，受自己知识水平、信息来源渠道的影响，也很难主动申报自身家庭经济状况的变化。此外，每年1次的入户调查比较滞后，无法实时反映受保家庭的经济状况，如一户受保家庭一年中家庭经济状况核对系统未出现预警，而家庭中购置了大件的家用电器或者生活状况发生了比较大的改善。

二、权力制约：基层执行过程中的自由裁量权得到规制

2014年12月，广东省民政厅印发的《广东省最低生活保障申请家庭经济状况核对及认定暂行办法》（以下简称《暂行办法》）对入户调查程序进行明确规定：乡镇人民政府（街道办事处）应该在受理申请的10个工作日之内，在村委会、居委会的协助下，组织2名经办人员（或社区干部、驻村干部等）到申请对象家里进行经济状况核实，主要是了解申请对象的户籍是否为本地户籍、家庭的可支配收入情况、家庭内的财产情况等内容。从规定的调查程序和内容上看，这个时期基层在政策执行过程中主要有两个突出特征：一是入户调查基本流于形式，经办人员的自由裁量权较大。因调查内容范围较广，政策规定比较宽泛且未细分指标，经办人员操作起来比较模糊，没有统一的概念或标准。经办人员到申请对象家中调查时，基本上只是"看一看"，没有针对性和目的性，调查结果也主要凭经办人员的主观判断，客观性和中立性不足，直接导致基层人员主观故意造成的"错保"等问题。二是入户调查结果对最终的审核影响不大。前期申请对象会提交相关资料，乡镇人民政府（街道办事处）会通过家庭经济状况核对系统，对其家庭财产和收入进行多方审核，多数经办人员认为入户调查的结果对申请对象自行申报的户籍状况、家庭收入和财产状况不会产生太大的影响，最终的认定结果还是以家庭经济状况信息化核对为准。

相比于2014年的《暂行办法》，2019年广东省民政厅印发的《认定办

第七章 政策执行：广东双重核查运用后的执行机制分析

法》详细规定了家庭生活状况评估的内容，对入户调查工作进行规范，规制基层经办人员的行为，很大程度上减少了基层行政风险。家庭生活状况综合评估在入户调查阶段进行，采取一系列客观、易判断的指标判断家庭贫困程度，评估指标一目了然，评估流程便于操作，经办人员只要如实记录申请对象家庭的客观情况，统一翔实填写评估表，即可得出其家庭月人均收入的数值，解决了基层入户调查难、调查结果难以量化运用的问题。改革后的入户调查工作主要有两个优势：一是运用综合评估方法，科学合理设定指标，减少调查的随意性，增强入户调查的操作性和针对性，提高入户调查的效率，可更好地发挥入户调查的效用；二是统一入户调查的内容和流程，规范程序要求，可以避免人为干扰，压缩基层工作人员的自由裁量空间，使对象认定过程更加公平、公正、公开，为职能部门做出审核、审批决定提供更全面、准确、权威的依据。

三、监督问责：从上级行政监督到耦合监管机制的转变

目前低保制度的实际执行效果仅依靠上级的行政监督或是审计监督，而这种监督主要是被动、消极的，基层职能部门内部建立监督机制的积极性也不高。随着广东省双重核查瞄准执行机制的启用，建立内部与外部耦合的监管机制迫在眉睫，只有这样才能确保低保制度在实际操作过程中的公平性、公正性、客观性。内外部监管机制的构建建议如下。

一是从根源出发，在基层职能部门中建立内部监督机制。相对完善的内控机制和严密的工作程序可以提高基层经办人员的自律性，使工作人员的行为有规可循。同时，建立事中事后的责任追究机制，倘若基层经办人员及其他相关主体人员在行使职权的过程中出现过错或者出现违法行为，应按照相关规定给予对应的党纪、政纪处分，严重者构成犯罪的，也应依法追究刑事责任。县（市、区）、乡镇人民政府（街道办事处）负责分管的民政工作的领导也应该不定期、随机抽查入户调查工作，及时查漏补缺，防范风险。

二是健全互通联动的外部监督机制。对低保执行的外部监督应该包括

第三方外部监督、上级监督、公众及媒体监督等。

（1）成立第三方监督委员会。县（市、区）人民政府可以成立由当地社会团体等组成的监督委员会，监督委员会内成员可定期抽查并复核该地区低保执行的情况，可对申请家庭经济状况核对系统进行统一监管。申请对象如果对核对报告有异议，也可向第三方监督委员会投诉，第三方监督委员会有权进行复核。第三方监督委员会每年可组织1次面向低保户和非低保户的线上或线下问卷调查，了解群众的满意度及目前执行中需要改进的问题，也可采用访谈、座谈的方式向群众征求意见。

（2）上级及同级其他部门的监督。上级民政部门及经济状况核对机构既要对下属机构进行日常监督，如定期报备、随时抽查复核，也要主动加强与人大、政协、纪检、审计部门及新闻部门的沟通协调，强化监督机制，保证低保执行过程在阳光下进行。

（3）公众及媒体监督。县（市、区）、乡镇人民政府（街道办事处）的民政部门向公众公布举报电话，并设立举报信箱，方便接受群众监督。群众可向民政部门反映部分低保对象的实际情况与调查结果不符、经办人员在执行过程中有违规操作行为、外部人员利用自身的影响进行干预等情况；媒体同样可通过翔实的调查对发现的违规行为予以曝光。基层民政部门要针对群众和媒体反映的情况，统一进行调查核实，及时、如实地向社会反馈调查结果。

三是健全社会救助信息共享平台。在已有的申请家庭经济状况核对系统的基础上，搭建社会救助信息管理平台，将教育救助、医疗救助、临时救助、妇女儿童救助、困难职工救助等行业部门的信息进行汇总比对，同时扩大信息核对的范围，如增加银行的对接端口、与外省银行进行信息对接等，充分保证信息核查的完整性。

四、队伍建设：执行主体的专业性和工作力量亟须改善

《申请家庭生活状况综合评估指标》运用综合评估方法，设定科学合理的评估指标，便于操作和执行，解决了基层入户难、调查结果难以量化

第七章 政策执行:广东双重核查运用后的执行机制分析

运用的问题。但从具体指标来看,对基层参与入户调查的经办人员来说还是有一定难度的,如在第三部分家庭结构中规定,若同一成员同时满足未成年和学生信息,老人和高龄老人信息,残疾、重病和失能人员信息中的2个及以上项目的,以扣减最多的项目计算,不叠加。即如果一个80周岁以上高龄老人(-1D/人),同时患有重度残疾(-2D/人),那么只需要计算-2D。基层人员只有在调查时全面判断每个家庭成员的基本情况,才能准确填写表格内容,故在实际的操作过程中需要非常认真和仔细,若漏看某一项判断标准,则此家庭的生活状况评估结果就会出现误差,最后的结果也可能出现较大的偏差。因此,该评估方法对基层入户调查人员的判断能力、逻辑思维能力、专业性有很高的要求。对此,提出两点建议。

一是调整基层人员数量,匹配现实需求。可以通过创新政府购买第三方服务的方式引入专业的社会力量。2018年,广东省民政厅、财政厅、人力资源和社会保障厅、省委机构编办委员会办公室等联合出台的《关于积极推行政府购买服务加强基层社会救助经办服务能力的实施意见》中明确规定,基层政府将社会救助纳入购买服务范畴,以改善社会救助服务紧缺的现状。具体而言,可以采取择优竞聘、劳务派遣等形式,在乡镇(街道)设立2个以上社会救助公益性服务岗位,并专职从事低保核查、医疗救助、临时救助、特困供养、流浪救助、殡葬管理、养老服务等工作。有条件的镇区、社区则可设立社区社会工作室(站),承接民政事务性管理和服务性工作。此外,也可以适当调整政府购买社工服务项目的目录,在镇区、社区设立固定的低保对象、特困人员、困境儿童、优抚对象关爱帮扶社工服务项目等。

二是推动人员专业化,辅以有效激励。在人员引入方面,积极鼓励相关专业(如医学、社工等)毕业生从事基层社会救助事业,同时孵化培育社会服务市场,加大政府购买服务的资金或提供优惠性政策,吸引更多高质量的社工机构进驻各市承接社会救助事项,但在从事社会救助工作之前,所有人员都需要通过岗前考核。在人员培训方面,可以分级、分批、分类地开展社会救助工作人员的培训工作,采取脱岗培训、在职学历教育、专题研讨班、异地学习交流、讲座、实践训练、业务轮训、案例分析等多种长期培训和短期学习相结合的学习形式,让工作人员及时掌握与业务相关的法律法规、方针政策和工作策略等方面的知识①。在人员考核方面，各级政府可以出台相关考核制度，尤其是针对政府购买服务项目的质量考核，如中山市三乡镇的《三乡镇民政兜底性社工服务工作制度和绩效考核制度》，进而根据考核和监管结果对考核对象进行相应的奖惩，如定期岗位考核不及格的工作人员需要再次进行培训，多次不通过者予以一定的惩罚或做辞退处理，通过考核的人员才能继续在原岗位工作并得到相应的奖励。在人员激励方面，可以采用以下方式：增加社会救助人员编制；为适龄的优秀人才提供转为事业编制或行政编制的机会；开展等级评定，并制定薪酬等级晋级制度，以提高公益性岗位、社区志愿者的工资待遇。

第三节　保障机制：政策执行过程支持系统的变化

低保政策作为一项公共政策，是解决社会公共问题、指向公共利益的，其根本特点在于公正性。公共政策支持系统能够防止公共政策相关活动中的部分利益过度化，确保公共政策的公益性，进而确保公共政策的顺利运行②。双重核查机制的启用会带来一系列的连锁反应，如社会救助领域内的资金支出结构、省内不同区域城乡之间的社会救助财政资金配置、部门之间的沟通协作、指标体系的变化、信息系统的支撑等。因此，低保制度的支持系统也需要进行及时调整，以保障政策的落地执行。

一、支出结构：社会救助领域资金支出结构的调整优化

从绝对支出水平（图7-3-1）来看，2014—2019年广东省社会救助财政支出除2016年、2019年有一定回落之外，整体呈稳步上升趋势，社会救助投入力度不断加大。具体而言，低保制度在社会救助体系中持续发挥基

---

① 刘佳：《扬州市红十字会社会救助存在的问题研究》，硕士学位论文，扬州大学，2018。
② 张海辉：《公共政策支持系统构建的必要性研究》，《上海电力学院学报》2014年S2期。

第七章 政策执行：广东双重核查运用后的执行机制分析

础性作用，最低生活保障支出总体呈增长态势，尤其在 2017 年、2018 年，支出增长明显。此外，直接医疗救助支出和特困人员救助供养支出总体呈小幅增长、局部浮动的特点。可从两个方面调整优化支出结构。

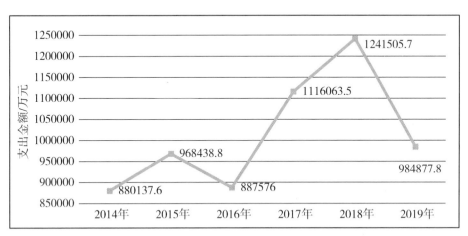

图 7-3-1　2014—2019 年广东省社会救助支出情况

（资料来源：2014—2019 年《广东省社会服务统计年报》）

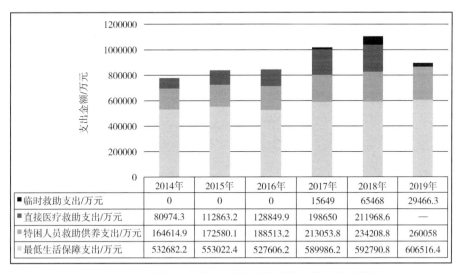

	2014年	2015年	2016年	2017年	2018年	2019年
■临时救助支出/万元	0	0	0	15649	65468	29466.3
■直接医疗救助支出/万元	80974.3	112863.2	128849.9	198650	211968.6	—
■特困人员救助供养支出/万元	164614.9	172580.1	188513.2	213053.8	234208.8	260058
■最低生活保障支出/万元	532682.2	553022.4	527606.2	589986.2	592790.8	606516.4

图 7-3-2　2014—2019 年广东省各项社会救助支出情况

（资料来源：2014—2019 年《广东省社会服务统计年报》。2019 年未找到直接医疗救助支出数据）

一是要夯实最低生活保障制度的地位，逐步提高最低生活保障标准。虽然广东省各地市近年来的低保标准在逐年提高，但是地区差异较大，如珠三角地区与粤东西北的水平差距仍然较大。具体而言，各地政府应当适当地提高救助标准，根据政府财政的支付能力、受救助者基本生活所需的支出、特殊支出、物价上涨情况等因素建立低保标准的动态调整机制，以满足受助者的基本生活需要为依据，救助资金的金额应当让受助者在满足温饱、解决基本生存后有所剩余，以鼓励有条件的受助者通过参加就业培训、技能培训或者创业培训等提升自身人力资本，增强自我发展能力，进而有效地摆脱贫困①。

二是针对不同救助对象划定不同的救助标准。鉴于目前城市低保制度的救助标准单一，且过于注重收入贫困，缺乏对能力贫困的关注，建议在将低保对象区分为不同类型的基础上制定不同的救助标准。低保救助金可以按分类救助项目划分为基本生活救助金、特别需要救助金和个人发展基金。同时，在个人发展救助基金中建立专项鼓励就业和培训基金，用以鼓励就业、鼓励参与培训以激发受助者自立自助的积极性。在具体实施时，为避免出现贫困人口与贫困边缘人口之间救助缺乏公平性的问题，即"胜者全得"现象，可以借鉴英、美国家的收入支持政策。由于该政策的运行需要最基本的保障措施，如法规体系、信用体系，因此可以选择在经济条件较好的地市设立试点，引入负所得税机制，将各种低保形式统一起来，按照单一的公式计算补助金额，其他地区则采用"豁免额"的办法②。

二、资金分配：省内不同区域社会救助财政资金的配置

广东省不同区域社会救助的发展情况存在较大的差异，即珠三角、粤东、粤西、粤北的最低生活保障人数和财政支出存在明显差异（图7-3-1和图7-3-2），最低生活保障人数从低到高的地区依次为珠三角、粤北、

---

① 谢勇才、丁建定：《从生存型救助到发展型救助：我国社会救助制度的发展困境与完善路径》，《中国软科学》2015年第11期。

② 汪朝霞：《社会救助制度的国际比较与经验借鉴——以英、美、日等国为研究对象》，《苏州大学学报》2011年第5期。

第七章　政策执行：广东双重核查运用后的执行机制分析

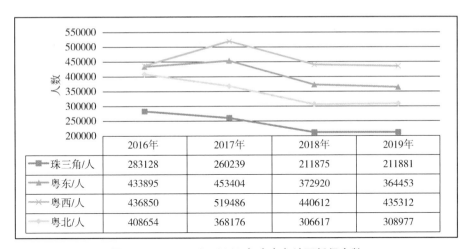

图7-3-1　2016—2019年广东各地区低保人数

（资料来源：2016—2019年《广东省社会服务统计年报》）

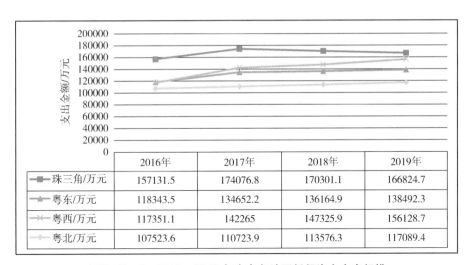

图7-3-2　2016—2019年广东各地区低保资金支出规模

（资料来源：2016—2019年《广东省社会服务统计年报》）

粤东、粤西，低保资金支出从低到高的地区依次为粤北、粤东、粤西、珠三角，由此可知珠三角地区的最低生活保障人数最少，低保资金支出最多。这是因为：一方面，珠三角经济发展水平相对更高，地方政府财政资金更为充裕，用于提高最低生活保障对象生活水平的资金相对更多；另一方面，粤东西北地区最低生活保障人数相对更多，但上述地区的经济发展水平相对落后，财政收入总量较小，且省内财政转移支付较少，导致低保资金的支出总量相对不足。这与白晨和顾昕的研究相类似。他们基于2008—2014年农村最低生活保障财政支出的基尼系数分析和泰尔指数分解检验，研究了省级政府与农村社会救助的横向平衡问题，发现农村低保筹资分担机制在不同层级的地方政府之间存在严重的纵向失衡，县级政府的负担过重、省级政策投入不足、省内不平等问题显著，省级政府没有很好地发挥应有的财政拉平作用[①]。

随着最低生活保障制度的不断完善，中央财政转移支付逐渐平衡了省际差异，但珠三角、粤东西北地区之间的不平衡突显出省级财政在平衡省内差异上的乏力。因此，一方面要加强对农村低保金的转移支付。农村贫困人口多，资金需求量大，但是农村往往经济发展水平低，无法提供大量的救助金，这就需要省级财政部门制定出合理的财政供给机制和监督机制，保障农村低保资金到位，使它能够及时发放，并保障其发放的合理性与公平性。另一方面要强化对欠发达经济地区的转移支付。广东省虽为经济强省，却存在地区经济发展不平衡的事实，珠三角地区经济发展明显较粤东、粤西和粤北发达，低保标准及救助项目也高于或多于其他地区[②]。因此，省级民政部门须明确财政拨付比例，将更多资金转移给或倾斜至经济欠发达地区，经济欠发达地区再根据本地区的实际城乡情况进行二次分配。

---

① 白晨、顾昕：《省级政府与农村社会救助的横向公平——基于2008—2014年农村最低生活保障财政支出的基尼系数分析和泰尔指数分解检验》，《财政研究》2016年第1期。
② 刘波、王媚游：《广东城乡低保制度一体化研究：成效、问题及对策》，《南方农村》2013年第2期。

第七章 政策执行:广东双重核查运用后的执行机制分析

表7-3-1 2016—2017年广东各地级市低保人数及资金支出情况

地区	2016年			2017年		
	低保人数/人	低保资金支出规模/万元	人均补差水平/万元	低保人数/人	低保资金支出规模/万元	人均补差水平/万元
广州市	49037	42647.3	0.87	47916	43975.7	0.92
深圳市	5916	5462.1	0.92	5126	5934.9	1.16
珠海市	6919	5070.5	0.73	8147	7091.1	0.87
汕头市	105918	30810.1	0.29	119473	37869.9	0.32
佛山市	22441	16643.2	0.74	20868	20806.3	1.00
韶关市	64655	19518.9	0.30	54997	19674.6	0.36
河源市	101354	25871.8	0.26	87336	26517.8	0.30
梅州市	171992	44553.5	0.26	154685	44407.1	0.29
惠州市	70492	35009.1	0.50	59087	33988.6	0.58
汕尾市	111537	32461.4	0.29	121989	38643.6	0.32
东莞市	11912	9054.8	0.76	11934	9732.8	0.82
中山市	9258	5190.7	0.56	9172	7370.5	0.80
江门市	58635	21529.3	0.37	54481	23831.1	0.44
阳江市	68502	20372.3	0.30	67427	22046.3	0.33
湛江市	190967	48517.3	0.25	260798	65380.6	0.25
茂名市	177381	48461.5	0.27	191261	54838.1	0.29
肇庆市	48518	16524.5	0.34	43508	21345.8	0.49
清远市	103102	27256.5	0.26	94111	28268.3	0.30
潮州市	52585	14564.2	0.28	51193	14135.2	0.28
揭阳市	163855	40507.8	0.25	160749	44003.5	0.27
云浮市	70653	17579.4	0.25	71158	20124.4	0.29

数据来源:2016—2017年《广东省社会服务统计年报》。

表7-3-2 2018—2019年广东各地级市低保人数及资金支出情况

地区	2018年			2019年		
	低保人数/人	低保资金支出规模/万元	人均补差水平/万元	低保人数/人	低保资金支出规模/万元	人均补差水平/万元
广州市	48525	49392.2	1.02	48525	49392.2	1.02
深圳市	4013	5241.6	1.31	4013	5241.6	1.31
珠海市	6034	7210.7	1.20	6034	7210.7	1.20
汕头市	96457	37574.6	0.39	96457	37574.6	0.39
佛山市	13134	15813.8	1.20	13134	15813.8	1.20
韶关市	46499	18315.2	0.40	46499	18315.2	0.39
河源市	74009	31849.4	0.43	74009	31849.4	0.43
梅州市	123149	42733.6	0.35	123149	42733.6	0.35
惠州市	49892	28115.3	0.56	49892	28115.3	0.56
汕尾市	101472	36025.9	0.36	101472	36025.9	0.36
东莞市	8287	9509.7	1.15	8287	9509.7	1.15
中山市	6596	6394.8	0.97	6596	6394.8	0.97
江门市	33508	23536.5	0.70	33508	23536.5	0.70
阳江市	63668	25478.6	0.40	63668	25478.6	0.40
湛江市	229294	76184.7	0.33	229294	76184.7	0.33
茂名市	147650	45662.6	0.31	147650	45662.6	0.31
肇庆市	41886	25086.5	0.60	41886	25086.5	0.60
清远市	76580	25422.6	0.33	76580	25422.6	0.33
潮州市	41830	15564.7	0.37	41830	15564.7	0.37
揭阳市	133161	46999.7	0.35	133161	46999.7	0.35
云浮市	62960	20678.1	0.33	62960	20678.1	0.33

数据来源：2018—2019年《广东省社会服务统计年报》。

第七章 政策执行：广东双重核查运用后的执行机制分析

三、部门协作：社会救助部门加强沟通协作与信息共享

社会救助服务体系效率的高低，不仅关系到有限的救助资源能否得到充分利用，而且关乎社会救助能否实现健康发展①。为统筹社会救助资源，避免政出多门、各自为政，防止重复救助和救助缺失，广东省应探索建立"大救助"工作机制，着力保障困难群众的基本生活。

一是成立工作协调机构，统揽救助资源。县级人民政府可成立困难群众救助中心，整合分散在民政、工会、妇联、共青团、残联、教育、住建及人社等部门的救助职能，由县（市、区）主要负责人任救助中心主任，民政局局长任救助中心办公室主任，多个具有救助职能和救助协调职能的部门及乡镇（街道）的主要负责人任成员。救助中心统一救助规划、数据信息及工作流程，形成"政府主导、民政牵头、统筹协调、部门联动、覆盖城乡、高效服务"的工作格局②。

二是推进工作机制建设，提升社会救助工作管理水平。建立社会力量（如社工）参与社会救助的长效工作机制。通过政府搭台、社会化运作的模式，针对困难对象实施精神帮扶、文化需求、技术能力等社会救助关爱援助项目。建立各类困难群众的跟踪管理机制、"一户一档一策"机制及各类资源的综合利用整合机制③。

三是推进社会救助管理平台建设。县级民政部门统一开发"大救助"信息平台，建立包括救助对象、救助资源及救助数据等内容的救助信息数据库，设置信息采集、数据更新、动态排名、信息查询、救助操作、办理提醒和事项转办等7项功能。以县为单位定期采集数据，系统根据致贫原因自动生成每个家庭的贫困指数，及时记录救助结果，自动调整贫困指数，始终让最需要获得救助的家庭排在最前面。社会救助中心的成员单位开展

---

① 谢勇才、丁建定：《从生存型救助到发展型救助：我国社会救助制度的发展困境与完善路径》，《中国软科学》2015年第11期。
② 张泽胜：《山东构建"大救助"工作机制的思考》，《中国国情国力》2019年第4期。
③ 张思明：《江苏省张家港市民政局弱有所扶——大救助综合改革》，《中国民政》2019年第3期。

救助时,可根据自身职责从系统数据中选取救助对象;对已救助过的对象,系统会自动提醒,避免重复救助。这样可真正做到救前查询、救后录入、定时反馈、信息共享。

四是开通救助热线,强化救助时效。让困难群众"求助有门"是确保社会救助时效的关键所在。为此,各地县级社会救助中心应设立24小时救助热线,随时提供政策咨询和受理救助诉求,情况紧急的立即启动社会救助绿色通道,实现热线受理与窗口受理同步进行,以提高救助时效,方便困难群众[①]。

四、技术支撑:低保信息系统的建设改善政策执行效率

在信息化时代,技术瞄准是未来低保实现精准救助的重要抓手。技术瞄准的数据管理、流水线操作、风险控制优先的运行逻辑可以提高精准救助[②],减少"人情保""关系保",降低"错保"率、"漏保"率,为基层工作人员的工作降低风险。广东省于2017年开始上线使用广东省救助申请家庭经济状况核对系统(核对报告样式见表7-3-3),其信息化建设一直走在全国前列。目前核对系统建设已经趋于成熟,系统操作运行规范,核对业务涵盖范围广,信息专业化的优势逐渐突显。核对系统在横向上与公安部门、人力资源和社会保障部门、工商部门等12个部门及28家商业银行达成信息对接,实现全省范围内跨地市信息查询,是全国范围内首个实现银行系统接口对接、数据直查的省份;纵向贯通部、省、市、县、镇五级困难群众信息管理,覆盖全省1743个终端,而且设置了省内户籍地以外的异地申请渠道,使困难群众办事更加方便快捷,需要开具的证明材料周期也从2~3天缩短至40小时内,救助效率大大提高。核对系统的另一个创新点是,突破性地对分散在不同户籍地的居民提供申请救助渠道,全省任一社会救助窗口都能受理群众的最低生活保障申请、医疗救助申请或临时救助申请等多项社会救助。群众填

---

① 王浩:《建立"大救助"工作机制,推动社会救助制度改革创新》,《中国社会报》2014年9月26日。

② 廖爱娣:《社会救助瞄准的技术路径:逻辑、困境及对策——以"核对信息系统"为例》,《深圳社会科学》2020年第2期。

第七章　政策执行：广东双重核查运用后的执行机制分析

写授权书之后，民政工作人员可以通过核对系统查询其家庭的经济状况，实现广东省内异地申请救助①。2020年广东省民政厅已出台相关文件，要求各地市级民政部门"围绕应用尽用，盯紧系统使用"，加强救助和补贴数据的治理，对系统数据进行实时更新，做到"申请一户，录入一户；退出一户，核减一户"，实现线上与线下流程同步，做到"不漏报、不虚报、不瞒报"，提高系统数据的准确性、实时性和有效性。

表7-3-3　广东省救助申请居民家庭经济状况核对报告样式

编号：44082510300020190000019		
救助申请居民家庭经济状况核对报告		
依据赖××及家庭成员的申请与授权，系统将代为查询×××及家庭成员的经济状况并进行核对。现出具核对报告如下		
委托单位		
所属地区	广东省湛江市××县××镇	
申请时间	2019-02-15 20：32	
救助类型	最低生活保障	
核对对象和家庭基本信息	核对主申请人姓名	×××
	有效证件号码	××××
	联系电话	13724752××
	户籍地址	广东省湛江市××县××镇××社区居委会
	家庭成员	杨××，吴××
核对说明	本次核对的数据包括以下内容	
	公安部门	车辆信息，户籍信息
	民政部门	离婚信息，殡葬信息，婚姻登记信息
	人社部门	就业信息，在职人员信息
	金融证券部门	银行信息
	工商部门	个体经营者信息，私营企业信息
	扶贫办	扶贫人员信息
	教育部门	高校学籍信息

---

① 李刚：《广东省内可异地申请社会救助》，《人民日报》2018年8月31日。

续上表

报告生成时间	2019-02-17 01:28			
以下为核对过程中有预警信息的人员及预警明细信息				
序号	预警成员信息		预警信息	预警内容
1	×××(身份证号)		车辆信息	赖××个人的有车辆信息
核对结果信息如下				
私营企业信息	人员姓名	赖××	身份证号码	×××
	注册资金	×××	注册号	×××
	驻在期限自	null	登记状态	存续
	法定代表人	赖××		
	企业名称	广州××服务有限公司		
	生产经营地	广州市天河区×××房		
户籍信息	人员姓名	赖××	身份证号码	×××
	性别	男	民族	汉族
	出生地详址		曾用名	
	派出所名称	海安派出所	居村委名称	×××
	省市县名称	广东省徐闻县	出生日期	×××
	街路巷名称	北水路	乡镇街道名称	×××
	籍贯省市县	广东省徐闻县	出生地省市县	×××
	户籍所在地址	广东省徐闻县×××		
	死亡标识			
车辆信息	人员姓名	赖××	身份证号码	×××
	机动车类型	小型轿车	车辆品牌名称	福特牌
	使用性质	A		
	车牌号码	×××	车辆所有人	
	使用状态	违法未处理	初次登记时间	
婚姻信息	人员姓名	赖××	身份证号码	×××
	配偶姓名	冯××	配偶证件号码	×××
	登记时间	2016-09-15 12:09		

第七章 政策执行：广东双重核查运用后的执行机制分析

续上表

个体工商信息	经营者姓名	赖××	身份证号码	×××
	注册号	×××	经营范围	来料加工，修理：金属门窗；电焊
	登记状态	存续	经营场所	×××
离婚信息	人员姓名	赖××	身份证号码	×××
	配偶姓名	冯××	配偶身份证号码	
	登记时间	2017-02-22 12：02		
在职人员信息	人员姓名	赖××	身份证号码	×××
	缴费基数	1024		
	应缴基数平均数	1024		
银行信息	人员姓名	赖××	身份证号码	×××
	账户汇总余额	200	说明	未超过标准
银行明细信息	人员姓名	赖××	身份证号码	×××
	所属银行	×××	开户行网点	佛山高明支行
	卡号	××	余额	200
	是否超过核查上限	不超过		
残疾人信息	人员姓名	赖××	身份证号码	×××
	证照名称	中华人民共和国残疾人证	证照号码	××
	发证机构名称		发证日期	2015-04-17
	监护人	曾×××	残疾类别	×
	残疾等级	×	残疾类别明细	
	家庭住址	深圳市龙岗区×××		
扶贫人员信息	人员姓名	赖××	身份证号码	×××
	性别	男	户主姓名	赖××
	与户主关系	户主		

续上表

就业信息	人员姓名	赖××	身份证号码	×××
	证件类型	01	就业状态	
	单位名称	深圳市盐田区城市综合管理局		
核对报告用途	仅用于最低生活保障项目，严禁用于其他用途			

  未来信息核对系统的建设应该加大智能开发和数据信息共享力度，这也是提高社会救助瞄准精确度的重要一环。一是保持核对系统中信息的动态更新。相关职能部门应及时更新对接的系统数据，保证核对系统中信息的真实性，对于房产、车辆等可能发生所有权变更的财产，做到及时跟进和系统更新。这既需要相关部门的人员及时将信息录入系统，也需要不同部门间实现信息共享，如公安部门及时更新车辆、户籍等信息，人社部门及时更新就业、在职人员等信息，民政部门及时更新殡葬、婚姻登记等信息，以保证核对系统中数据对接的准确性，防止出现因信息更新不及时造成的"错保""漏保""骗保"等现象。二是要扩大信息核对范围。随着广东省社会救助体系的不断完善和发展，信息核对业务也要不断拓展，将散落在住建部门的住房救助、教育部门的教育救助、残疾部门的残疾救助、总工会的困难职工救助、医保部门的医疗救助等信息对接起来，通过智能化的数据收集匹配，能够让居民家庭经济状况核对信息系统在社会救助领域发挥最大的效能。

第八章　结论与讨论：低保治理的广东经验及未来进路

治理社会救助的瞄准偏差问题不仅仅是一个技术改进问题，也是一个国家的福利治理体系和治理能力现代化的问题。广东自 2017 年开展低保瞄准改革以来，多维度准家计模型已经被证明在低保对象识别过程中具有比单维度收入核查更高的准确性。低保对象识别的提高和精准化，可以去"伪"纳"真"，降低"漏保"率和"错保"率，让更多真正有需要的社会成员受惠于低保制度，不但有助于实现社会救助资源的精准配置，也能更好地发挥低保制度的减贫作用。

改革开放以来，广东一直被视为中国改革的前沿阵地，从经济发展、体制改革到公共服务，都走在全国前列。正因如此，广东在社会领域的诸多改革与尝试也成为其他兄弟省份的政策模仿对象。那么，广东在低保对象瞄准方面的改革实践对其他地区是否同样具有适用性？对未来中国低保制度的发展又有何启示？更关键的是，作为一种贫困治理的手段，广东低保制度改革对未来中国贫困治理的启发意义在哪里？本章将对广东低保目标瞄准改革的可复制性、多维度准家计模型对中国贫困治理的启示及中国低保的未来发展方向问题做出回答。

第一节　广东序曲：低保目标瞄准改革的可复制性分析

试点是中国政策创新与制度建设的一个重要机制[1]。改革开放以来，中

---

[1] 刘军强、胡国鹏、李振：《试点与实验：社会实验法及其对试点机制的启示》，《政治学研究》2018 年第 4 期。

国社会的快速发展得益于大规模的政策试验和制度创新，即地方政府率先进行改革的分散试点，如果试点有效，继而在总结经验的基础上由中央政府进行全国范围内的政策推广。通过这种"以点带面"的中央与地方积极互动的方式，渐进地推动社会的进步和发展。在这一过程中，地方改革的可复制性是关键。同样地，对于广东的低保目标瞄准改革而言，如果要实现对整个中国城乡低保制度改革起到撬动的作用，有必要对其可复制性进行分析，包括改革的理念、过程、成本和结果等，从而为中国城乡低保制度的优化提供经验与启示。

一、积极救助：衔接 2020 年后的贫困治理

改革开放以来，中国的贫困治理历经了从区域瞄准、县级瞄准、村级瞄准再到户级瞄准的变迁，每一次瞄准方式的变化都是党和政府在研判彼时特定的时代背景基础上做出的决策，反映出国家贫困治理理念和手段的变迁。遵循从区域到个人的贫困治理路线，从中央到地方，各级政府出台了各项减贫脱贫的政策措施，使困扰中国社会经济发展的贫困问题得到很大程度的改善。到 2020 年，现行标准下农村贫困人口将实现全部脱贫，贫困县全部摘帽，中国将全面建成小康社会。作为中国特色扶贫制度体系中的基础性组成部分，低保制度在保障贫困群体生存权利、保障社会公平与正义，以及维护社会稳定与和谐方面扮演着不可替代的角色。从 20 世纪末中国逐步探索、建立和完善城乡低保制度以来，已有数以千万计的贫困对象从这项社会转移支付项目中受益。但是，在 2020 年中国的精准扶贫宣告阶段性胜利之后，2020 年后中国的贫困治理该如何进行？低保制度的发展走向又将如何？广东率先尝试对这一问题进行了回应。

2017 年，广东省民政部门联合高校研究团队，着手探讨本省低保制度改革的可行性，并制定了详细的实施步骤。低保瞄准方法的创新成为制度改革的第一步。在借鉴国内外对贫困人口识别的多元方法基础上，最终确定了用代理家计调查的方法对低保目标进行瞄准。作为对传统家计调查方法的代替，代理家计调查中所采用的低保认定识别指标体系融入了从消极救助向积极救助转变的理念。

第八章　结论与讨论：低保治理的广东经验及未来进路

首先，重视社会投资理念及人力资本投入。在社会投资理念下，社会政策的主要目标不是"再分配"，而是"预分配"（pre-distribution），即通过提高人力资本水平和消除进入劳动力市场的障碍，并为人们在转换工作、参与就业、照顾家庭等转型过程中提供支持[1]，从而帮助社会弱势群体积极融入社会发展进程中。据民政部的调查，尽管城乡困难家庭中因病残而丧失劳动能力者的比例远高于普通人的，但在城市困难家庭中仍有60%左右、农村困难家庭中有近40%左右的人具备一定的劳动能力[2]。因此，如何发掘并有效开发贫困家庭的人力资本是贫困治理的一个重要切入点。在广东低保目标瞄准改革中，民政部门在测量体系中添加了劳动力状况的指标，积极搜集关于低保家庭的劳动力状况信息，在此基础上开始更多关注人力资本的投资，在教育、培训和就业等领域出台积极的政策帮扶措施，为其提供更好地参与社会经济发展的机会。通过对人力资本的关注，可以帮助低保对象积极融入社会，实现自我价值。尤其是对儿童的教育和健康的投资，还可以降低贫困代际传递的可能性。

其次，关注处在低保线附近的边缘贫困群体的需要。通过低保目标瞄准改革，广东将更多的边缘群体纳入救助体系内。以综合贫困指数为基准的指标体系的设计和应用，引入了"收入+财产"的理念来识别低保户，明确将收入和其他经济条件一并加以考虑，进而计算出贫困户和边缘人群的综合贫困指数，这有利于纳入更多的边缘贫困群体。同时，在救助政策层面，政府对边缘群体的救助也更加积极。广东省新出台的低保认定标准与以往有所不同，在低保户的动态退出机制中，其退出基本条件进一步明确："即使达到了低保线，也需要保障原低保户有了稳定收入半年后再退出。"从这个意义上讲，贫困户的脱贫脆弱性和返贫风险得到了充分考虑，克服了基层政府在过去所秉承的"害怕穷人有钱，到线即退"的消极救助观念。

---

[1] 李姿姿：《社会投资：欧洲福利国家改革的新趋势》，《国外理论动态》2016年第11期。
[2] 张浩淼：《中国发展型社会救助制度建设：国际视野下的分析与启示》，《改革与战略》2013年第8期。

二、科学瞄准：单一到多维的目标测量体系

由于政府拥有的资源通常处于一种相对稀缺的状态，因此如何以尽可能少的预算成本得到最大程度的社会治理绩效就成为一件富有吸引力的事情。在全球贫困治理实践中，通过科学的方法实现贫困人口的精准识别一直都是贫困治理工作的首要任务。但是，这里通常会涉及两个问题：一是对贫困人口需要有一个精确的定义；二是在界定贫困人口的基础上，必须找到一种方法来确定哪些个人或者家庭属于该群体，并将不属于该群体的人排除在外。尽管选择哪类群体受益本质上是一个政治过程，但它首先是一个技术问题。

理论上，衡量家庭收入的详细状况是确定受益人资格的最佳方法。然而，在实践中，这种看似简单的方法会遇到几个问题，如激发申请者低估或者隐匿自己真实收入水平的动机；在广大发展中国家，贫困群体收入的偶发性、社会收入核查制度建设迟滞及政府部门能力建设不足等因素导致家庭收入信息难以核实；即便是在采纳了家计调查方法的发展中国家，也是简化的家计调查，其识别的准确性依然值得商榷。因此，在某种意义上，家计调查可以说是发达工业化国家的"专利"，在这些发达的经济体中，健全的社会收入申报体系给管理部门进行家计调查提供了可能和便利，能够最大限度地实现信息的对称以提升识别的准确性。考虑到家计调查在发展中国家社会背景下识别贫困人口过程中存在的困难，代理家计调查作为一种替代方案成为更合理的选择。

代理家计调查方法的特点是，使用相对较多的可以代表家庭经济状况特征的指标来反映家庭的富裕程度，尤其是在潜在受益对象的收入来源多样化且不确定性高的情况下，通过简单、可观测的代理指标并借助数学化的公式来计算表明申请对象家庭经济情况的分数，进而确定其受益资格。由于其独特优势，代理家计调查方法已经在拉美、非洲等地被广泛运用。广东在低保制度改革的过程中，通过逐步优化，最终构建出一个多维度的准家计模型，其识别体系主要包含家庭收入、家庭结构、生产资料、生活资料四个维度，每个维度之下还有不同数量的二级指标，各个测量指标依

第八章　结论与讨论：低保治理的广东经验及未来进路

据其可以反映家庭经济状况的效度来赋予相应的权重，整个识别体系的构建是运用数学方法逐步析出可以用来更好衡量家庭收入或支出的代理指标。实践证明，这种多维度的代理指标识别体系能够有效地摆脱以往依靠单一维度收入核查的弊端，减小家庭收入由于申请对象的故意隐匿或者制度执行的偏差所造成的扭曲，大大提升了低保目标瞄准过程的科学性。作为一种具有明确价值导向的再分配性社会政策，多维目标测量体系用科学的方法确保民政部门工作人员的测量结果能够客观反映潜在受益对象的真实面貌，从而有助于实现低保制度科学性和价值性的统一。

三、精准识别：可观测、可证实的识别指标

通过前文对有关低保瞄准问题的研究回溯，发现无论是微观数据的定量分析，还是基于经验材料的案例深描，均证实了中国低保制度执行过程中存在不同程度的瞄准偏差问题。这种政策执行偏差，不仅造成公共资源的大量流失，还极大地影响到低保制度反贫困的效果。在某种程度上，可以说瞄准偏差问题已经成为制约低保制度治理效能转化的首要症结。如何选择科学的识别方法以提升识别的精确度，成为摆在地方政府面前的现实挑战。2017—2019年，在回顾以往家计收入调查方法所存在短板的基础上，广东民政部门在低保目标瞄准方法的改革中和高校研究团队合作，在深度访谈、实地调研和文献梳理的基础上，最终确定了一套可观测、可证实的指标识别体系。

可观测原则是指在设计反映贫困人口特征和贫困程度的代理指标时，要确保调查员入户调查时可以观测到指标体系设计中所包含的代理指标。遵循这一原则主要是为了确保调查员入户调查时的客观性，尽可能减少其主观因素对入户调查结果的干扰。同时，该原则也是为了尽可能避免识别方法本身给申请对象带来的负向激励问题。因为指标是易观测的，所以申请对象操控它们的难度也会随之上升。可证实原则是指贫困人口所提供的有关代理指标的信息可以被有效证实，可证实是保证识别结果精确性和有效性的重要基础。虽然调查员可以准确观测到一些代理指标，但是也有部分代理指标难以被准确观测，需要贫困人口提供相应指标的准确信息。遵

循这一原则，主要是为了避免贫困人口提供错误的或具有欺骗性的信息。

在广东省低保瞄准识别体系中，可观测的特征体现在二级指标的选择上，如房屋类型、大门、客厅地板、墙壁、空调、冰箱、洗衣机、电脑等。工作人员在进行入户调查的过程中，这些指标均可以用肉眼进行直接观察，同时，也可以最大化减少申请对象主观层面对调查结果的影响，保证了入户核查结果的客观性和真实性。可证实的特征体现在，对于申请对象所提供的代理指标信息，如具备劳动能力的人员、子女就读情况、住院费用、人均农业经济作物、耕地面积及养殖面积等指标，尽管入户工作人员无法直接观察，但是可以通过提供相关的信息予以证实。对可观测和可证实原则的贯彻能有效地提升低保目标识别的准确性。

四、成本节约：可操作性降低政策执行成本

可操作性强指的是有具体化的、结合实际的、细化的、概念明确的、个性化的规定政策。传统的家计调查方式强调集中对家庭收入或消费的衡量，但是发展中国家并不具备广泛适用的条件，尤其是家计调查对信息准确和完备程度的高要求，使家计调查往往伴随着大量的行政、社会、政治等各项成本。此外，中国低保政策中有关对象识别的描述也相对模糊，如："可以通过入户调查、邻里访问以及信函索证等方式对申请人的家庭经济状况和实际生活水平进行调查核实。""乡（镇）人民政府和县级人民政府民政部门要核查申请人的家庭收入，了解其家庭财产、劳动力状况和实际生活水平。"[①] 这些政策表述更多是倡导性或者宣示性的话语，在实践层面的可操作性不足，而代理家计调查可以有效弥补这一缺陷。

在广东低保制度改革中采用的代理家计调查的可操作性优势体现在三个方面：首先，多维度的指标体系易于理解，在二级指标中，用来反映住房情况、生产生活资料等家庭经济情况的代理指标是日常生活中人人都有机会直接接触的，部分相对少见的代理指标，如重度残疾的情况、慢性病

---

① 参见《城市居民最低生活保障条例》（1999）；《国务院关于在全国建立农村最低生活保障制度的通知》（2007）。

第八章　结论与讨论：低保治理的广东经验及未来进路

情况等，也都用通俗易懂的语言进行了解释，从而保证在代理指标的理解层面不存在障碍；其次，操作过程相对简单，多维度的家计代理指标基本都可以用肉眼直接观察，只有少部分指标（如家庭收入、子女就读情况、具备劳动能力的人员等信息）需要和申请对象进行沟通获得；最后，城乡低保对象生活场景的差异是代理家计调查过程中需要仔细考虑并加以区分的。广东的多维度准家计模型充分考虑到城乡的差异，在生产生活资料和住房情况维度下明确进行了区分，设计了两套不同的识别指标，从而很好地解决了场景差异可能带来的指标不适用的问题。

对于政策执行主体而言，瞄准指标体系的可操作性提升带来的直接效果就是瞄准成本的降低。首先是行政成本。理论上讲，任何方法都难以达到信息的完全对称，但是操作性强的指标可以有效降低工作人员收集信息和资料的费用，代理指标越是客观可测，就越能减少行政开支。其次是激励成本。由于识别体系中的代理指标是申请对象难以操控的，从而可以有效地抑制识别方法对潜在受益对象的负向激励。最后是政治成本。低保对象的选择本质上是一个政治过程，选择谁、排除谁是一种社会价值选择。通过科学的瞄准方法和指标体系，可以更好地保障最有需要的人得到应有的救助，从而推动社会公平正义价值的实现。尽管在指标开发和完善阶段会投入相较以往更多的资源，但是多维度指标体系一旦确定下来，后续的政策执行就变得更加简单、便捷和易行。长期来看，代理家计调查方法有助于识别成本的优化，从而将更多救助资源投入改善低保家庭的生产和生活状况中。

对于潜在的受益对象而言，一方面，多维代理指标有效地减少了单一收入核查过程中需要申请对象提供烦琐证明材料的服从成本，指标的可识别性也降低了申请对象和民政部门打交道过程中所需付出的学习成本[①]；另一方面，即便依然是基于选择主义来挑选政策受益对象，但是代理家计指标的运用能够减小申请对象在瞄准过程中感受到的福利污名效应，尤其是与福利工作人员的相处及漫长的等待，使潜在受益对象不会因为过分担心

---

① 马亮：《国家治理、行政负担与公民幸福感——以"互联网+政务服务"为例》，《华南理工大学学报》2019年第1期。

污名化的作用而降低主动申请社会救助的动机,从而有助于提升低保目标瞄准的准确性。

五、制度优化:资源配置与治理效果的改善

中国的低保制度从 20 世纪末开始建立以来,尽管业已取得巨大成效,但是政策执行中存在的偏差依然影响着制度效能的转化。作为低保制度中的"排头兵",低保瞄准方法的选择和使用直接影响到整个后续低保救助政策的制定和执行,有着牵一发而动全身的作用。而广东作为改革开放的"排头兵",在低保瞄准方法层面的变革,推动了广东低保制度的系统性优化和治理效果的提升。

首先,在低保识别环节,多维度准家计模型的运用优化了低保识别机制,改变了过去单一收入维度中存在的收入容易藏匿、城乡适用性差异、核查执行成本较高,以及刚性支出无法识别的弊端。新的识别方法以可观测、可证实的指标体系,能够更好地抑制低保识别过程中的"精英俘获"问题,有力地提升了低保目标识别的精确性和科学性。瞄准精确性的提升,意味着社会成员中真正"最需要的人"能够被及时纳入低保救助体系中,在保证制度公平的同时,也为社会救助资金的精准配置奠定了坚实的基础;识别成本的降低,也意味着可用于低保对象的救助资金变得更多。

其次,在低保给付环节,由于采用了多维度准家计调查的方法,因此对贫困对象致贫原因的识别也更加精确,包括"因病致贫""因教致贫""因残致贫"等多种致贫原因。在精准追溯低保致贫原因的基础上,政府出台了涵盖教育、医疗、住房、就业、金融等全方位的救助体系,针对不同贫困对象的特征,将救助政策分类推送给低保对象;与此同时,政府逐年加大低保资金投入的力度,为低保政策的执行提供了坚实的物质基础。

最后,在低保监管环节,对于低保政策执行过程中出现的偏差,如"人情保""关系保""福利依赖""养懒汉"等现象,政府完善了既有的低保监管机制。一方面,崭新的低保识别体系的运用,在某种程度上有利于收缩基层干部的自由裁量权;另一方面,政府也加大了低保政策执行过程中社会力量参与的力度,尤其是在事务性工作的处理中引入专业力量,进

第八章　结论与讨论：低保治理的广东经验及未来进路

一步提升了低保政策执行过程的客观性。针对存在的"福利依赖"等现象，政府及时做好低保制度、扶贫制度以及其他社会保障制度的衔接，使满足退出条件的对象在退出后依然可以享受部分政策支持，从而降低福利叠加给低保对象带来的负向激励。

第二节　善假于物：准家计模型对中国贫困治理的启示

低保是我国社会救助体系的核心组成部分。作为一项兜底性社会政策，自建立以来，低保制度在保障贫困群体的基本生存权益、维护社会公平正义及促进社会经济发展中扮演了基础性角色，而准家计模型在低保目标瞄准中的运用进一步推动了低保制度的效能转化。虽然绝对贫困现象将于2020年在中国消失，但对于2020年后长期存在的相对贫困及多维贫困等问题，依然需要从基础性的地方着手，首先需要回答好社会成员中"谁才是真正需要帮助的对象"的问题。从这个层面上讲，广东在低保目标瞄准改革中的实践对未来中国贫困治理的推进具有启发意义。

一、贫困治理要以科学的贫困识别指标体系为基础

消除贫困，实现共同富裕，是中国特色社会主义的本质要求。党的十九大报告明确指出实施乡村振兴战略，坚决打赢脱贫攻坚战，2020年保证按照现行标准下的贫困人口如期脱贫。2018年中央一号文件也明确强调"乡村振兴，摆脱贫困是前提"[①]。2019年2月26日，十三届全国人大第九次会议分组审议报告时，部分委员提出：打赢脱贫攻坚战、三年脱贫攻坚战完成之后，后贫困问题怎么办？对于这个问题，首要任务是将贫困群体从社会成员中精准识别出来，这是习近平总书记提出的"精准扶贫"战略理念中的基础性和关键性维度。

---

① 参见《中共中央　国务院关于实施乡村振兴战略的意见》。

改革开放以来，中国的贫困瞄准客体经历了从区域、县、村、户这样一个瞄准对象逐渐趋于精准化的过程。但是，这种精准更多的是在宏观政策理念上体现出来的一种抽象的目标导向，具体的操作则充满了复杂性，尤其是多维贫困概念的提出，使人们逐渐认识到贫困不能仅限于收入层面的理解，而要转向对权利、能力、机会等多维度的认知。在2020年后的贫困治理时代，社会贫困问题将会以更加多元的方式存在，从城市贫困到农村贫困，从农民工贫困到城乡特殊群体的贫困，多元贫困共存的局面也对贫困治理的体系提出新的挑战。在这个过程中，贫困对象识别最为关键。

贫困治理作为一种基于选择性理念的社会福利分配方法，保证识别的准确性和公平性是首要之义。在低保制度改革的广东经验中，民政部门联合高校研究团队，通过渐进的方式探索出一套多维度代理家计的贫困指标识别体系，其所采纳的家庭结构、住房情况、生产资料和生活资料的代理指标克服了传统家计调查的诸多弊端。通过这套客观、全面的指标识别体系，能够精准识别出社会成员中真正需要帮助的群体，有效地提升了贫困人口识别的准确度，将其及时纳入相应的政府转移支付项目中，从而为政府政策的制定及资源的配置提供科学依据。更关键的是通过多维度准家计模型折射出的治理理念，它致力于在政策制定和执行的过程中维护公平正义的社会价值，通过科学的贫困识别指标，将有限的救助资源递送给真正有需要的群体。

二、贫困识别指标体系的设计要充分考虑城乡差异

改革开放以来，中国的城市化水平从1978年的17.92%增长到2019年的60.6%[①]，城市化水平以每年平均超过1个百分点的速度增长，且这一速度在新型城镇化战略理念的实施下仍将继续，传统的"乡土中国"已经开始朝着"城市中国"转变。大规模的城乡人口迁移过程，不单单是人口在不同地域间的流动，还具有更加丰富的社会含义。

长期以来，在中国的贫困治理实践中，农村都是扶贫、脱贫的主阵地，

[①] 参见《2019中国统计年鉴》《中华人民共和国2019年国民经济和社会发展统计公报》。

第八章　结论与讨论：低保治理的广东经验及未来进路

尤其是2014年实施精准扶贫战略以来，政府的扶贫工作重心主要放在农村，这与长期以来中国农村社会生产力发展水平低下的社会现实密不可分。但是，随着大量人口进入城市，城市生活中的贫困问题逐渐多元化和显性化。城市中的农村流动人口有增无减，相应地他们中贫困人口的数量也会不断上升，从而成为城市贫困人口新的构成部分[①]；妇女、儿童和老人等特殊群体的贫困状况是城乡贫困治理工作需要共同关注的问题。此外，中国仍没有建立全国统一的城乡贫困治理体系，扶贫政策和投入的城乡差异明显[②]。随着城镇化和老龄化进程的推进，农民工群体、城镇低保人群、未来由于贫困线调整所形成的新贫困人口的贫困问题，将随着2020年以后经济社会的转型发展变得更加突出。

城乡二元社会的差异是长期制度积累的结果，短期内难以实现有效的根本性变革。城乡贫困问题的成因既有共性因素，如教育和健康因素，也有差异性因素，如资源和环境因素。在贫困治理的实践中，结合城乡的不同场景，设计差异化的贫困识别体系并出台有针对性的贫困治理措施显得尤为必要。广东在低保制度改革中充分考虑到城乡社会的差异，尤其是城市和农村在生产资料和生活资料拥有方面的不同，进而设计出两套差异化的指标体系，分别用来测算城市和乡村的贫困发生率，并识别城乡社会中符合低保条件的救助对象，这样的实践和理念对2020年后中国的贫困治理有着重要的参考价值。此外，在有效识别城乡贫困群体的基础上，出台差异化的贫困措施显得更加必要。过去30余年间建立的中国国家减贫治理体系已经难以适应新时期的减贫需求。立足于对城乡贫困问题复杂性的认识，在实践层面保持国家减贫干预对具体情境的适用性[③]，才能更好地实现扶贫资源的配置，提升贫困治理的绩效。

[①] 李瑞林：《中国城市贫困问题研究综述》，《学术探索》2005年第6期。
[②] 陈志钢、毕洁颖、吴国宝等：《中国扶贫现状与演进以及2020年后的扶贫愿景和战略重点》，《中国农村经济》2019年第1期。
[③] 吕方：《精准扶贫与国家减贫治理体系现代化》，《中国农业大学学报》2017年第5期。

三、贫困识别体系的更新要注意政策间的有效衔接

每一次制度变革都带来政策的相应改变。在广东的低保制度改革实践中，代理家计调查逐步取代了传统的家计调查，相应地，低保政策的制定和执行也做出了适应性调整。在延续原有政策，使既有的低保对象可以继续受益的基础上，民政部门针对新识别出的救助对象出台了更多具有综合性和个性化的帮扶措施，尤其是面向支出型贫困、低保边缘群体的救助，保障救助对象的利益在制度的新旧转换期间不会受损。

目前，国内通用的识别贫困群体的方法主要还是传统的家计调查，辅之以社区瞄准等手段。相应地，基于家计瞄准方法的社会救助政策大多采用直接的现金和实物补助。然而，随着多维贫困的理论逐渐被接受，人们意识到收入贫困仅仅是贫困的维度之一。尤其对于一些边缘群体而言，最大的困难往往并不源自收入，而是集中在医疗、住房、教育等方面的支出。因此，未来的贫困群体识别会倾向于使用以综合贫困指数为基准的指标体系。在贫困识别体系中采纳多元化的指标，将有助于深化政策制定者对贫困对象致贫源头的认知，进而引起贫困治理政策的更迭，这种更迭可以从新旧政策衔接和横向的政策整合两个层面来理解。

一是新旧政策间的衔接。按照传统的政策过程阶段论，一个完整的政策周期往往会经历问题界定、议程设置、政策制定、政策执行、政策评估，最后走向政策的终结。这种划分方法理论上提供了一个理想的政策过程解释框架，但是现实中的政策运行往往并非如此，通常是政策的微调占据主流。在贫困治理中，识别体系的更新不仅使更多真正有需求的群体被纳入救助体系中，也意味着既往相对单一的救助政策需要进一步完善。在这个过程中，新政策的制定和执行应该注意衔接好以往的政策，防止政策的过渡和更新使部分贫困群体的利益受损。

二是横向间的政策整合。面向贫困治理的政策体系是一个由多个子系统组成的庞大系统，涵盖从医疗、教育、就业、金融到住房等多个层面，各个层面对应的职能往往分属不同的部门和机构。随着贫困对象识别体系的更新，原来面向贫困对象的治理体系需要加以调整，这就需要不同职能

第八章 结论与讨论：低保治理的广东经验及未来进路

部门间加强横向沟通与协作，破除部门利益的症结，及时就政策的调整进行信息的交换，减少由于"部门打架"现象而造成的贫困对象权益受损的情况。这种横向间的政策整合在 2020 年后的中国贫困治理中将会成为常态，因此有必要探索部门间政策沟通与整合的机制并加以制度化，将我国贫困治理的制度优势进一步转化为治理效能，更好地推进中国的贫困治理事业。

四、贫困治理应转向对综合贫困和相对贫困的关注

关于贫困的相对性，马克思在《雇佣劳动与资本》中有过生动揭示："一座小房子不管怎样小，在周围的房屋都是这样小的时候，它是能满足社会对住房的一切要求的。但是，一旦在这座小房子近旁耸立起一座宫殿，这座小房子就缩成可怜的茅舍模样了……不管小房子的规模怎样随着文明的进步而扩大起来；但是，只要近旁的宫殿以同样的或更大的程度扩大起来，那么较小房子的居住者就会在那四壁之内越发觉得不舒适，越发不满意，越发被人轻视。"[①]

中共十九届四中全会通过的《中共中央关于坚持和完善中国特色社会主义制度推进国家治理体系和治理能力现代化若干重大问题的决定》提出，要"坚决打赢脱贫攻坚战，巩固脱贫攻坚成果，建立解决相对贫困的长效机制"，明确这一转折节点上的关键任务。改革开放以来，我国农村绝大部分农户逐步摆脱绝对贫困。世界银行也认为，中国在推进包容、可持续的发展中取得了重大进展，减贫工作取得了史无前例的成就[②]。

中国将在 2020 年实现现行标准下农村贫困人口脱贫，历史性地整体消除绝对贫困现象。消除绝对贫困虽然是历史性的成就，但并不意味着减贫工作已完成，地区发展不平衡等造成的相对贫困人口仍然会长期存在。2020年后的减贫工作重心将转向相对贫困的治理，为此需要重塑减贫政策体系，

---

① 参见《马克思恩格斯选集》第一卷，人民出版社，2013 年，第 367 页。
② 世界银行：《中国系统性国别诊断：推进更加包容、更可持续的发展》，http://documents.shihang.org/curated/zh/190251521729552166/China-Systematic-Country-Diagnostic-towards-a-more-inclusive-and-sustainable-development，2018。

建立解决相对贫困的长效机制,将针对绝对贫困的脱贫攻坚举措逐步调整为针对相对贫困的日常性帮扶措施[①]。在这方面,相比传统的单一收入维度识别方法,广东采纳的代理家计调查指标体系,不仅能够准确地识别出已经处于贫困状态的社会成员,还能够对处于低保线附近的边缘群体加以识别,并及时递送相应的帮扶政策,减小边缘群体由于医疗、教育等支出而跌入贫困泥淖的风险。这种实践不仅推动了扶贫部门的工作理念从关注绝对贫困向关注边缘贫困、相对贫困转变,也有助于贫困治理社会成本的节约。

由于相对贫困问题的长期性,理论上只要人类社会有贫富差距的现象,相对贫困问题就会存在,因此消除相对贫困是难以实现的。常态化的问题需要常态化的应对举措。首先是相对贫困的标准设定,即处在什么水平或者标准的社会成员可以被认定为相对贫困群体,以及如何建立相对贫困标准的动态调整机制。其次是相对贫困的帮扶措施。由于相对贫困涵盖从经济到社会的多维度内容,因此按照不同的特征将相对贫困人群加以区分,并采取更具针对性的"输血"和"造血"并举的政策举措,确保相对人口及其下一代能够得到救助,最终使其摆脱贫困的恶性循环和代际转移[②]。再者是贫困治理的资金保障。财政支出仍将是相对贫困治理的首要资金来源,但是拓宽资金来源渠道,尤其是引入社会力量参与到反贫困治理中会变得更有吸引力。最后是相对贫困的监测和管理。相对贫困问题的长期性决定了监管措施的长期性,从贫困对象贫困水平的测度到及时退出都需要制定相应的制度加以保障。

五、贫困治理工作需强化大数据和信息技术的应用

信息是决策的依据,对贫困治理而言也不例外。在"互联网+"和大数据时代,如何让数据"多跑路"和工作人员少跑路,而不仅仅是让公众

[①] 叶兴庆、殷浩栋:《从消除绝对贫困到缓解相对贫困:中国减贫历程与2020年后的减贫战略》,《改革》2019年第12期。

[②] 陈宗胜、沈扬扬、周云波:《中国农村贫困状况的绝对与相对变动——兼论相对贫困线的设定》,《管理世界(月刊)》2013年第1期。

第八章　结论与讨论：低保治理的广东经验及未来进路

少跑路，同样是服务型政府建设的重要内涵。多维度代理家计调查由于采纳了较多的代理指标，因此相对于传统家计调查而言，能收集到更多关于贫困对象的家庭状况信息，如何利用好采集到的信息，对贫困治理工作而言至关重要。事实上，早在 2014 年，广东民政部门就开始依托省政务信息资源共享平台，实现与公安、人社、工商、税务等相关职能部门的数据互通、资源共享，对低保调查对象的户籍、收入、财产状况等信息进行全方位、多层次核查比对。近年来，广东进一步将互联网与社会救助工作深度融合。2019 年年底，依托"粤省事"微信小程序，广东省开发建设了最低生活保障、特困人员救助供养在线申请系统，通过技术赋能低保治理，大大提升了服务递送的便捷性、效率及困难群众的服务满意度。以互联网和大数据为依托的信息化治理，正是未来中国贫困治理事业的重要趋势。

首先，贫困人口数据库的建立。无论是现阶段的精准扶贫，抑或是 2020 年之后的贫困治理，贫困对象的信息都是政策决策的重要依据。因此，及时录入和储存采集到的家计信息就是一个关键性的工作。这个过程，一方面要实现数据标准和录入路径的统一，以便形成全国统一的贫困人口数据库；另一方面要保障信息录入的及时性和准确性，从而为政府判断社会的贫困治理现状和后续治理政策的出台奠定扎实的根基。

其次，大数据运用的强化。在信息时代，大数据业已成为提升政府贫困治理能力的新途径，它将推动政府贫困治理理念和治理模式的不断变革。大数据通过展示社会贫困问题的全貌，有助于推动贫困政策制定的科学化。由于我国的贫困人口基础庞大，因此抓住大数据时代的机遇，创新贫困治理的模式，是实现 2020 年精准脱贫目标和全面建成小康社会的重要举措。对于政府部门而言，建立起庞大的贫困人口数据库本身不是目的，而是通过数据来全面呈现社会贫困需求，并探索可行的贫困治理方案。尤其是借助贫困人口大数据，可以更好地帮助决策者向贫困对象提供个性化、精细化的贫困救助[1]。此外，大数据的运用也将有助于建立起贫困人口的动态监测机制。

---

[1] 季飞、杨康：《大数据驱动下的反贫困治理模式创新研究》，《中国行政管理》2017 年第 5 期。

最后，信息技术的支撑。互联网和信息技术的发展不但改变了社会形态，也推动了政府部门工作方式的变迁，尤其是提升了政府的行政效率和公共服务递送能力。可以说，信息技术的运用加快了服务型政府的建设步伐。在贫困治理实践中，信息技术运用带来的价值也愈发突出。但是，在资金保障、技术支撑和信息互通等方面依然存在症结。因此，有必要强化政府在信息技术布局上的财政支出，尤其是面向基层的技术布局；同时，借助市场的力量，积极探索更为强大的技术软件，将其运用到贫困治理的实践中；此外，要打通贫困治理相关部门的信息藩篱，实现信息的互通有无，形成各部门共同参与、齐抓共管的工作格局，推动信息技术价值发挥的最大化。

六、贫困治理事业应该加强基层队伍的组织和建设

任何贫困治理的设想和规划最终都要交由一线基层工作人员落实，基层队伍才是中国贫困治理事业的主力军，这支队伍的工作能力直接关系到中国贫困治理事业的成败。尽管代理家计调查由于其识别指标的简单和可观测特征，对基层工作人员的要求不高，但这并不意味着可以放松对基层队伍的锻造，因为贫困识别只是贫困治理的其中一环。在既往的贫困治理实践中，常常出现瞄准偏差、"精英俘获"、资源配置不均衡、帮扶不精准、管理和考核不精准[①]等政策执行偏差现象。这既有制度层面给予基层自由裁量权较大的原因，也与整个基层治理队伍本身的素质和能力密切相关。因此，组建一支作风踏实、能力过硬、责任心强的基层贫困治理队伍的重要性不言而喻。党的十八大以来，广东民政部门就积极发挥党建引领作用，实施人才队伍专业化培养工程，不断提升服务人员的服务水平和质量，打造一支能摸清服务对象、协助落实政策、提供专业服务的低保制度执行工作队伍。中国未来的贫困治理需要树立"强基层"的理念，通过基层队伍的建设来保障扶贫开发政策的执行有力。

首先是基层人力资源配置的优化。长期以来，基层队伍都处于"上面

---

① 雷望红：《论精准扶贫政策的不精准执行》，《西北农林科技大学学报》2017年第1期。

第八章　结论与讨论：低保治理的广东经验及未来进路

千条线，下边一根针"的工作状态，他们承担了政治稳定、经济发展、生态保护、文化建设等各个方面的职能，贫困治理当然包括在内。尽管社会舆论有着对基层队伍这一"多面手"角色的褒奖，但不可否认的是基层工作压力过大已成为常态。因此，适当扩大基层队伍的规模，从数量、年龄、知识结构等层面优化基层扶贫队伍，对当前和未来中国社会的贫困治理而言都是不可或缺的。

其次是基层队伍的能力建设。基层是扶贫政策落实的"最后一公里"，基层工作直接关系贫困群众的切身利益，面临的问题复杂而具体，对基层队伍的工作能力和工作水平也提出了更高的要求。长期以来，基层工作人员往往在一线扶贫的工作中锻炼和提升工作能力和水平。一线固然是队伍成长的"主战场"，但是基层扶贫工作队伍的专业化建设常常被忽视。对于基层队伍而言，完善专业知识和培养工作能力，对提升贫困治理绩效有着积极的作用。在基层队伍能力建设之外，建立并完善科学有效的激励机制同样是激发基层队伍工作热情的重要途径，要把贫困治理成效作为检验和评判基层队伍的重要依据，通过创造优良的制度环境，推动基层工作人员向复合型人才发展。

最后是基层队伍的作风和监管。在压力型体制下，基层工作人员面临着较大的政绩考核压力。因此，在日常的贫困治理工作中，可能会出现结果理性替代过程理性的现象，用绩效来证明手段的合理性。对此，在基层贫困治理实践中，一方面要强化工作作风建设，尤其是发挥基层党组织在贫困治理中的战斗堡垒作用，抓好基层党建工作，持续深入转变工作作风，把扶贫政策落到实处，在扶贫一线不断加强基层组织建设。另一方面，完善面向基层队伍的监督制度。在内部监督层面，要建立从中央到各级的政府扶贫监督评估体系，通过设置专门的监督和评估机构，以定期或不定期考核的方式对基层队伍进行监督。在外部监督层面，可以充分发挥民主参与的理念，尤其是对贫困对象的监督，这可以增强贫困政策的透明度；同时，要加强政策宣传和信息公示，提高社会的信息水平。此外，舆论媒体的监督同样必不可少，在信息化时代，自媒体的发展使每个公民拥有足够的机会和途径来发挥监督的作用。不过，在这一过程中，要注意辨识社会反馈信息的真实性，不能挫伤基层队伍工作的热情和积极性。

第三节 继往开来：中国低保制度发展进路的思考

自1993年中国开始探索和建立城市低保制度以来，低保制度在民生领域中发挥了重要的"兜底保障"作用，经过近30年的发展，已经成为我国社会保障体系中具有基础性地位的子系统，有力地维护了社会秩序的稳定，并顺利推动了经济体制的改革。随着经济社会的发展，目前的贫困形势更加复杂，相对贫困、能力贫困的问题更加突出，社会排斥和贫困代际传递开始显现。这就要求政府对低保治理的理念和手段进行适应性的调整，织牢民生兜底保障"安全网"。在这一层面，低保改革的广东经验可以为我国低保制度的优化提供启发：应该更加强调保障公民权利，更加注重社会公平，更加突出贫困者的能力建设与社会融合，努力建立积极的、多层次的低保治理体系。面向未来的中国低保制度，虽然瞄准方法的选择和使用是重点，但是作为一套完整的体系，还应从制度理念的更新出发，强化部门间的协作，培育基层工作队伍；通过大数据技术的运用，助力低保对象的精准识别和服务的递送，实现对贫困对象的精准帮扶；同时，强化对责任主体和低保对象的监管，继续完善激励机制建设。

一、制度理念：更新社会救助理念，确立发展型政策的目标取向

20世纪90年代以来，随着全球化的推进及对贫困问题认知的深化，国际社会中反贫困政策开始从对制度的干预转向对家庭和个人的干预。相应地，在学术研究中，社会保护（social protection）的概念逐渐取代了社会保障（social security），尤其是在国际劳工组织、世界银行等国际机构的推动下，社会保护的政策框架在不断完善的基础上逐渐被越来越多的国家、政

第八章　结论与讨论：低保治理的广东经验及未来进路

府及学术机构认同①。从实践到理论层面的转变体现了社会政策理念的更新，如贫困预防、人力资本培育及全生命周期干预。在广东低保目标瞄准的改革进程中，对低保群体教育、医疗的重点关注，以及对边缘低保群体的识别和帮扶均体现了前瞻性的社会投资理念。

为人民谋幸福是中国共产党人的初心和使命，是激励中国共产党人不断前进的根本动力。党的十九大报告指出："增进民生福祉是发展的根本目的。必须多谋民生之利、多解民生之忧，在发展中补齐民生短板、促进社会公平正义。"② 中国的低保制度作为一项兜底性社会政策，在新时代需要以崭新的理念引导政策执行，将发展型社会救助的"发展"理念注入社会救助领域，变"基本生存型"为"改善生活型"，变"生存救助"为"社会保护"，帮助贫困群体增强抵御各类社会风险的能力。

确立社会投资的政策理念。整体而言，中国社会救助制度建设起步晚，体制尚不健全，加之社会经济发展水平和西方发达国家依然存在差距，因此在最初对社会救助目标的选择设计时比较保守，仅聚焦于低于国家最低生活保障标准线之下的贫困人群，提供维持其基本生活水平的收入救助③。这导致社会救助制度在设计之初具有明显的"剩余型福利"性质，救助目标的施策取向也聚焦于贫困对象的收入补差。通过现金和实物的发放保障了贫困群体的基本权利，但是以基于税收和转移支付为特征的"劫富济贫"的举措，未能有效增加贫困对象抵抗风险的经济或物质能力，只是将其收入提高到贫困线以上，同时也会对市场主体产生消极影响。对此，未来的低保制度应该确立社会投资的政策理念，尤其是对贫困对象的人力资本投资④。

---

① 徐月宾、刘凤芹、张秀兰：《中国农村反贫困政策的反思——从社会救助向社会保护转变》，《中国社会科学》2007年第3期。

② 参见习近平：《决胜全面建成小康社会夺取新时代中国特色社会主义伟大胜利——在中国共产党第十九次全国代表大会上的报告》，2017年。

③ 刘芳、徐兴文：《迈向发展型社会救助：新时代我国社会救助的困境与出路》，《贵州师范大学学报》2019年第3期。

④ 参见 Midgley J., "Growth, Redistribution and Welfare: Toward Social Investment", *Social Service Review*, vol. 73, no. 1, 1999, pp. 3-21; Giddens A., *The Third Way: The Renewal of Social Democracy*, Polity Press, 1998; Taylor-Gooby P., "Social Welfare and Social Investment: Innovations in the Welfare State", Paper presented at the International Summer Symposium and Lectures on Social Policy, August 24th—27th, 2006, Beijing Normal University。

社会投资理念将社会政策对社会基本制度的干预下降到对参与制度的个体进行干预，通过面向教育、医疗等重点领域的投资，积极培育贫困对象的人力资本，使其更好地适应市场经济需求，尤其是劳动力市场的变化，从而增强其抵御社会风险的能力。通过对人力资本的投资，能够促进低保家庭的自立能力建设，也能更好地防止贫困的代际传递或贫困循环。

确立贫困预防的政策理念。作为一项转移支付项目，既往的中国低保制度更多的是一种事后救助，即在社会成员陷入贫困泥淖之后，政府部门才会选择出手相救。按照风险管理的理论，在经济全球化的环境下，消除贫困不仅代价高昂，而且难以实现，因此只有预防贫困才能达到消除贫困的目的[1]。积极的社会政策也主张要致力于消除或减少那些会使人们陷入不幸或困境的因素，而不是在风险成为事实后再向他们提供生活保障[2]。当前中国的低保制度往往需要贫困群体主动申请才有可能获得救助，但是现实中由于政策宣传不够、耻辱感、福利污名化和行政负担过重等，他们往往并不愿意主动申请社会救助，从而导致贫困程度加深，甚至还出现贫困的代际传递现象，使社会救助的成本随之增加。因此，未来中国低保制度的发展也应该确立起贫困预防的政策理念，通过提前干预的举措，对贫困和高风险人群提供事前的政策支持，以鼓励其积极参与到社会生产活动中，从而使他们避免坠入贫困的深渊，并逐步摆脱贫困。

确立全周期干预的政策理念。生命周期是指在现代社会中一个人从出生到死亡的全部生命历程中所经历的具有明显不同的经济和社会特征阶段，如按照年龄划分可以分为儿童期、成年期和老年期等[3]。按照世界银行的风险管理框架，所有的个人、家庭和社区都会面对来自不同方面的风险，这些风险既包括自然的，也包括人为的。在风险社会的背景中，各种未知和潜在的风险使所有社会成员在生命中的不同时期都有遭遇风险的可能性，

---

[1] 徐月宾、刘凤芹、张秀兰：《中国农村反贫困政策的反思——从社会救助向社会保护转变》，《中国社会科学》2007年第3期。

[2] Ercole M. D., Salvini A., "Towards Sustainable Development: The Role of Social Protection", OECD Social, Employment and Migration Working Papers, 2003.

[3] Garcia A. B., Gruat J. V., "Social Protection: A Life Cycle Continuum Investment for Social Justice, Poverty Reduction and Development", Social Protection Sector, ILO, 2003.

第八章　结论与讨论：低保治理的广东经验及未来进路

但贫困人群不仅更容易遭遇风险，且风险所带来的负面影响也更严重，因为他们应对风险的工具非常有限[1]。对此，低保制度应该确立全周期干预的政策理念。以生命周期为基础的低保政策框架是非常宽泛的，其目标是改变个人发展的条件，而不是修补这些条件所造成的后果。积极的低保政策不仅以满足人一生不同阶段的需求作为目标，而且更关注通过人力资本投资使个人的潜力得到最大的开发，最终成为一个能够满足自我需求的社会成员。由此，低保就从一个反应和补偿型的政策转变为一个发展型的政策[2]，从而也能够更好地降低贫困群体返贫的风险。

二、组织建设：强化部门协同，夯实队伍建设，确保制度执行有力

一项政策无论制定得多么完美，如果没有好的执行，其政策目标也不会实现。在低保制度中，基层政策执行及一线工作人员在执行中的决策是解释低保政策目标瞄准失效的关键[3]。因此，从组织层面优化低保执行主体的建设成为保障制度执行有力的重要因素和来源，因为低保执行主体的能力高低，往往也是决定执行力的其他要素（如执行资源、执行机制）能否高效运作的主导因素[4]。2019年3月，广东省民政厅颁布的《关于积极推行政府购买服务加强基层社会救助经办服务能力的实施意见》，就社会救助业务的基层工作人员比例做出了明确的规定，以此提升基层经办服务能力。当然，城乡低保制度的组织建设不仅包括纵向层面自上而下的机构设置和人员配备的优化，还包含横向的部门间沟通与协作，通过"纵向到底、横向到边"的组织建设，理顺上下级的权责分配关系和部门间的职能关系，可以为低保制度的执行提供坚实的组织根基。

---

[1] World Bank, "Social Protection Sector Strategy from Safety Net to Springboard", 2001.
[2] Ercole M. D., Salvini A., "Towards Sustainable Development: The Role of Social Protection", OECD Social, Employment and Migration Working Papers, 2003.
[3] 李琴、黄黎若莲：《为什么中国城市低保存在目标瞄准问题——基于广州市的田野调查》，《中国民政》2014年第1期。
[4] 莫勇波：《政府执行力刍议》，《上海大学学报》2005年第5期。

推动机构设置与人员配置的优化。按照目前的组织设置，中央、省、市、县、镇都设立了相应的民政管理机构，不同层级间的权力大小和责任范围不尽相同。整体而言，政策主要是由县（市）级及以下的民政部门具体实施，中央、省、市的民政管理机构更多地负责宏观层面的政策引导和监督检查工作。层次过多的弊端之一是信息的不对称性程度大幅提升，并且不同层级间的权责关系尚未得到完全清晰的界定。对此，需要及时厘清各级民政机构的权力与责任，按照实际业务的需求设立相应的职能岗位和组织机构。另外，对于民政队伍的建设，尤其是基层工作队伍的能力建设而言，要组织定期的业务培训和学习，提升工作人员的技能与素质，塑造其正确的权力意识和服务意识。尤其是随着社会救助信息系统的建设，越来越多的信息需要基层工作人员通过计算机进行录入，其专业能力将对救助结果产生较大的影响。此外，面对基层社会，尤其是中国农村社会环境的复杂性，以及由此导致的低保对象认定过程中的困难，更需要强化基层工作人员在低保对象辨识和退出过程中的判断能力。同时，需要努力避免非正式关系在低保制度执行过程中的不利影响，使政策能够真正惠及社会最需要的群体。针对基层人力资源配置不足的困境，可以探索政府购买服务的机制，借助社会力量来协助低保日常管理工作的开展，从而弥补政府自身注意力和能力不足的问题。比如由独立于政府部门的第三方开展收入核定工作，既可以将政府部门从具体事务中解放出来，又可以使经济状况核查保持相对独立，增强收入认定的客观性[①]。

加强部门间的信息沟通与职能协作。广东自 2014 年就开始推进与低保制度相关职能部门的数据互通和共享工作，近年来更是加大了低保信息管理系统的建设，通过大数据技术助力低保治理效能的提升。随着我国城乡居民就业的多元化、收入的多样性，低保对象的管理过程复杂性在提升，仅仅依靠民政部门的力量难以有效地实现政策目标，必须依靠相关部门的配合。对此，首先要完善相关的法规制度，从法律上明确各职能部门在提供贫困对象家庭收入信息方面所应承担的责任和义务；并建立和完善约束

---

① 宋扬、杨乃祺：《最低生活保障制度的瞄准效率与减贫效果分析——基于北京、河南、山西三地的调查》，《社会保障研究》2018 年第 4 期。

第八章 结论与讨论：低保治理的广东经验及未来进路

和处罚制度，确保各部门提供的信息或出具的证明真实有效，对拒绝提供或者出具虚假证明的部门，要依照有关法规及制度进行处罚；对玩忽职守、滥用职权、徇私舞弊的工作人员，要依照有关法规及制度给予处罚。其次，加强部门间的协调配合。无论是进行家计调查还是进行代理家计调查，财政、人社、税务、公安、国土房管、工商行政管理及各乡镇人民政府等部门都应密切配合，开展贫困对象家庭收入信息比对工作。通过多部门联动对贫困对象家庭收入进行核对，既保证贫困对象识别的准确性，也可以使达到脱贫标准的低保对象能够及时退出，使社会救助政策真正惠及困难群众，真正实现公平、公正的社会价值[1]。这种部门间的协同随着 2020 年后中国贫困治理向多维贫困和相对贫困的转型而显得愈发重要，尤其体现为低保制度和扶贫开发政策的衔接，而衔接问题本质上属于跨部门的协调治理问题，因此需要积极培育跨部门合作的能力，包括合作决策、信息沟通和冲突解决能力等[2]，以共同研究解决对象、标准、管理及资金[3]等方面衔接存在的具体问题，助力后贫困治理时代低保制度的优化。

三、技术支撑：推进大数据运用和信息化建设，提升服务递送能力

互联网和信息技术的发展赋予政府部门足够的机会来提升治理效能。面对海量的民生数据，大数据技术的运用可以帮助政府充分掌握社会问题的全貌，提升低保对象瞄准的科学性，如"互联网+""大数据"等新兴的概念和技术工具的使用，能够帮助低保对象识别流程化操作，降低人为因素的干扰，并使整个过程能够被全方位追踪和监控[4]。同时，互联网也使公众有更多的机会和渠道来表达自己的利益诉求，进而帮助政府实现决策的科学化和民主化。在智慧决策的基础上，信息技术也可以帮助政府更加及

---

[1] 杜毅、肖云：《农村低保和扶贫对象动态管理机制研究》，《西部论坛》2015 年第 4 期。
[2] 孙远太：《农村低保与扶贫开发有效衔接机制构建研究》，《中国行政管理》2019 年第 10 期。
[3] 吴海涛、陈强：《精准扶贫政策与农村低保制度的有效衔接机制》，《农业经济问题》2019 年第 7 期。
[4] 杨瑚：《精准扶贫的贫困标准与对象瞄准研究》，《甘肃社会科学》2017 年第 1 期。

时地回应公众的利益需求。同时，通过创新服务供给的方式，使公共服务的递送变得更加方便和快捷，推动政府工作效率、服务质量和公众满意度的提升。党的十八大以来，广东开发并上线了低保信息管理系统，使民政部门能够对所有申请最低生活保障的家庭进行家庭经济状况的信息化查询核对，大大提升了低保对象认定的公平性和准确性，同时也有助于低保对象的动态管理和社会救助服务的递送。因此，本书认为中国低保制度的发展应该充分借助大数据和信息技术，给政府的低保治理赋能。

首先，大数据和信息技术的运用要依托有关低保对象的信息采集、整理、录入和储存。通过庞大的关于低保对象的家计情况的信息采集、录入和储存，民政部门可以形成关于全国低保人口的数据库，进而通过对数据的分析、挖掘、可视化等操作，可以观察到之前的工作中所看不到的信息，比如低保对象详细的区域分布、家庭结构特征、致贫原因、需要的政策支持等内容。因此，要推进低保大数据和信息技术的建设与运用，通过不断拓宽信息数据库来源来提高各类数据的准确性和及时性，通过整合财税系统、金融系统、社保系统等多方关系来建立完善的低保信息管理系统，提升国家低保治理体系的信息汲取能力，动态掌握新时期中国城乡低保群体的底数，从而为相关政策安排提供坚实的信息基础。另外，要加强对大数据的深入挖掘与精细化运用。在有效解决帮助谁的问题的基础上，以需求为导向，为低保对象提供更加个性化和人性化的救助服务，提高救助服务的质量和低保对象的满意度。要注意的是，在大数据和信息技术的运用中，要关注信息安全、信息孤岛及城乡和区域间可能存在的"数字鸿沟"，整体推动信息技术在低保治理工作中的协同发展。

此外，对于民政部门救助服务可能存在的供给能力不足的问题，可以考虑通过政府购买服务的途径来加以补充。政府购买服务的实质是以新管理主义精神来管理社会福利，通过这种途径可以在一定程度上满足公民日益增长的对社会服务的多样化需求，促进政府职能转变、民间组织发展及公共服务品质提高。对政府部门来说，政府购买服务因其减少政府支出、促进效率和效能的提高，而被视为在现行服务供给体制下最具吸引力的改革举措[①]。

---

① 岳经纶、谢菲：《政府向社会组织购买社会服务研究》，《广东社会科学》2013年第6期。

第八章 结论与讨论：低保治理的广东经验及未来进路

2019年3月，广东就专门出台了《关于积极推行政府购买服务加强基层社会救助经办服务能力的实施意见》，对购买社会救助服务的主体责任、经费保障、组织实施等问题做了指导性的规定。整体而言，从目前的地方政府实践来看，民政部门更偏好向社会组织购买社会救助中的事务性工作，而专门针对救助对象的服务性工作的购买项目并不多。基层民政部门社会救助经办能力不足，服务购买偏向有利于提高自身业务经办能力与绩效的事务性工作，这是服务购买初级阶段的必然结果。同时，这也与缺乏有资质的社会组织为救助对象提供差异化服务的困境有关。对此，政府在购买服务时要更加重视服务性工作，合理安排预算资金，积极推动由购买事务性工作向购买服务性工作转变。与此同时，政府要积极培育服务类社会组织的发展，通过更加有针对性的政策支持，为社会组织的发展提供良好的政策环境，推动社会组织市场的成长。在政府购买社会救助服务的过程中，要探索出一套能够对社会救助服务购买的全过程进行监督和对服务绩效进行有效评估的体系，从而改善政府购买社会救助服务的财政支出绩效[1]。

四、资金保障：动态调整救助标准，优化资金保障和专项救助制度

低保制度的减贫效果除了与低保瞄准效率不高有关，也和低保家庭获得的补助金额较低，保障水平不足以使他们彻底摆脱贫困有关。通过前文的文献梳理，可以发现中国现有的低保标准偏低，在城乡和区域间存在较大差距，这也是广东低保制度发展近年来努力克服的一个困难。新时代以来，通过加大财政投入力度，广东四类地区的城乡低保标准稳步提升，且城乡标准差距逐步缩小，2020年全省城乡低保最低标准也保持在全国前列。面向未来的中国城乡低保制度，同样需要强化低保资金的保障力度，结合社会经济发展水平的变化，及时提高低保线标准和补助金额，逐步缩小城乡和区域间的低保差距，确保社会救助的公平性和长效性，才能更好地发挥低保政策的兜底保障和减贫功能。

---

[1] 岳经纶：《政府购买社会救助服务现状、问题与对策建议》，《中国民政》2020年第5期。

精准扶贫战略下城乡低保目标瞄准及执行机制优化：广东经验

作为一项社会转移支付项目，低保资金的来源主要是中央和地方财政。必须重新建立合理的财政分担机制，以激励各级政府共同管理好最低生活保障制度。合理的财政分担机制应有利于调动各级财政的积极性，防止"奖懒罚勤"现象的出现，同时也应考虑地方经济发展状况，防止给各级财政带来沉重负担。建立财政分担机制应遵循以下原则：一是中央、省、县（市）三级共同分担的原则，二是与地方经济发展相匹配的原则。低保制度发展水平的高低与区域经济发展程度直接相关，该原则要求根据各地经济发展水平的不同，确定不同的财政分担比例。经济越发达，地方财政对最低生活保障支出分担就越多；经济越不发达，地方财政对最低生活保障支出分担就越少[1]。在财政资金之外，可以鼓励社会力量加入社会福利和社会救助事业，扩大低保资金的来源，如福利彩票、优秀企业或个人捐赠助贫等途径，保障低保救助金的充足和来源的稳定，以解决救助资金来源单一性的问题。

对于普遍存在的城乡和区域低保标准的差异问题，要努力探索城乡一体化的低保制度建设。在城乡低保制度中，城乡、地区之间低保标准和项目有差别的原因，除了地区、城乡生活水平不同，还在于各地区财政资金收入不同，导致支出的有限性和局限性。因此，在条件成熟之际，可实行低保救助金的省级统筹。从省级层次的高度进行规划和整合，有利于保障资金的及时到位和发放。一体化建设应超越标准调整的惯性思路，创建转移支付的资金保障机制。尤其要注意低保标准动态调整机制的统一构建，以实现城乡低保标准调整的同步进行，保障城镇居民与农村居民同等的合法权益。之后应将统一调整机制纳入法律范围，在省级层面也应该形成具有指导性和一定可操作性的政策[2]。在具体操作上，可先选择部分地区进行试点，等经验成熟后再进行全国范围内的推广。

在补足低保资金并保障低保标准稳步提升的基础上，还要及时将配套的专项社会救助制度和低保制度进行松绑，合理界定低保制度附带项目的

---

[1] 杨立雄：《最低生活保障制度存在的问题及改革建议》，《中国软科学》2011年第8期。
[2] 刘波、王媚游：《广东城乡低保制度一体化研究：成效、问题及对策》，《南方农村》2013年第2期。

第八章 结论与讨论：低保治理的广东经验及未来进路

责任边界，剥除有关低保制度所带有的"福利包"及实现低保制度回归最初的功能定位①。2004 年，中国就提出要建立以低保为基础、以专项救助为辅助的社会救济体系，这也是大部分国家的惯常做法，即低保用以满足基本需求，专项救助满足各种特殊的发展性需求②。但是，当前中国的低保制度存在泛福利化的倾向，这种在低保资格与多种社会福利之间建立因果关联的机制纵然提高了低保制度的含金量，但是也造成了福利依赖的负面激励。因此，要实现低保制度回归到底线救助的初衷，即低保对象的收入水平达标之后，就无须享受其他特权；与此同时，专项救助可以无差别地对待低保户与其他贫困群体。这是低保制度回归底线救助、专项救助制度确立独立保障对象的先决条件。随着低保重回底线救助，专项救助也需要建立自身独立的制度轨道，包括设立制度化的申请程序、救助标准、救助对象及识别机制。有特殊需求的贫困群体与低保户均可申请，但必须同等地按照制度流程进行申请，只有符合条件的才能够获得救助③。需要注意的是，无论是低保还是专项救助的执行，都要兼顾瞄准效率与文化相容性，既要考虑应用科学的识别方法提升贫困瞄准的效率，也应防止片面追求瞄准精度给申请人带来的污名损害④。

五、精准施策：动态更新识别体系，精准识别致贫源头并分类施策

低保目标的识别是低保制度执行的第一步。当前中国低保制度执行中普遍使用的以家计调查为主的方法存在核准家庭信息成本高、难度大的困境。而发源于拉美国家的代理家计调查已经从实践和理论层面被广泛证明对发展中国家社会救助项目的实施有重要的积极价值。由于中国目前的低保群体大多从事农业工作或者非农就业中的非正规工作，这就使收入的核

---

① 胡思洋：《社会救助制度实现"靶向治理"的建议》，《社会治理》，2017 年第 6 期。
② 张皓森：《关于我国专项救助制度建设的思考》，《学习与实践》2007 年第 6 期。
③ 仇叶、贺雪峰：《泛福利化：农村低保制度的政策目标偏移及其解释》，《政治学研究》2017 年第 3 期。
④ 岳经纶、程璆：《福利污名对瞄准偏差感知的影响研究》，《社会保障研究》2019 年第 5 期。

精准扶贫战略下城乡低保目标瞄准及执行机制优化：广东经验

准面临天然的难题，无法像美国等发达国家那样直接采用纳税记录等证明文件来核准家庭收入①。因此，与家计方法相比，代理家计调查的贫困识别标准更为客观，能够较为有效地控制瞄准过程中的"精英俘获"效应。此外，代理家计调查还具有执行成本低、操作性较强的优点。广东在低保目标瞄准的改革中，就探索出了一套多维度的代理家计指标识别体系，从家庭结构、住房情况、生产资料和生活资料等维度对潜在的受益对象进行甄别，有效地提升瞄准的精确度。基于此，本书建议将代理家计调查方法纳入现有的农村低保瞄准实践中，即首先使用代理家计调查方法识别出预测收入最低的极端贫困家庭，同时排除预测收入远高于贫困线的富裕家庭，然后在剩余家庭中主要通过民主评议等社区瞄准程序来确定低保资格②。

低保目标识别体系一方面要考虑到时间维度的变化，另一方面要考虑到地域维度的差异。从时间维度来讲，社会经济条件和物质生活的变化可能使一些代理指标无法反映或者反映家庭情况的效果不佳。对此，要结合社会经济条件的变化，通过模型的优化，及时更新代理家计调查使用的指标体系，保证这些代理指标能够有效体现家庭经济状况的特征。从地域维度来看，要同时考虑到区域和城乡的差异。中国农村大致可以分为两种类型：一是经济发展速度快、城市化程度高的发达地区的农村，主要集中于上海、江苏、浙江等少数东部沿海省份，这些地区社会的格式化程度高，地方政府的基础能力强；二是经济发展速度较慢、城市化速率较低的欠发达地区的农村，大部分中西部省份属于此列，这类地区社会的格式化程度低，地方政府的资源也相对匮乏。因此，各地要因地制宜，根据所在区域的客观情况建立适合的代理家计核查体系③。与此同时，对于同一地区的城市和农村而言，在住房情况、生产资料和生活资料等方面也呈现出不同程度的差异。在设计代理家计调查的指标体系时，也要充分考虑到城乡生活

---

① 宋扬、杨及祺：《最低生活保障制度的瞄准效率与减贫效果分析——基于北京、河南、山西三地的调查》，《社会保障研究》2018年第4期。

② 韩华为、高琴：《代理家计调查与农村低保瞄准效果——基于 CHIP 数据的分析》，《中国人口科学》2018年第3期。

③ 仇叶：《从配额走向认证：农村贫困人口瞄准偏差及其制度矫正》，《公共管理学报》2018年第1期。

第八章 结论与讨论：低保治理的广东经验及未来进路

的差异，提升指标体系的适用性。

在代理家计调查之外，还需要辅之以公众参与机制，尤其是民主评议机制的完善。民主评议的优势在于借助"地方性知识"，以较低成本找出那些生活最困难的家庭，从而增加低保认定的透明性、公平性和客观性，同时也是构建有效的收入认定治理机制的重要方面①。在外出务工成为农村经济发展新常态的背景下，民主评议遇到了参与性不足的问题，必须增强民主评议参与主体的代表性，同时也需要提高居民的实质性参与水平。这一过程同样要注意可能出现的精英控制现象，基层组织的自由裁量权尽管有存在的必要，但是应该由上级政府掌握低保瞄准的统一规则。尤其是对于社区力量发展不成熟的地区而言，还可以尝试多重方法，并用来进行低保对象的瞄准，以减少"精英俘获"现象。

代理家计调查采用的指标体系多元化有助于更加准确地把握贫困群体陷入贫困的具体原因，从而在救助中增强分类施策的针对性。有资料显示，在脱贫攻坚后期，因病、因残致贫人口分别占贫困人口总数的42.3%、14.4%②，支出型贫困（主要是因病致贫）已成为当前主要的贫困类型，也是脱贫攻坚以后返贫的一大难题。相比于收入型贫困社会救助，支出型贫困社会救助的对象更加复杂多样，甚至需要"一户一策"进行个性化帮扶。在社会救助的治理理念中，有必要突破现有"缺多少、补多少"的低保救助思路，按照"缺什么、补什么"的理念，形成综合性、针对性的救助套餐③，从制度设计上实现社会救助由收入型贫困向支出型贫困扩展。因此，低保制度要努力聚焦因病致贫、因教致贫等典型致贫类型，构建支出型贫困社会救助制度框架。在社会救助实践中，重大灾难、突发事件、重大疾病和子女教育对支出型贫困家庭的影响最大。有必要从破解突出问题入手，通过社会救助立法进一步加大专项社会救助力度，充分考虑支出型社会救助特点，建立功能配套的多元社会救助体系，让那些不具备低保资格的贫困家庭也能够有机会获得相应的专项社会救助。要充分发挥社会工作作用，

---

① 江治强：《农村低保对象的收入核定及其治理优化》，《浙江学刊》2015年第4期。
② 刘永富：《有效应对脱贫攻坚面临的困难和挑战》，《政策》2019年第3期。
③ 曹艳春：《城市贫困新类型及贫困程度评估与救助研究》，《人口与经济》2010年第4期。

探索适合支出型贫困家庭劳动力结构特征的就业帮扶体系。支出型贫困家庭面对生活中突如其来的变故或难以承受的支出,在缺乏社会关怀支持的情况下,往往会陷入自我成就感低、自信心减退等悲观消极状态,进一步恶化家庭贫困处境。有必要在立法中,强调专业社会工作的作用,激发当事人的潜能,增强其主观能动性,培育其自我发展动力。此外,有必要在立法工作中,探索适合支出型贫困家庭劳动力结构特征的就业帮扶体系。对于重大疾病造成的支出型贫困家庭,不仅患者本人丧失劳动能力,往往还需要家庭成员的陪护,这使陪护的家庭成员也暂时丧失劳动能力[①]。政府为这类贫困家庭提供力所能及的家庭作坊式就业帮扶,能够有效提升救助效果,帮助贫困家庭渡过难关。

六、监管问责:健全低保执行监管、评估激励体系,提升治理效果

研究表明,街头官僚并非完全被动地执行上级下达的政策指令,而是每天都在不断地做出大大小小的各种决策,这些决策在事实上深刻地影响着政策对象的福祉,政治家和高级公共管理者所制定的政策能否最终实现政策的目标要取决于这些街头官僚如何去执行它[②]。在中国当前的低保制度中,并没有设置专门的监督和评估机构,也没有建立从中央到各级地方政府的低保监督评估体系,低保制度的监督和评估存在各自为政的现象,缺乏统一的法律约束与制度规范,以及强有力的公众监督和舆论监督[③]。基层干部和救助对象之间存在着大量的信息不对称现象,不仅使民众很难对政策的实施发挥监督作用,也导致"精英俘获"现象频频见于报端[④]。因此,亟须从以下三个层面完善低保制度的监管制度:一是对政策目标群体即低

[①] 田北海、王连生:《支出型贫困家庭的贫困表征、生成机制与治理路径》,《南京农业大学学报》2018年第3期。

[②] Lipsky M., "Street – Level Bureaucracy: The Dilemmas of the Individual in Public Service", Russell Sage Foundation, 1983.

[③] 赵曦、赵朋飞:《我国农村精准扶贫机制构建研究》,《经济纵横》2016年第7期。

[④] 朱天义、高莉娟:《精准扶贫中乡村治理精英对国家与社会的衔接研究——江西省XS县的实践分析》,《社会主义研究》2016年第5期。

第八章 结论与讨论：低保治理的广东经验及未来进路

保对象的监管；二是对政策执行效果的监管，即低保治理绩效的评估；三是对低保执行主体即低保治理的组织机构和工作人员的监管。

第一，对政策目标群体的管理。尽管有关福利依赖的研究尚未达成共识，但是福利依赖现象的存在是既定的客观事实。福利依赖不仅损害了真正需要的人享受社会救助的权利，对于依赖者自身的发展也存在不利影响。对此，首先，低保执行部门需要协助更新群众的观念，引导其在满足低保退出条件时主动退出。要加大宣传力度，倡导自强自立的高尚品质，摒除一些低保和扶贫对象长期存在的"等、靠、要"思想，消除他们对救助政策的依赖心理。在贫困对象领取低保和享受扶贫政策期间，引导他们积极劳动，艰苦奋斗；一旦其收入发生变化或超过保障线，便引导他们主动要求降低救助金或逐渐退出扶贫救助[1]。对于有劳动能力且就业意愿强烈的低保户，可针对性地提供教育和技能培训，鼓励其积极参与就业，恢复自身"造血"能力[2]。其次，采取保障渐退制度，确保受助对象稳步脱贫。贫困对象往往由于发展基础较差，收入不稳定，脱贫后返贫概率较高。因此，在享受低保政策期间，当低保对象的收入高于保障线时，应采取渐退制度，给予一定的"收入豁免期"，即贫困户可以在一段时间内继续享有低保政策，等其收入稳定后再退出低保救助。这种"扶上马送一程"式的渐退制度，不仅可以解决低保和扶贫对象的后顾之忧，更有利于保障他们掌握基本的生存本领，激发劳动热情，稳步脱贫[3]。广东的低保制度就采取了"渐退帮扶"的政策，即对收入已超过当地低保标准但尚不稳定的建档立卡低保家庭，继续给予一定时间的渐退帮扶，确保其稳定脱贫。最后，完善监管机制，增加"骗保"成本。虽然任何瞄准方式都是有漏洞的，不可能达到百分之百的瞄准效率，但为了达到更好的减贫效果及推动精准扶贫，必须建立更加严格的监管制度，增加"骗保"成本，最大限度地防止"骗保"

---

[1] 杜毅、肖云：《农村低保和扶贫对象动态管理机制研究》，《西部论坛》2015年第4期。
[2] 林丛：《城市居民低保制度"福利依赖"问题研究》，《学习与实践》2019年第12期。
[3] 乔世东：《城市低保退出机制中存在的问题及对策研究——以济南市为例》，《东岳论丛》2009年第10期。

行为①。同时借助低保信息管理系统，对低保对象的"进入"和"退出"进行动态监测评估，实现低保人员的"进出"有章可循②，减少福利依赖的现象。

第二，政策执行绩效的评估。任何一项政策都有相应的政策目标，对于低保制度而言，它的目标通常是多元的，涵盖从保障基本生存权利到提升自身发展能力的不同层面。在政策科学的视野中，绩效评估是判断政策执行结果的有效途径，低保制度同样不例外。就低保治理绩效的评估而言，首先需要明确绩效评估主体，除了政府部门的自我评估，引入权威、独立的第三方评估机构，构建多元主体参与的评估体系，有助于形成对政策效果的更好认知。对于第三方评估而言，首先要为其参与评估提供合法性依据，通过保障第三方考核的独立性和专业性，斩断利益链条，实现评估结果的客观与公正③。其次，在清晰界定评估对象的基础上，结合低保政策的目标，设计一套可操行性强、科学且合理的低保绩效评估体系，为政策目标的评估奠定良好的基础。最后，建立政策调整机制，强化评估结果的运用。评估的主要目的是在了解政策绩效的基础上，发现政策制定及执行过程中存在的问题，从而为政策优化提供信息依据。

第三，低保执行主体的监管与激励。长期以来，低保制度执行过程中出现的偏差，除了低保制度本身、政策目标群体的因素，低保执行主体往往也会成为问题之一，如实践中存在的"关系保""人情保"等现象，便是基层工作人员在低保管理过程中因自由裁量权过多及非正式关系影响而导致的结果。因此，从内部和外部建立并完善对基层工作人员的监管机制就显得十分必要。内部约束机制主要是对基层权力的制约，辅之以相应的错误惩戒机制，尤其是发挥行政问责的作用，即低保执行主体就与其工作职责有关的工作绩效及社会效果接受责任授权人的质询并承担相应的处理结

---

① 宋扬、杨及祺：《最低生活保障制度的瞄准效率与减贫效果分析——基于北京、河南、山西三地的调查》，《社会保障研究》2018年第4期。

② 解垩：《公共预算转移支付反贫困瞄准：以低保为例的ROC方法分析》，《统计研究》2019年第10期。

③ 何阳、孙萍：《精准扶贫第三方评估流程再造：理论依据、现实动因与政策设计——对民族地区精准扶贫第三方评估实践的反思》，《内蒙古社会科学》2018年第5期。

第八章　结论与讨论：低保治理的广东经验及未来进路

果①。外部的监管则主要依靠社会力量的参与，如加强政策执行过程中的民主参与和民主监督，提高政策透明度和提高农户信息水平。此外，还要建立相应的"容错机制"与治理的弹性空间。容错机制指的是某种控制在一定范围内允许或包容犯错情况发生的机制。当然，容错不等于无限度宽容，更不等于可以胡来②。在监管之外，也要建立相应的激励体系，实现激励与约束的动态平衡。要不断完善物质激励与精神激励，给予低保执行主体更多的正面引导，激发其工作的积极性、主动性和创造性，尤其要在落实责任过程中，实现奖惩的动态平衡，构建多维度、多层次的激励保障体系③。

---

① 宋涛：《行政问责概念及内涵辨析》，《深圳大学学报》2005年第2期。
② 祝建华、邓茜钰：《"宁漏勿错"与"宁错勿漏"：低保制度目标定位的两难及化解》，《学习与实践》2017年第9期。
③ 倪星、王锐：《权责分立与基层避责：一种理论解释》，《政治学研究》2018年第5期。

参考文献

［1］安永军. 规则软化与农村低保政策目标偏移［J］. 北京社会科学, 2018（9）：110-118.

［2］安永军. 农村低保政策中的"福利叠加"现象及成因［J］. 西北农林科技大学学报（社会科学版）, 2017（5）：121-125.

［3］白维军. 城市居民最低生活保障制度中的"贫困陷阱"研究——目标定位制下的负激励分析［J］. 西北人口, 2010（2）：31-35.

［4］毕洁颖, 陈志钢. 国际贫困瞄准的经验及对中国的启示［J］. 世界农业, 2019（5）：15-19.

［5］边恕, 张铭志, 孙雅娜. 农村贫困补助的瞄准精度、瞄准成本与减贫方案分析［J］. 人口与经济, 2019（9）：112-124.

［6］曹艳春. 城市贫困新类型及贫困程度评估与救助研究［J］. 人口与经济, 2010（4）：6-10, 36.

［7］曹艳春. 我国城市"低保"制度的靶向精准度实证研究［J］. 中央财经大学学报, 2016（7）：3-12.

［8］曹艳春. 我国城市居民最低生活保障标准的影响因素与效应研究［J］. 当代经济科学, 2007（2）：15-20.

［9］曹艳春, 陈翀. 从"低保"标准到"家庭运行标准"——社会救助制度的革新与设计［J］. 现代经济探讨, 2016（4）：30-34.

［10］程琳. 权力与关系网络中的农村低保［J］. 青年研究, 2014（3）：46-54.

［11］慈勤英, 兰剑. "福利"与"反福利依赖"——基于城市低保群体的失业与再就业行为分析［J］. 武汉大学学报（哲学社会科学版）, 2015（4）：111-119.

［12］陈志钢, 等. 中国扶贫现状与演进以及2020年后的扶贫愿景和战略

重点［J］．中国农村经济，2019（1）：2-16．

［13］陈宗胜，沈扬扬，周云波．中国农村贫困状况的绝对与相对变动——兼论相对贫困线的设定［J］．管理世界（月刊），2013（1）：67-76．

［14］崔宝琛．低保目标瞄准偏差的乡土逻辑［J］．西北农林科技大学学报，2019（2）：9-18．

［15］代恒猛．从"补缺型"到适度"普惠型"——社会转型与我国社会福利的目标定位［J］．当代世界与社会主义，2009（2）：166-169．

［16］邓大松，王增文．我国农村低保制度存在的问题及其探讨——以现存农村"低保"制度存在的问题为视角［J］．山东经济，2008（1）：61-64．

［17］邓大松，王增文．"硬制度"与"软环境"下的农村低保对象的识别［J］．中国人口科学，2008（5）：18-25，95．

［18］邓大松，吴祖云，杨晶．中国农村扶贫政策的实践困境与路径优化——兼论农村扶贫和低保制度的衔接问题［J］．苏州大学学报，2019（5）：93-102．

［19］丁建定．建立合理的城市居民低保标准调整机制的几个理论问题探讨［J］．中南民族大学学报，2009（6）：117-121．

［20］豆红玉，韩旭峰．甘肃省农村低保标准实证分析及对策研究［J］．社会保障研究，2016（5）：55-62．

［21］都阳，PARK A．中国的城市贫困、社会救助及其效应［J］．经济研究，2007（12）：24-33．

［22］杜毅，肖云．农村低保和扶贫对象动态管理机制研究［J］．西部论坛，2015（4）：21-30．

［23］方菲，李华燊．农村低保制度的伦理失范及其矫治探讨［J］．求实，2010（8）：89-92．

［24］高翔，李静，毕艺苇．精准扶贫理念下农村低保对象的认定研究——以山东省某县为例［J］．经济问题，2016（5）：73-79．

［25］葛志军，邢成举．精准扶贫：内涵、实践困境及其原因阐释——基于宁夏银川两个村庄的调查［J］．贵州社会科学，2015（5）：157-163．

[26] 耿羽. 错位分配:当前农村低保的实践情况[J]. 人口与发展, 2012 (1): 68-73.

[27] 管庆旭, 毛卫兵, 符璨, 等. 农村支出型贫困家庭经济状况核对研究——基于四川省的调查[J]. 社会政策研究, 2019 (1): 82-95.

[28] 郭伟和. 当前我国城市低保制度的满意度、瞄准率和就业影响[J]. 社会建设, 2016 (5): 3.

[29] 郭熙保, 周强. 长期多维贫困、不平等与致贫因素[J]. 经济研究, 2016 (6): 143-156.

[30] 韩华为. 农村低保户瞄准中的偏误和精英俘获——基于社区瞄准机制的分析[J]. 经济学动态, 2018 (2): 49-64.

[31] 韩华为, 高琴. 代理家计调查与农村低保瞄准效果—基于CHIP数据的分析[J]. 中国人口科学, 2018 (3): 73-84.

[32] 韩华为, 高琴. 中国农村低保政策效果评估——研究述评与展望[J]. 劳动经济研究, 2020 (1): 111-135.

[33] 韩华为, 高琴. 中国农村低保制度的保护效果研究——来自中国家庭追踪调查(CFPS)的经验证据[J]. 公共管理学报, 2017 (2): 81-96.

[34] 韩华为, 徐月宾. 农村最低生活保障制度的瞄准效果研究——来自河南、陕西省的调查[J]. 中国人口科学, 2013 (4): 117-125.

[35] 韩华为, 徐月宾. 中国农村低保制度的反贫困效应研究——来自中西部五省的经验证据[J]. 经济评论, 2014 (6): 63-77.

[36] 韩克庆, 郭瑜. "福利依赖"是否存在?——中国城市低保制度的一个实证研究[J]. 社会学研究, 2012 (2): 149-167.

[37] 韩克庆, 刘喜堂. 城市低保制度的研究现状、问题与对策[J]. 社会科学, 2008 (11): 65-72.

[38] 何平. 家计调查行为的法学思考[J]. 武汉理工大学学报(社会科学版), 2014 (2): 287-291.

[39] 何欣, 朱可涵. 农户信息水平、精英俘获与农村低保瞄准[J]. 经济研究, 2019 (12): 150-164.

[40] 贺雪峰. 农村低保实践中存在的若干问题[J]. 广东社会科学, 2017

(3): 173-180.

[41] 何阳, 孙萍. 精准扶贫第三方评估流程再造: 理论依据、现实动因与政策设计——对民族地区精准扶贫第三方评估实践的反思 [J]. 内蒙古社会科学, 2018 (5): 177-183.

[42] 洪大用. 当道义变成制度之后——试论城市低保制度实践的延伸效果及其演进方向 [J]. 经济社会体制比较, 2005 (3): 16-25.

[43] 洪大用. 如何规范城市居民最低生活保障标准的测算 [J]. 学海, 2003 (2): 122-127.

[44] 洪大用. 试论中国城市低保制度实践的延伸效果及其演进方向 [J]. 社会, 2005 (3): 50-69.

[45] 洪凯. 农村最低生活保障制度实施中的难点问题探讨 [J]. 经济纵横, 2008 (4): 23-26.

[46] 侯亚景. 中国农村长期多维贫困的测量、分解与影响因素分析 [J]. 统计研究, 2017 (11): 86-97.

[47] 胡宏伟, 童玉林, 杜雅轩, 等. 农村低保制度是否存在瞄准误差——基于农村老年人经验分析的制度评价 [J]. 人口与发展, 2015 (4): 2-13.

[48] 胡联, 汪三贵, 王娜. 贫困村互助资金存在精英俘获吗——基于5省30个贫困村互助资金试点村的经验证据 [J]. 经济学家, 2015 (9): 78-85.

[49] 胡绍雨. 最低生活保障与财政支出结构调整 [J]. 财会研究, 2019 (6): 5-11.

[50] 胡思洋. 社会救助制度实现"靶向治理"的建议 [J]. 社会治理, 2017 (6): 33-34.

[51] 黄晨熹. 城市低保对象求职行为的影响因素及相关制度安排研究——以上海为例 [J]. 社会学研究, 2007 (1): 137-160.

[52] 黄健元, 杨琪, 朱姝. 城市低保工作存在的问题及其解决路径——以南京市鼓楼区为例 [J]. 城市问题, 2015 (11): 85-90.

[53] 黄瑞芹. 民族贫困地区农村最低生活保障目标瞄准效率研究——基于两个贫困民族自治县的农户调查 [J]. 三农观察, 2013 (3): 61-

65.

[54] 霍萱，林闽钢. 中国农村家庭多维贫困识别指标体系研究［J］. 社会科学战线，2018 年（3）：227－236.

[55] 季飞，杨康. 大数据驱动下的反贫困治理模式创新研究［J］. 中国行政管理，2017（5）：53－59.

[56] 贾鑫. 公共政策供给侧视角下浅析我国地方政府政策执行——以 W 市低保清理整顿工作为例［J］. 劳动保障世界，2017（12）：44－45.

[57] 焦克源、张婷. 农村低保制度实践的异化及其矫正—基于西北农村低保制度实践的调研［J］. 云南社会科学，2011（5）：113－117.

[58] 江克忠，王洪亮，陈葵花. 中国农村低保的收入激励效应研究［J］. 学术研究，2019（5）：88－97.

[59] 江树革. 中国低保制度的变迁发展和模式塑造——21 世纪以来中国城乡低保制度的社会变迁［J］. 社会保障研究，2013（6）：71－79.

[60] 江治强. 农村低保对象的收入核定及其治理优化［J］. 浙江学刊，2015（4）：218－223.

[61] 雷望红. 论精准扶贫政策的不精准执行［J］. 西北农林科技大学学报，2017（1）：1－8.

[62] 李春根，夏珺. 中国城市低保边缘群体合理需求分析研究［J］. 社会保障研究，2014（4）：68－74.

[63] 李春根，应丽. 指标代理法：农村低保对象瞄准新机制［J］. 社会保障研究，2014（1）：60－66.

[64] 李春根，赵卓. 关于城乡最低生活保障标准的几个问题［J］. 社会保障研究，2011（4）：57－62.

[65] 李刚. 广东省内可异地申请社会救助［N］. 人民日报，2019－08－31（13）.

[66] 李棉管. 技术难题、政治过程与文化结果——"瞄准偏差"的三种研究视角及其对中国"精准扶贫"的启示［J］. 社会学研究，2017（1）：217－241.

[67] 李棉管. 自保式低保执行——精准扶贫背景下石村的低保实践［J］. 社会学研究，2019（6）：188－212.

[68] 李琴，黄黎若莲. 为什么中国城市低保存在目标瞄准问题——基于广州市的田野调查[J]. 中国民政，2014（1）：34-35.

[69] 李瑞林. 中国城市贫困问题研究综述[J]. 学术探索，2005（6）：43-49.

[70] 李铜山. 我国低保问题调研报告[J]. 调研世界，2014（8）：30-34.

[71] 李小云，董强，刘启明，等. 农村最低生活保障政策实施过程及瞄准分析[J]. 农业经济问题，2006（11）：29-33.

[72] 李小云，许汉泽. 2020年后扶贫工作的若干思考[J]. 国家行政学院学报，2018（1）：62-66.

[73] 李小云，徐进，于乐荣. 中国减贫四十年：基于历史与社会学的尝试性解释[J]. 社会学研究，2018（6）：35-61.

[74] 李艳军. 农村最低生活保障目标瞄准研究——基于代理财富审查（PMT）的方法[J]. 经济问题，2013（2）：80-84.

[75] 李迎生，李泉然. 农村低保申请家庭经济状况核查制度运行现状与完善之策——以H省Y县为例[J]. 社会科学研究，2015（3）：106-114.

[76] 梁强. 我国城乡居民低保标准测算方法研究——以北京市为例[J]. 价格理论与实践，2016（11）：14-18.

[77] 廖爱娣. 社会救助瞄准的技术路径：逻辑、困境及对策——以"核对信息系统"为例[J]. 深圳社会科学，2020（2）：113-120.

[78] 林丛. 城市居民低保制度"福利依赖"问题研究[J]. 学习与实践，2019（12）：91-95.

[79] 林闽钢. 城市贫困救助的目标定位问题——以中国城市居民最低生活保障制度为例[J]. 东岳论丛，2011（5）：13-19.

[80] 林闽钢. 社会救助理论与政策比较[M]. 北京：人民出版社，2017.

[81] 凌文豪，梁金刚. 农村最低生活保障对象瞄准机制研究——基于对河南省安阳市某村的实证研究[J]. 社会保障研究，2009（6）：69-74.

[82] 刘波，王媚游. 广东城乡低保制度一体化研究：成效、问题及对策[J]. 南方农村，2013（2）：15-20.

[83] 刘斐丽. 地方性知识与精准识别的瞄准偏差[J]. 中国农村观察，2018（5）：14-28.

[84] 刘凤芹, 徐月宾. 谁在享有公共救助资源？——中国农村低保制度的瞄准效果研究 [J]. 公共管理学报, 2016 (1): 141-150+160.

[85] 刘军强, 胡国鹏, 李振. 试点与实验：社会实验法及其对试点机制的启示 [J]. 政治学研究, 2018 (4): 103-116.

[86] 刘丽娟. 精准扶贫视域下的城乡低保瞄准机制研究 [J]. 社会保障研究, 2018 (1): 70-79.

[87] 刘璐婵, 林闽钢. "养懒汉"是否存在？——城市低保制度中的"福利依赖"问题研究 [J]. 东岳论丛, 2015 (10): 37-42.

[88] 柳清瑞, 翁钱威. 城镇低保线：实际给付与理论标准的差距与对策 [J]. 人口与经济, 2011 (4): 77-84, 89.

[89] 刘万里, 吴要武. 精准识别：用技术完善城市低保的退出机制——以上海家庭经济状况核对系统为例 [J]. 经济学报, 2016 (4): 36-61.

[90] 刘伟, 李树茁, 任林静. 西部农村扶贫项目目标瞄准方法研究——基于陕西安康贫困山区的调查 [J]. 西安交通大学学报, 2017 (1): 72-78, 106.

[91] 刘燕舞. 作为乡村治理手段的低保 [J]. 华中科技大学学报, 2008 (1): 117-120.

[92] 刘永富. 有效应对脱贫攻坚面临的困难和挑战 [J]. 政策, 2019 (3): 39-40.

[93] 鲁全. 彰显中国特色社会保障体系优势 [N]. 人民日报, 2020-4-29 (9).

[94] 卢盛峰, 卢洪友. 政府救助能够帮助低收入群体走出贫困吗？——基于1989—2009年CHNS数据的实证研究 [J]. 财经研究, 2013 (1): 4-16.

[95] 罗江月, 唐丽霞. 扶贫瞄准方法与反思的国际研究成果 [J]. 中国农业大学学报, 2014 (4): 10-17.

[96] 吕方. 精准扶贫与国家减贫治理体系现代化 [J]. 中国农业大学学报, 2017 (5): 17-23.

[97] 吕方, 梅琳. "复杂政策"与国家治理——基于国家连片开发扶贫项目的讨论 [J]. 社会学研究, 2017 (3): 144-168.

[98] 马亮. 国家治理、行政负担与公民幸福感——以"互联网+政务服务"为例 [J]. 华南理工大学学报, 2019（1）：77-84.

[99] 马文武, 杜辉. 贫困瞄准机制演化视角的中国农村反贫困实践：1978—2018 [J]. 当代经济研究, 2019（5）：32-42.

[100] 民政部政策研究中心. 中国城乡困难家庭研究报告 [M]. 北京：中国社会出版社, 2013.

[101] 莫利兹奥·费尼拉. "软政权"国家的福利目标定位：意大利走向选择性的曲折道路 [C]//社会福利的目标定位：全球发展趋势与展望, 北京：中国劳动社会保障出版社, 2004.

[102] 莫勇波. 政府执行力刍议 [J]. 上海大学学报, 2005（5）：79-83.

[103] 倪星, 王锐. 权责分立与基层避责：一种理论解释 [J]. 政治学研究, 2018（5）：116-135.

[104] 乔世东. 城市低保退出机制中存在的问题及对策研究——以济南市为例 [J]. 东岳论丛, 2009（10）：34-38.

[105] 仇叶. 从配额走向认证：农村贫困人口瞄准偏差及其制度矫正 [J]. 公共管理学报, 2018（1）：122-134, 159.

[106] 仇叶, 贺雪峰. 泛福利化：农村低保制度的政策目标偏移及其解释 [J]. 政治学研究, 2017（3）：63-74, 127.

[107] 单大圣. "十四五"时期社会救助的发展展望 [J]. 社会福利, 2020（4）：3-11.

[108] 宋锦, 李实, 王德文. 中国城市低保制度的瞄准度分析 [J]. 管理世界, 2020（6）：37-48, 243.

[109] 宋涛. 行政问责概念及内涵辨析 [J]. 深圳大学学报, 2005（2）：42-46.

[110] 宋扬, 杨乃祺. 最低生活保障制度的瞄准效率与减贫效果分析——基于北京、河南、山西三地的调查 [J]. 社会保障研究, 2018（4）：38-47.

[111] 孙伯驰, 段志民. 农村低保制度的减贫效果——基于贫困脆弱性视角的实证分析 [J]. 财政研究, 2020（2）：113-128.

[112] 孙晓娥. 深度访谈研究方法的实证论析 [J]. 西安交通大学学报,

2012（3）：101－106.

[113] 唐钧. 确定中国城镇贫困线方法的探讨［J］. 社会学研究，1997（2）：62－73.

[114] 童星，王增文. 农村低保标准及其配套政策研究［J］. 天津社会科学，2010（2）：49－51.

[115] 王超群. 因病支出型贫困社会救助政策的减贫效果模拟——基于CFPS数据的分析［J］. 公共行政评论，2017（3）：99－115，215－216.

[116] 王朝霞. 社会救助制度的国际比较与经验借鉴——以英美日等国为研究对象［J］. 苏州大学学报，2011（5）：15－20.

[117] 王春超，叶琴. 中国农民工多维贫困的演进—基于收入与教育维度的考察［J］. 经济研究，2014（12）：159－174.

[118] 王浩. 建立"大救助"，推动社会救助制度改革创新［N］. 中国社会报，2014－9－26（3）.

[119] 王磊，李晓南. 城市低保的目标重构与制度创新［J］. 理论探索，2011（4）：91－94.

[120] 王美艳. 中国最低生活保障制度的设计与实施［J］. 劳动经济研究，2015（3）：79－105.

[121] 王锦花. 福利悖论：中国社会保护中的社会排斥——基于广州市的实证研究［J］. 武汉大学学报（哲学社会科学版），2016（2）：39－46.

[122] 王宁. 个案研究中的样本属性与外推逻辑［J］. 公共行政评论，2008（3）：44－54，198.

[123] 王宁. 代表性还是典型性？——个案的属性与个案研究方法的逻辑基础［J］. 社会学研究，2002（5）：123－125.

[124] 王倩，毕红霞. 我国农村最低生活保障标准研究［J］. 调研世界，2016（10）：7－12.

[125] 汪三贵. 中国特色反贫困之路与政策取向［J］. 毛泽东邓小平理论研究，2010（4）：17－21.

[126] 汪三贵，刘未. "六个精准"是精准扶贫的本质要求——习近平精准扶贫系列论述探析［J］. 毛泽东邓小平理论研究，2016（1）：40－43.

[127] 王小林，Alkire S. 中国多维贫困测量：估计和政策含义［J］. 中国

农村经济, 2009 (12): 4-10.

[128] 汪雁, 慈勤英. 中国传统社会救济与城市贫困人口社会救助理念建设 [J]. 人口学刊, 2001 (5): 38-44.

[129] 王雨磊. 技术何以失准?——国家精准扶贫与基层施政伦理 [J]. 政治学研究, 2017 (5): 104-114.

[130] 王雨磊. 精准扶贫何以"瞄不准"? 扶贫政策落地的三重对焦 [J]. 国家行政学院学报, 2017 (1): 89-93.

[131] 王雨磊, 苏扬. 中国的脱贫奇迹何以造就?——中国扶贫的精准行政模式及其国家治理体制基础 [J]. 管理世界, 2020 (4): 195-209.

[132] 王增文. 农村最低生活保障制度的济贫效果实证分析——基于中国31个省市自治区的农村低保状况比较的研究 [J]. 贵州社会科学, 2009 (12): 107-111.

[133] 王增文, 邓大松. 倾向度匹配、救助依赖与瞄准机制——基于社会救助制度实施效应的经验分析 [J]. 公共管理学报, 2012 (9): 83-88.

[134] 温涛, 朱炯, 王小华. 中国农贷的"精英俘获"机制. 贫困县与非贫困县的分层比较 [J]. 经济研究, 2016 (2): 111-125.

[135] 田北海, 王连生. 支出型贫困家庭的贫困表征: 生成机制与治理路径 [J]. 南京农业大学学报, 2018 (3): 27-36.

[136] 吴镝, 刘福华, 姚建平. 城市低收入人口瞄准机制研究——以沈阳、阜新、葫芦岛三市为例 [J]. 地方财政研究, 2016 (8): 20-26.

[137] 吴海涛, 陈强. 精准扶贫政策与农村低保制度的有效衔接机制 [J]. 农业经济问题, 2019 (7): 47-55.

[138] 武汉大学社会保障研究中心. 2007—2008年中国社会保障改革与发展报告 [M]. 北京: 人民出版社, 2008.

[139] 吴忠民. 从平均到公正: 中国社会政策的演进 [J]. 社会学研究, 2004 (1): 75-89.

[140] 肖萌, 陈虹霖, 李飞跃. 低保对象为何退保难? 动态分析策略下的退保模式及其变迁趋势研究 [J]. 社会, 2019 (4): 210-240.

[141] 肖云, 孙晓锦. 现行农村低保标准实施中的难点及对策研究——以980份城镇民政工作人员和2577份农民问卷为例 [J]. 人口与经济,

2009（2）：80-85.

[142] 谢东梅. 农村低保制度瞄准执行与动态贫困减少的有效性检验——基于福建省14个县（市、区）28个村庄的调研［J］. 东南学术，2016（6）：74-82.

[143] 解垩. 公共预算转移支付反贫困瞄准：以低保为例的ROC方法分析［J］. 统计研究，2019（10）：30-42.

[144] 解垩. 中国农村最低生活保障：瞄准效率及消费效应［J］. 经济管理，2016（9）：173-185.

[145] 谢勇才，丁建定. 从生存型救助到发展型救助：我国社会救助制度的发展困境与完善路径［J］. 中国软科学，2015（11）：39-49.

[146] 谢宇，谢建社. 发展型社会政策视角下的支出型贫困问题研究［J］. 学习与探索，2017（3）：40-47.

[147] 徐月宾，刘凤芹，张秀兰. 中国农村反贫困政策的反思——从社会救助向社会保护的转变［J］. 中国社会科学，2007（3）：40-53.

[148] 徐月宾，张秀兰. 我国城乡最低生活保障制度若干问题探讨［J］. 东岳论丛，2009（2）：32-37.

[149] 燕继荣. 反贫困与国家治理——中国"脱贫攻坚"的创新意义［J］. 管理世界，2020（4）：209-220.

[150] 杨瑚. 精准扶贫的贫困标准与对象瞄准研究［J］. 甘肃社会科学，2017（1）：95-100.

[151] 杨菊华，刘铁锋，王苏苏. 贫困的识别与测量：从单维到多维的变化［J］. 扬州大学学报（人文社会科学版），2019（5）：32-43.

[152] 杨立雄. 采用代理家计调查方法，精准识贫、精准脱贫［N］. 中国社会报，2016-1-7（3）.

[153] 杨立雄. 贫困线计算方法及调整机制比较研究［J］. 经济社会体制比较，2010（5）：52-62.

[154] 杨立雄. 最低生活保障制度存在的问题及改革建议［J］. 中国软科学，2011（8）：72-84.

[155] 杨立雄. 最低生活保障标准计算方法和调整机制创新研究——对北京市的应用与检验［J］. 黑龙江社会科学，2012（6）：89-95.

[156] 杨立雄，刘喜堂. 当代中国社会救助制度：回顾与展望［M］. 北京：人民出版社，2010.

[157] 杨穗，高琴，李实. 中国城市低保政策的瞄准有效性和反贫困效果［J］. 劳动经济研究，2015（3）：52-78.

[158] 姚建平. 中国城市低保瞄准困境：资格障碍、技术难题，还是政治影响？［J］. 社会科学，2018（3）：61-72.

[159] 叶兴庆，殷浩栋. 从消除绝对贫困到缓解相对贫困：中国减贫历程与2020年后的减贫战略［J］. 改革，2019（12）：5-15.

[160] 易红梅，张林秀. 农村最低生活保障政策在实施过程中的瞄准分析［J］. 中国人口·资源与环境，2011（6）：67-73.

[161] 岳经纶. 社会政策与"社会中国"［M］. 北京：社会科学文献出版社，2014.

[162] 岳经纶. 政府购买社会救助服务现状、问题与对策建议［J］. 中国民政，2020（5）：56-58.

[163] 岳经纶，程璆. 福利污名对瞄准偏差感知的影响研究［J］. 社会保障研究，2019（5）：88-100.

[164] 岳经纶，胡项连. 转型中的社会保障治理：政策扩张对治理能力的挑战与应对［J］. 苏州大学学报，2017（3）：17-23+191.

[165] 岳经纶，胡项连. 低保政策执行中的"标提量减"：基于反腐败力度视角的解释［J］. 中国行政管理，2018（8）：70-75.

[166] 岳经纶，刘璐. 中国正在走向福利国家吗？——国家意图、政策能力、社会压力三维分析［J］. 探索与争鸣，2016（6）：30-36.

[167] 岳经纶，刘喜堂，李琴，等. 当代中国社会救助制度机遇与挑战［M］. 北京：人民出版社，2016.

[168] 岳经纶，翁慧怡. 地方最低生活保障制度研究：广东的案例［J］. 社会保障研究，2009（2）：147-162.

[169] 岳经纶，谢菲. 政府向社会组织购买社会服务研究［J］. 广东社会科学，2013（6）：182-189.

[170] 张秉铎，唐钧. 城市居民最低生活保障线制度研究［M］. 南京：江苏人民出版社，1997.

[171] 张昊. 农村低保评审乱象的成因及治理——基于定性定量混合方法的分析 [J]. 中国农村观察, 2017 (1)：14-28.

[172] 张浩淼. 关于我国专项救助制度建设的思考 [J]. 学习与实践, 2007 (6)：114-118.

[173] 张浩淼. 中国发展型社会救助制度建设：国际视野下的分析与启示 [J]. 改革与战略, 2013 (8)：105-109.

[174] 张浩淼. 转型期中国最低生活保障制度发展研究 [M]. 上海：上海交通大学出版社, 2010.

[175] 张紧跟. 治理视阈中的基本公共服务供给侧改革 [J]. 探索, 2018 (2)：27-37.

[176] 张梦中, 霍. 定性研究方法总论 [J]. 中国行政管理, 2001 (11)：39-42.

[177] 张瑞凯. 中国农村居民社会福利意识研究——基于北京市的抽样调查 [J]. 社会建设, 2015 (1)：47-59.

[178] 张思明. 江苏省张家港市民政局"弱有所扶"—大救助综合改革 [J]. 中国民政, 2019 (3)：24.

[179] 张时飞. 加快健全低保制度亟待深化的问题及对策 [G] "首届中国社会救助研讨会"论文集, 2009 年.

[180] 张松彪, 曾世宏, 袁旭宏. 精准扶贫视阈下城乡居民低保资源配置差异及瞄准效果比较分析——基于 CHIP2013 数据的实证 [J]. 农村经济, 2017 (12)：37-43.

[181] 张腾, 蓝志勇, 秦强. 中国改革四十年的扶贫成就与未来的新挑战 [J]. 公共管理学报, 2018 (4)：101-112.

[182] 张伟宾. 贫困农村低保对象的瞄准与识别 [J]. 科学与社会, 2010 (3)：36-39.

[183] 张翔, 张晓鑫. 家庭电力消费、家庭收入与最低生活保障制度的瞄准率 [J]. 中国人口科学, 2017 (2)：60-69.

[184] 章晓懿. 社区能力视角下的社会救助瞄准机制研究：转型国家的经验 [J]. 社会保障研究, 2017 (2)：134-150.

[185] 张昭, 杨澄宇, 袁强. 收入导向型多维贫困测度的稳健性与敏感性

[J]. 劳动经济研究, 2016 (5): 3-23.

[186] 赵代博, 程令伟. 价值理性与福利政策瞄准偏差——基于甘肃省东部农村新农合的调查 [J]. 社会保障研究, 2017 (3): 60-66.

[187] 赵曦, 赵朋飞. 我国农村精准扶贫机制构建研究 [J]. 经济纵横, 2016 (7): 58-63.

[188] 郑瑞强. "支出型贫困"家庭社会救助模式设计与发展保障 [J]. 农业经济, 2016 (2): 95-96.

[189] 中国社会科学院扶贫开发报告课题组. 中国精准扶贫的进展和前瞻; 李培林、魏后凯、吴国宝. 扶贫蓝皮书. 中国扶贫开发报告 (2017) [M]. 北京: 社会科学文献出版社, 2017.

[190] 钟仁耀. 支出型贫困社会救助制度建设: 必要性及难点 [J]. 中国民政, 2015 (7): 22-23.

[191] 周沛, 管向梅. 普惠型福利视角下城市高龄者养老社会化服务体系研究 [J]. 东北大学学报 (社会科学版), 2011 (4): 323-327.

[192] 朱冬亮. 贫困"边缘户"的相对贫困处境与施治 [J]. 人民论坛, 2019 (7): 58-60.

[193] 祝建华. 城市低保制度目标定位过程中的家计调查及方法改进 [J]. 浙江工业大学学报, 2011 (3): 13-18, 24.

[194] 祝建华, 邓茜钰. "宁漏勿错"与"宁错勿漏": 低保制度目标定位的两难及化解 [J]. 学习与实践, 2017 (9): 101-108.

[195] 祝建华, 林闽钢. 福利污名的社会建构——以浙江省城市低保家庭调查为例的研究 [J]. 浙江学刊, 2010 (3): 201-206.

[196] 朱梦冰, 李实. 精准扶贫重在精准识别贫困人口——农村低保政策的瞄准效果分析 [J]. 中国社会科学, 2017 (9): 90-112, 207.

[197] 朱天义, 高莉娟. 精准扶贫中乡村治理精英对国家与社会的衔接研究——江西省 XS 县的实践分析 [J]. 社会主义研究, 2016 (5): 89-99.

[198] 邹薇, 方迎风. 关于中国贫困的动态多维度研究 [J]. 中国人口科学, 2011 (6): 49-59, 111.

[199] 邹薇, 方迎风. 怎样测度贫困: 从单维到多维 [J]. 国外社会科学,

2012（2）：63-69.

［200］左停，赵梦媛，金菁. 路径、机理与创新：社会保障促进精准扶贫的政策分析［J］. 华中农业大学学报，2018（1）：1-12.

［201］ALATAS V, BANERJEE A, HANNA R, et al. Targeting the poor：evidence from a field experiment in Indonesia［J］. The American Economic Review, 2012, 102（4）：1206-1240.

［202］SEN A. Poverty and famines：an essay on entitlement and deprivation［M］. Oxford, USA：Oxford University Press, 1982.

［203］AMARTYA Sen. Commodities and capabilities［M］. Oxford, Eng：Oxford University Press, 1999.

［204］GIDDENS A. The third way：the renewal of social democracy［M］. Cambridge：Polity Press, 1998.

［205］ROWNTREE B S. Poverty：a study of town life［M］. London：Macmillan, 1901.

［206］MILANOVIC B. Income, inequality and poverty during the transition from planned to market economy［R］. Washington：The World Bank, 1998.

［207］BROWN C, RAVALLION M, VAN DE WALLE D. A poor means test? Econometric targeting in Africa［J］. Journal of Development Economics, 2018（134）：109-124.

［208］ARDINGTON C, CASE A, HOSEGOOD V. Labor supply responses to large social transfers：longitudinal evidence from South Africa［J］. American Economic Journal：Applied Economics, 2009, 1（1）：22-48.

［209］NGUYEN C V, TRAN D T. Proxy means tests to identify the income poor：application for the case of Vietnam［J］. Journal of Asian & African Studies, 2017, 53（4）：571-592.

［210］PARTHA D, DEBRAJ R. Inequality as a determinant of malnutrition and unemployment：theory［J］. The Economic Journal, 1987, 97（385）：177-188.

［211］COADY D, GROSH M. Targeting outcomes redux［R］. World Bank Research Observer, 2004, 19 (1): 61 - 85.

[212] COADY D, GROSH M, HODDINOTT J. The targeting of transfers in developing countries: Review of experience and lessons [R]. World Bank Publications, 2004.

[213] PITT D C. Development from below: anthropologist and development situations [M]. Hague: Mouton Publishers, 1976.

[214] SOLINGER D J, HU Y Y. Welfare, wealth and poverty in urban China: the Dibao and its differential disbursement [J]. China Quarterly, 2012 (211): 741 -764.

[215] VLEZ E C. Proxy means test index for targeting social programs: two methodologies and empirical evidence [J]. Lecturas de Economia, 2002, 56 (56): 135 -144.

[216] EDMONDS E V. Targeting child benefits in a transition economy [J]. Economics in Transition, 2005, 13 (1): 187 -210.

[217] FISZBEIN A, SCHADY N. Conditional cash transfers: reducing present and future poverty [J]. World Bank Publications, 2009, 9 (100): 465 -468.

[218] GALTON F. Regression towards mediocrity in hereditary stature [J]. The Journal of the Anthropological Institute of Great Britain and Ireland, 1886 (15): 246 -263.

[219] HODGES A, DASHDORJ K, JONG K Y, et al. Child benefits and poverty reduction: evidence from Mongolia's child money program [M]. United Nations Children's Fund, 2007.

[220] HOU X. Challenges of targeting the bottom ten percent: Evidence from Pakistan [R]. Washington: World Bank, 2008.

[221] SHARIFF I A. Can proxy means testing improve the targeting performance of social safety nets in Bangladesh? [J]. Bangladesh Development Studies, 2012, 35 (2): 1 -43.

[222] MIDGLEY J. Growth, redistribution and welfare: toward social investment [J]. Social Service Review, 1999, 73 (1): 3 -21.

[223] GOLAN J, SICULAR T, UMAPATHI N. Unconditional cash transfers in China. [J]. World Development, 2016 (93): 316 – 336.

[224] LOU J W, WANG S L. Public finance in China: Reform and journal of public management growth for a harmonious society [R]. Washington: World Bank, 2008.

[225] CONNING J, KEVANE M. Community-based targeting mechanisms for social safety nets: a critical review? [J]. World Development, 2002, 30 (3): 375 – 394.

[226] JALAN J, RAVALLION M. Are there dynamic gains from a poor-area development program? [J]. Journal of Public Economics, 1998, 67 (1): 65 – 85.

[227] DEL BIONDO K. The tyranny of experts: economists, dictators and the forgotten rights of the poor [J]. Population & Development Review, 2015, 27 (1): 186 – 188.

[228] NGOK K, CHAN C K. China's social policy: transformation and challenges [M]. London: Routledge, 2016.

[229] USAM K. Introduction: comparative study of social security systems in Asia and Latin America —a contribution to the study of emerging welfare states [J]. The Developing Economies, 2004, 42 (2): 125 – 145.

[230] KUHN L, BROSIG S, ZHANG L X. The brink of poverty: implementation of a social assistance program in rural China [J]. Journal of Current Chinese Affairs, 2016, 45 (1): 75 – 108.

[231] MC BRIDE L. Evaluation of targeting methods and impact of the cash transfer pilot in Niger [R]. The World Bank Group, 2015, 179 – 212.

[232] GROSH M E. Administering targeted social programs in Latin America: from platitude to practice [R]. Washington: World Bank, 1994.

[233] GROSH M E, NINNO C D, TESLIUC E, et al. For protection and promotion: the design and implementation of effective safety nets [R]. Washington: World Bank, 2008.

[234] KREUTER M W, LEZIN N A, YOUNG L A. Evaluating community-

based collaborative mechanism: implications for practitioners [J]. Health Promotion Practice, 2002, 1 (1): 49 - 63.

[235] RAVALLION M. How relevant is targeting to the success of an antipoverty program? [J]. World Bank Research Observer, 2009, 24 (2): 205 - 231.

[236] RAVALLION M, JALAN J. Growth divergence due to spatial externalities [J]. Economics Letters, 1996, 53 (2): 227 - 232.

[237] WANG M Y. Emerging urban poverty and effects of the Dibao Program on alleviating poverty in China [J]. China & World Economy, 2007, 15 (2): 74 - 88.

[238] LI M G, WALKER R. Targeting social assistance: Dibao and institutional alienation in rural China [J]. Social Policy & Administration, 2017, 52 (3): 771 - 789.

[239] LIPSKY M. Street-level bureaucracy: the dilemmas of the individual in public service [M]. New York: Russell Sage Foundation, 1983.

[240] NARAYAN D, EBBE K. Design of social funds: participation, demand orientation and local organizational capacity [R]. World Bank Publications, 1997.

[241] GILBERT N. Targeting social benefits: international perspectives and trends [M]. London: Routledge, 2001.

[242] GERTLER P. Do conditional cash transfers improve child health? Evidence from PROGRESA's control randomized experiment [J]. American Economic Review, 2004, 94 (2): 336 - 341.

[243] GERTLER P J, MARTINEZ S W, RUBIO-CODINA M. Investing cash transfers to raise long-term living standards [J]. American Economic Journal: Applied Economics, 2012, 4 (1): 164 - 192.

[244] MAKDISSI P, WODON Q. Measuring poverty reduction and targeting performance under multiple government programs [J]. Review of Development Economics, 2004, 8 (4): 573 - 582.

[245] PIERSON P. The new politics of the welfare state [J]. World Politics,

1996, 48 (2): 43 - 179.

[246] POSNER P W. Targeted assistance and social capital: housing policy in Chile's neoliberal democracy [J]. International Journal of Urban and Regional Research, 2012, 36 (1): 49 - 70.

[247] TOWNSEND P. Poverty in the United Kingdom: a survey of household resources and standards of living [M]. California: University of Caltfornia Press, 1979.

[248] GAO Q, GARFINKEL I, ZHAI F H. Anti-poverty effectiveness of the minimumliving standard assistance policy in rural China [J]. Review of Income and Wealth, 2009, 55 (1): 630 - 655.

[249] BLANK R M, RUGGLES P. When do women use AFDC & food stamps? The dynamics of eligibility vs. participation [J]. Journal of Human Resources, 2010, 31 (1): 57 - 89.

[250] DORSETT R, HEADY C. The take-up of means-tested benefits by working families with children [J]. Fiscal Studies, 1991, 12 (4): 22 - 32.

[251] ALKIRE S, JAMES F, SETH S, et al. Multidimensional poverty measurement and analysis [M]. Oxford, USA: Oxford University Press, 2015.

[252] SABATES-WHEELER R, HURRELL A, DEVEREUX S. Targeting social transfer programmes: comparing design and implementation errors across alternative mechanism [J]. Journal of International Developmen, 2015 (27): 1521 - 1545.

[253] DEVEREUX S, MASSET E, SABATES-WHEELER R, et al. Evaluating the targeting effectiveness of social transfers: a literature review [J]. IDS Working Paper, 2015 (460).

[254] DEVEREUX S. Social protection for the poor: lessons from recent international experience [J]. Institute of Development Studies, 2002: 142.

[255] TAYLOR-GOOBY P. Social welfare and social investment: Innovations in the welfare state [C]//Paper presented at the International Summer Sym-

posium and Lectures on Social Policy, August 24th—27th, 2006, Beijing Normal University.

[256] MKANDAWIRE T. Targeting and universalism in poverty reduction [M]. United Nations Research Institute for Social Development, 2005.

[257] SCHULTZ T P. School subsidies for the poor: evaluating the Mexican progresa poverty program [J]. Journal of Development Economics, 2004, 74 (1): 199-250.

[258] World Bank. The state of social safety nets 2014 [R]. Washington: World Bank, 2014.

[259] World Bank. World development report 1990 [R]. New York: World Bank and Oxford University Press, 1990.

[260] World Bank. Social protection sector strategy from safety net to springhood [M]. Washington: World Bank, 2001.

后　记

"无穷的远方，无数的人们，都和我有关。"这是出自鲁迅先生1936年所写的《且介亭杂文末编·这也是生活》中的一句话，通常被用来解读鲁迅先生在身体抱恙的时刻依然心系众生疾苦的忧民情怀。兵荒马乱的年代，数以亿计的中国人颠沛流离，求生存成了第一要务。中华人民共和国成立以来，70余年的沧桑巨变，尤其是改革开放40余年的社会经济飞速发展，中国不仅解决了温饱问题，而且即将实现全面小康。如今，对美好生活的向往成为新时代中国人的需求。在时代的滚滚浪潮中，总是有各种各样的原因使部分社会成员无法跟上时代发展的步伐，他们被剥夺了参与社会发展的权利与机会，也难以享受到社会经济发展的成果。在信息高度发达的现代社会，媒介如此多元，表达与发声也更为自由，那些曾经隐藏在角落中的苦难逐渐为人所知。在看得见的远方，依然有形形色色深陷贫困泥淖的群体，无论是从社会公平价值理念的实现，还是从伦理道德层面出发，我们都无法对这些苦难视而不见。

低保制度是我国政府面向社会成员中家庭人均收入低于特定标准的群体提供现金补差的一种社会救助办法，是中国社会救助体系的核心内容，也是中国社会保障体系的基础性部分。换言之，低保群体是中国社会最弱势的社会成员。作为"最后的安全网"，低保制度的制定与实施彰显了中国共产党执政理念的本质，也是公平正义的人类价值的体现。2020年年初肆虐全球的新冠肺炎疫情，使那些原本就处于贫困状态的低保家庭雪上加霜，而那些处在低保线边缘附近的群体也面临着随时陷入贫困泥淖的风险。在社会政策及时伸出援助之手的同时，我们也在思考，如何能够以更加精准的方式来帮助低保对象这一社会弱势群体及处在低保线附近的边缘群体。从成本-收益的角度来看，帮助这些社会弱势群体脱离贫困、防范社会风险，尤其是对于边缘群体，相较于他们成为低保对象以后施加的社会救助，

后 记

事前预防型社会政策的效益比事后补救型措施的更加可观。

2017年，广东省民政厅开始和我们研究团队沟通，就广东省低保的核查问题进行合作。鉴于当年在课题执行中所取得的积极成果，双方确立了进一步合作的关系。我们研究团队继续接受广东省民政厅委托，2018—2020年，每年都开展低保入户调查的工作，从而为广东低保制度的改革和优化提供决策的信息依据和政策建议。随着项目的推进，我们发现，广东省在低保目标瞄准改革的实践中，其所采用的识别方法不仅新颖，也可以有机衔接精准扶贫的战略理念，同时对2020年后中国的贫困治理会有一定的启发和借鉴意义。基于此，我们打算撰写一本广东省关于低保目标瞄准改革经验的书，全景式地展现广东经验。这种想法也得到了中山大学出版社的大力支持。

借助于新冠疫情带来的特别假期，书稿的写作进程还算是相当顺利的，这源于研究团队前期积累的学术根基和翔实的经验材料。从2017年开始至今，在每年进行广东省低保入户调查的过程中，我们研究团队积累了大量关于低保目标瞄准改革的第一手资料，为本书的撰写奠定了坚实的基础。

本书是我们研究团队共同努力的成果，除了署名的三位作者之外，研究团队中的其他成员，如研究生赵丽萍、张燕珊，研究助理贺媛，也参加了部分章节初稿的写作。同时，研究团队中的李棉管副教授、游艳玲副教授、彭宅文博士也为本书的写作提供了支持和帮助。在此一并表示感谢。

书成之际，有许多需要感谢的人和机构。首先，要感谢教育部人文社科重点基地中山大学中国公共管理研究中心和中山大学政治与公共事务管理学院在项目开展过程中提供的大力支持。本书是基地重大项目"社会政策创新与共享发展"课题的成果之一。其次，要感谢广东省民政厅让我们有机会参与到低保制度的创新过程中，并同意我们使用课题研究成果。最后，要感谢中山大学出版社，其悉心关怀和大力支持促成了本书的写作和出版。

贫困研究的著作，汗牛充栋；贫困知识的积累，业已垒起高山。路遥在《早晨从中午开始——〈平凡的世界〉创作随笔》提及德国作家托马斯·曼的几句话："……终于完成了。它可能不好，但是完成了。只要能完成，它也就是好的。"这也是本书定稿之后的心境。低保制度只是中国贫困治理的一个方向，广东经验同样也只是中国城乡低保制度发展中的一个片段。我们希望广东这个改革开放的"排头兵"，同样能够在中国贫困治理领域中扮演好"排头兵"的角色，用广东经验为中国贫困治理的故事增添一抹色彩。由于学识有限，本书恐有较多疏漏错误之处，希望读者多予以指正。

岳经纶

2020年6月30日

于中山大学政治与公共事务管理研究院

中国公共管理研究中心

社会保障与社会政策研究所